데일 카네기
# 인간관계론

# 데일 카네기 인간관계론

초판  1쇄 인쇄일 | 2020년 1월 10일    초판  1쇄 발행일 | 2020년 1월 15일

**지은이**  | 데일 카네기
**옮긴이**  | 박시원
**펴낸이**  | 강창용
**책임기획** | 강동균
**디자인**  | 김동광
**영  업**  | 최대현

**펴낸곳**  | 느낌이있는책
**출판등록** | 1998년 5월 16일 제10-1588
**주  소**  | 경기도 고양시 일산동구 중앙로 1233(현대타운빌) 407호
**전  화**  | (代)031-932-7474
**팩  스**  | 031-932-5962
**이메일**  | feelbooks@naver.com
**포스트**  | http://post. naver.com/feelbooksplus
**페이스북** | http://www.facebook.com/feelbooksss

ISBN   979-11-6195-101-0   (04190)
       979-11-6195-084-6   (04190) 세트

이 도서의 국립중앙도서관 출판예정도서목록(CIP)은 서지정보유통지
원시스템 홈페이지(http://seoji.nl.go.kr)와 국가자료종합목록시스템
(http://www.nl.go.kr/kolisnet)에서 이용하실 수 있습니다. (CIP제어
번호 : CIP2020000519)

# Dale Carnegie

성공적인 인간관계를 위한 최고의 교과서

## 데일 카네기
# 인간관계론

데일 카네기 지음 | 박시원 옮김

느낌있는책

## 나는 이 책을 어떻게 썼으며, 왜 썼는가? ///////////////////////////

20세기 초반 35년 동안 미국에 있는 출판사에서 간행한 출판물의 종류는 25만 권이 넘는다. 그들 대부분은 잘 팔리지 않았고, 경제적으로도 실패한 경우가 많았다. 많은 출판물이 실패였다고 말했는데, 세계적인 대형 출판사 사장의 말이 내가 한 말을 뒷받침해준다. 그의 출판사는 75년이라는 긴 역사를 지녔음에도 아직까지 출간하는 책 여덟 권 중 일곱 권은 적자를 면치 못한다고 말했다. 그렇다면 내가 또 하나의 책을 출간하는 것도 무모한 일이 아닐까? 독자 여러분이 돈과 시간을 투자해 내 책을 읽어야 할 이유는 무엇일까? 쉽게 답할 수 없지만 매우 타당한 질문이다. 이에 대한 답변을 소신껏 말해보려 한다.

1912년 이래 나는 뉴욕에서 직장인 및 기타 전문직에 종사하는 사람들을 대상으로 교육 강좌를 진행해왔다. 처음에는 대중 연설에 관한 강좌만 진행했다. 그 강좌는 실습을 통해 업무상 대인 접촉이나 대중 연설 같은 상황을 직접 체험케 함으로써, 참여한 사람들로 하여금 각자의 의사를 보다 명확하고 침착하게 그리고 효과적으로 표현할 수 있도록 훈련시키는 과정이었다.

강좌를 진행하면서 나는 수강생들이 효과적인 화술에 대한 훈련뿐만 아니라, 일상생활에서나 사회생활에서 매일 접촉하는 사람들과 좋은 관계를 맺는 기술에 대한 훈련도 절실히 필요하다는 것을 알게 되었다. 사실은 나 자신이 그 방면의 훈련을 절실히 필요로 하고 있음을 깨달았다. 지난 과거를 회고해보면 내가 얼마나 대인 관계에서 서투르고 이해가 부족했던지 놀라움을 금할 수 없었다. 20년 전의 내 수중에 이 책과 같은 참고서가 있었다면 얼마나 귀중한 지침이 되고 큰 도움이 되었을까!

사람을 다룬다는 것은 누구나 경험하는 가장 큰 문제일 것이다. 특히 사업을 하는 분들에게는 더욱 그러할 것이다. 가정주부, 건축가 혹은 엔지니어도 사정은 마찬가지다. 몇 해 전 카네기 교육진흥재단의 후원으로 이루어진 연구를 통해 대단히 중요하고 의미 깊은 사실 하나가 밝혀졌다. 그것은 이후의 계속적인 연구에서도 확인되었다.

이 연구 결과에 따르면 공학과 같은 기술적인 분야에서조차 기술적 지식이 성공에 기여하는 바는 15퍼센트에 불과하고 나머지 85퍼센트는 인간관계의 기술, 즉 인품과 리더십에 기인한다는 것이다.

여러 해 동안 나는 계절마다 필라델피아 엔지니어 클럽과 미국 전기기사협회 뉴욕지부에서 강좌를 진행했다. 그곳에서 대략 1천5백 명이 넘는 엔지니어가 내 강좌를 수료했다. 그들이 내 강좌를 수강한 것은, 오랜 경험과 관찰을 통해 엔지니어링 분야에서 최고 소득을 올리는 사람들이 반드시 기술적 지식 면에서 뛰어난 것은 아니라는 사실을 깨달았기 때문이다. 예를 들면, 엔지니어링이나 회계, 건축 등 전문 분야의 기술자를 채용하는 데는 주급 25달러에서 50달러 정도면 된다. 그러한 기술자는 이미 포화 상태이기 때문이다. 따라서 기술적 지식에 더해 의견 발표에도 능하고, 리더십이 있으면서 타인의 열정을 불러일으킬 수 있는 사람은 더 높은 연봉을 받는 자리에 오를 수 있는 것이다.

전성기 때의 존 D. 록펠러는 매듀 C. 브러시에게 이렇게 말했다.

"사람을 다루는 능력은 설탕이나 커피처럼 돈을 주고 사고파는 상품이네. 나라면 이 세상 그 어떤 것보다 그 능력을 사는 데 더 많은 돈을 지불하겠네."

세상에서 가장 값비싼 능력을 계발하는 강좌라면 모든 대학이 그 강좌를 개설해야 한다고 생각지 않는가? 그러나 내가 과문한 탓인지 몰라도, 이 글을 쓰고 있는 지금까지도 가장 실용적이면서 상식적인 과목을 가르치는 대학은 미국 내에 없는 것 같다.

시카고 대학과 YMCA 연합 학교에서 성인들이 정말 습득하고자 하는 것이 무엇인지를 알아보기 위한 실태 조사를 진행한 적이 있다. 이 조사에는 2만 5천 달러의 비용과 2년의 시간이 투자되었다. 마지막으로 조사를 진행한 곳은 가장 전형적인 미국의 소도시라 할 수 있는 코네티컷주 메리던시였다. 메리던시의 모든 성인을 면접하고 1백56개의 설문에 대한 응답을 조사했다. 설문 내용은 현재 직업, 교육 정도, 취미, 수입, 오락, 장래 포부, 고민, 가장 공부하고 싶은 주제는 무엇인가 등에 관한 것이었다. 조사 결과 가장 큰 관심사는 건강이었다. 그리고 두 번째 관심사는 대인 관계, 즉 어떻게 하면 남을 잘 이해하고 좋은 관계를 맺을 수 있는가, 어떻게 하면 타인들이 나를 좋아하게 만들 수 있는가, 어떻게 하면 사람들을 잘 설득할 수 있는가 하는 것이었다.

실태 조사를 실시한 위원회에서는 메리던시의 성인들을 위해 대인 관계를 잘 유지하는 법에 대한 강좌를 진행하기로 결정했다. 그래서 적당한 교재를 열심히 찾아보았으나 그런 것은 하나도 눈에 띄지 않았다. 마침내 성인 교육에 관한 세계적 권위자에게까지 문의해보았지만 그의 대답 또한 부정적이었다.

"그 성인들이 원하는 바는 잘 알지만 거기에 사용할 만한 적절한 책은 아무도 쓴 적이 없습니다."

나의 경험에 비추어보더라도 이 말은 사실이다. 나 역시 몇 년 동안이나 인간관계에 관한 실용적인 지침서를 찾기 위해 노력했기 때문이다. 그리고 나와 있는 책이 없었기 때문에 부득이 내가 책을 직접 쓸 수밖에 없었다.

그 결과가 바로 이 책이다. 이 책이 여러분의 마음에도 들었으면 좋겠다. 나는 이 책을 저술하기 위해 대인 관계에 관한 책은 무엇이든지 독파했고, 신문 칼럼, 잡지 기사, 가정법원 이혼 관계 기록, 오버스트리트 교수와 알프레드 아들러 및 윌리엄 제임스 등의 저술에 이르기까지 구할 수 있는 모든 글을 섭렵했다. 그뿐 아니라 자료 조사원을 고용해 1년 반에 걸쳐 각 도서관을 두루 찾아다니면서 내가 접하지 못한 자료들을 조사했다. 나는 심리학에 관한 전문 서적을 통독하고, 수백 개의 잡지 기사를 검토하고, 수많은 위인전을 섭렵하며 과거의 위인들이 사람을 어떻게 다루었는지를 알아내기 위해 힘썼다. 우리는 각 시대의 위인전을 같이 읽었고, 줄리어스 시저부터 토머스 에디슨에 이르기까지 모든 훌륭한 지도자의 생애를 더듬어보았다. 내가 기억하건대 시어도어 루스벨트 한 사람의 기록만도 1백 권이 넘는 전기를 읽었다. 우리는 시간이나 비용을 아끼지 않고 고대부터 오늘날에 이르기까지 친구를 얻고, 사람들을 설득하기 위해 사용한 실제적인 아이디어를 발견하기 위해 노력했다. 내가 직접 만난 성공한 인사만도 수십 명이다. 그중에는 유명한 발명가 마르코니, 정치가 프랭클린 D. 루스벨트, 사업가 오웬 D. 영, 영화배우 클라크 케이블이나 메리 픽퍼드, 탐험가 마틴 존슨 같은 세계적인 인사들도 있었다. 나는 그들에게서 인간관계의 기술을 찾아내려고 힘썼다.

이렇게 마련한 자료를 기초로 나는 '친구를 얻고 사람들을 설득하는 법'이라는 짤막한 강연 초고를 만들었다. 나는 그것을 '짧은 강연'이라고 불렀다. 처음에는 짧은 강연이었지만 얼마 후에는 1시간 반 동안 진행하는 내실 있는 강연이 되었다.

강연이 끝날 때마다 나는 수강생들에게 숙제를 주었다. 현실 생활에서 배운 것을 적용해보고 난 뒤 그 경험과 결과를 다음 강좌에서 발표해달라고 요청한 것이다. 얼마나 재미있는 과제인가! 자기 계발을 갈망하는 수강생들은 이 새로운 실험실 — 최초이며 유일한 인간관계 실험실 — 에서 실험에 동참한다는 것을 매우 재미있게 받아들였다.

이 책은 일반적인 의미에서 '저술'되었다고는 말할 수 없다. 이 책은 마치 어린아이가 자라듯이 성장했으며, 인간관계 실험실에서 수천 명의 경험을 토대로 자라고 발전되어왔기 때문이다.

몇 년 전만 해도 우리는 우편엽서만 한 카드에 몇 가지 원칙을 프린트한 것으로 출발했다. 그다음 계절에는 카드가 조금 커졌고, 그다음에는 낱장의 인쇄물이 되었으며, 그것이 조그마한 책자가 되어 점점 확대되었다. 그 이후 15년에 걸친 실험과 연구의 결정으로 이 책이 나오게 된 것이다. 이 책에 제시한 원칙은 단순한 이론이나 추측의 산물이 아니다. 이들 원칙은 신통할 만큼 잘 들어맞는다. 사실 같지 않다고 생각할지 모르겠지만, 이 원칙을 적용함으로써 여러 사람의 생활에 문자 그대로 혁명 같은 변화가 일어난 것을 나는 많이 목격했다.

예를 하나 들어보자. 지난번 강좌에 3백14명의 종업원을 거느린 한 사업가가 참석했다. 그는 오랫동안 부하 직원들을 마구 몰아붙이고 비판하고 야단쳐왔다. 친절이나 감사의 말, 격려의 말 등은 그와 거리가 멀었다. 그런데 이 책에 씌어 있는 원리를 배운 다음 그의 인생관에 일대 전환이 이루어졌다. 이제 그의 회사는 새로운 애사심과 열의, 협동의 정신으로 넘쳐흐른다. 3백14명의 원수가 3백14명의 친구로 변한 것이다. 그는 강좌 석상에서 다음과 같이 자랑스럽게 말했다.

"전에는 내가 회사에서 걸어 다녀도 아무도 인사하는 사람이 없었다. 종업원들은 내가 가까이 가는 것을 보면 피하기 일쑤였다. 그러나 이제 그들은 모두 나와 친한 사이가 되었고 심지어는 수위까지도 다정하게 인사말을 걸어온다."

이 사업가는 지금 더 많은 수익을 올리고 있고 더 많은 여가 시간을 즐기며, 그보다 더욱 중요한 것은 그의 사업과 가정에서 더 큰 행복을 찾게 되었다는 점이다.

여기에 나온 원칙들을 응용함으로써 판매를 급격히 신장시킨 영업사원도 많다. 전에는 아무리 애써도 얻을 수 없었던 새 거래처를 만들수 있었다. 회사 중역은 더 중요한 직책을 맡았고 월급도 인상되었다. 지난 강좌에서 어느 중역은 여기서 배운 원칙들을 실천했더니 연봉이 5천 달러나 인상되었다고 말했다. 필라델피아 가스공업회사의 한 임원은 주위 사람들과 자주 다투고 직원들을 잘 지휘하지 못한다는 이유로 좌천당할 위기에 있었다. 그는 내 강좌에서 훈련을 받은 뒤 65세의 나이에도 불구하고 좌천은커녕 더 좋은 자리로 승진해 더 많은 월급을 받게 되었다. 강좌가 끝나고 나면 뒤풀이 연회가 열리는데, 거기에 참석한 수많은 주부가 자기 남편이 이 훈련을 받은 후 가정이 한결 더 행복해졌다고 말했다.

사람들은 자신들이 거둔 훌륭한 성과에 경탄하는 경우가 많다. 모든 것이 요술 같기만 하다. 어느 때는 이틀 후 정규 강좌 시간에 말해도 될 일을 도저히 그 시간까지 기다릴 수 없다며 일요일에 내 집으로 전화를 걸어 자신이 거둔 성과를 전하는 경우도 있었다.

어떤 사람은 지난번 강좌 때 배운 인간관계의 원칙들에서 너무 큰 충격을 받은 나머지, 다른 친구들과 밤이 이슥하도록 이 주제에 대한 이야기를 주고받았다. 새벽 3시가 되어서야 친구들은 집으로 돌아갔다. 그러나 그는 지난 과오에 대한 각성 때문에 너무 흥분되고 눈앞에 전개된 새롭고도 풍요한 세계의 희망에 가슴이 벅차 잠들 수가 없었다. 그날 밤만이 아니라 그다음 날 낮에도, 또 밤에도 그는 잠을 이룰 수가 없었다.

그는 누구였을까? 새로운 것이라면 아무 이론이나 순진하게 받아들이는 세상물정 모르는 사람이었을까? 천만에. 그렇지 않다. 그는 아주 논리적이고 세상물정에 밝은 미술품 거래상으로서 3개국어에 능통하고 외국의 대학을 두 군데나 졸업한 사람이었다.

이 책을 집필하는 도중 나는 유서 깊은 집안의 독일인으로부터 편지를 받았다. 그의 집안은 대대로 호엔촐레른가 치하에서 장교들을 배출한 명문 귀족이었다. 대서양을 건너는 여객선 안에서 부쳐온 그 편지에는 이 책에서 말하는 원칙들을 적용한 경험담들이 적혀 있었다. 그 경험담들은 거의 종교적인 열정에 가까울 정도로 고양된 분위기였다.

또 다른 사람은 뉴욕시 사교계에 명성이 자자하며 커다란 카펫 공장을 경영하는 부유한 사업가였다. 그는 하버드 대학 출신인데, 사람을 통솔하는 기술에 관해 대학 4년 과정에서 배운 것보다 나의 14주에 걸친 인간관계 기술에서 배운 바가 더 많다고 했다. 어떻게 보면 가소롭고 터무니없고 허황된 이야기로 들릴지도 모르겠다. 어떻게 생각하든 그건 여러분 자유이다.

나는 다만 점잖고 사회적으로 명성이 높은 하버드 대학 출신의 한 인사가 1933년 2월 23일 화요일 저녁에 뉴욕의 예일 클럽에 모인 약 6백 명의 청중 앞에서 말한 바를 그대로 인용할 뿐이다.

하버드 대학의 윌리엄 제임스 교수는 이렇게 말했다.

"인간의 잠재력에 비추어볼 때 우리는 단지 절반 정도만 깨어 있다. 우리는 육체 및 정신적 역량의 일부분만을 사용하고 있을 뿐이다. 넓게 이야기하자면 인간은 자기의 능력 범위보다도 한참 못 미치는 삶을 살고 있다. 누구에게나 아직 발견되지 않고 사용하지 않는 허다한 힘이 있다."

여러분의 '발견되지 않고 사용하지 않는' 그 능력들! 이 책이 가진 유일한 목적은 그 능력을 발견하고 개발함으로써 이익을 얻을 수 있도록 도와주는 것이다. "교육이란 살아가면서 생기는 다양한 상황에 대처하는 능력"이라고 프린스턴 대학 총장을 지낸 존 G. 히벤 박사는 말했다.

만일 여러분이 이 책의 처음 세 장을 읽은 뒤에도 살아가면서 생기는 다양한 상황에 대처하는 능력이 향상되지 않는다면, 여러분에 대해서만큼은 이 책이 완전 실패작임을 인정하겠다. 허버트 스펜서가 이야기한 대로 "교육의 가장 큰 목표는 지식이 아니라 행동"이다.

이 책은 바로 행동의 책이다.

– 데일 카네기

## 이 책으로 최대의 효과를 얻기 위한 제안 ////////////////////////////////

1 이 책을 통해 최대의 효과를 얻고자 한다면, 반드시 갖춰야 할 요건
이 하나 있다. 그것은 그 어떤 규칙이나 기술과는 비교할 수 없을 만
큼 중요하다. 이 하나의 기본적인 요건을 갖추지 못한다면, 수천 가
지 학습 규칙이 다 쓸모없을 것이다. 그러나 이 기본적인 자질을 갖
추고 있다면, 이 책에서 제안하는 내용들을 하나도 읽지 않아도 놀
라운 성과를 얻을 수 있을 것이다.

과연 이 마술 같은 요건이란 무엇일까? 단순하다. 배우고자 하는 진
지하고 적극적인 욕구, 즉 사람을 다루는 능력을 키우고자 하는 열
정적인 의욕이다.

그렇다면 어떻게 해야 그런 의욕을 고취할 수 있을까? 그것은 지금
배우는 이 원칙들이 여러분에게 얼마나 중요한지 끊임없이 상기하
면 된다. 사회·경제적으로 더 나은 보상을 받기 위해 치열한 경쟁
을 벌이는 현실에서 그 원칙들을 몸에 익히는 것이 여러분에게 얼
마만 한 힘이 될지 스스로 상상해봐라. 그리고 스스로 끊임없이 이

렇게 속삭여라.

"나의 인기, 행복, 수입이 사람을 다루는 내 기술에 따라 엄청나게 달라진다."

2 전체적인 내용을 파악하기 위해 처음에는 각 장을 빠르게 읽어라. 그러면 얼른 다음 장으로 넘어가고 싶은 충동을 느낄 것이다. 그 유혹에 넘어가지 마라. 이 책을 단지 재미삼아 읽는 것이 아니라면 말이다.

만약 여러분이 인간관계 기술을 향상시키기 위해 이 책을 읽는다면 다시 뒤로 돌아가 각 장을 정독해라. 긴 안목으로 볼 때, 이러한 방법이 시간도 절약하고 성과도 낼 수 있는 길이다.

3 책을 읽다가 자주 멈춰라. 지금 읽고 있는 내용에 생각할 점이 있다면 멈추고 깊이 생각해라. 언제 그리고 어떻게 각각의 제안을 활용할 수 있는지 스스로에게 물어봐라. 이런 방식의 독서가 토끼를 쫓아 달리는 경주용 개처럼 앞만 보고 내달리는 독서보다 훨씬 도움이 될 것이다.

4 빨간 색연필이나 연필, 만년필을 들고 책을 읽어라. 그리고 활용할 수 있는 제안을 읽게 되면 표시를 해놓아라. 만일 정말 중요한 제안이라면 처음부터 끝까지 밑줄을 긋거나 별표를 해라. 책에 표시하거나 밑줄을 그어놓으면 독서가 훨씬 흥미로워지고, 나중에 다시 읽을 때 좀 더 속도가 난다.

⑤ 나는 대형 보험회사의 소장으로 15년째 근무하고 있는 어떤 사람을 알고 있다. 그는 매달 자신의 회사가 판매하는 모든 보험 상품의 표준계약서를 읽는다. 실제로 그랬다. 그는 아무리 세월이 흘러도 매달 같은 계약서를 읽었다. 왜 이런 일을 하는 것일까? 오랜 경험을 통해 그는 그렇게 하는 것만이 계약서 조항들을 명확하게 기억할 수 있는 유일한 방법이라는 것을 깨달았기 때문이다.

언젠가 나는 대중 연설에 관한 책을 쓰면서 거의 2년을 보낸 적이 있다. 그런데도 나는 내가 쓴 내용을 기억하기 위해 가끔 책을 들춰봐야 한다. 인간이 망각하는 속도는 정말 놀랍다.

그러므로 이 책으로 실제적이면서도 지속적인 효과를 보고 싶다면 한 번 읽는 것으로는 충분하지 않다. 정독을 한 이후에도 매달 서너 시간은 다시 읽어보아야 한다. 여러분 앞에 있는 책상 위에 이 책을 놓아두고 자주 훑어보아라. 이제 곧 실현될 여러분의 높은 개선 가능성을 끊임없이 떠올려라. 이 원칙들이 몸에 배어 의식하지 않고도 저절로 나올 정도가 되려면, 지속적인 재검토와 더불어 현실에 적용하려고 열심히 노력하는 수밖에 없다는 것을 명심해야 한다. 다른 방법은 없다.

⑥ 버나드 쇼는 이렇게 말했다.

"당신이 누군가에게 어떤 것을 가르친다면 그는 스스로 배우지 못한다."

그의 말이 옳다. 배움은 능동적인 과정이다. 우리는 실행하면서 몸소 배운다. 그러므로 여러분이 이 책에 나온 원칙들을 완전히 익히고 싶다면 실천해야 한다. 기회가 있을 때마다 이 규칙들을 적용해

라. 그렇게 하지 않으면 곧 잊어버리고 만다. 실제로 활용된 지식만이 기억에 남는다.

여기 나온 제안들을 실생활에서 항상 적용하기는 어렵다고 생각할수도 있다. 내가 썼으므로 물론 나는 여기 나온 내용들을 잘 알고 있지만, 나도 이 내용들을 항상 적용하기는 어렵다고 느낀다.

예를 들어, 기분 나쁠 때 상대방을 이해하려고 하는 것보다 비판하거나 비난하는 편이 훨씬 쉽다. 칭찬하는 것보다 잘못을 지적하기가 쉬운 경우도 많다. 상대방이 원하는 것보다 내가 원하는 것에 대해 이야기하는 것이 더욱 자연스럽다. 이와 비슷한 경우는 많다. 그러므로 이 책을 읽을 때 단순히 정보를 얻으려는 게 아니라는 점을 명심해라. 여러분은 새로운 습관을 익히려 하고 있다. 그렇다. 여러분은 새로운 삶의 방식을 시도하는 중이다. 그것은 시간과 인내와 끊임없는 실천을 요구한다.

이 책을 자주 참조해라. 이 책을 인간관계에 대한 실용 지침서라고 생각해라. 아이를 상대할 때, 배우자를 설득할 때, 짜증 난 고객을 상대할 때와 같이 구체적인 문제에 부딪힐 때마다 자연스럽게 나오는 반응, 충동적인 반응을 자제해라. 왜냐하면 그런 반응은 대부분 잘못된 습관이기 때문이다. 대신 이 책을 펼쳐 여러분이 표시해놓은 부분을 살펴봐라. 그런 다음 그 새로운 방식을 적용해보면 경이로운 결과가 만들어지는 것을 경험할 것이다.

7  배우자, 자녀, 직장 동료에게 여러분 자신이 정한 규칙을 어길 때마다 스스로 벌금을 물겠다고 제안해라. 이 규칙들을 몸에 익히는 것을 즐거운 게임으로 만들어라.

⑧ 월 스트리트에 있는 한 대형 은행의 은행장이 내 수강생들에게 자기 계발을 위해 그가 즐겨 썼던 매우 효과적인 방법을 이야기했다. 그는 정규교육을 거의 받지 못했지만 지금은 미국에서 가장 중요한 금융 전문가가 되었다. 그의 말에 따르면 그의 성공은 자신이 직접 개발한 시스템을 끊임없이 적용했기 때문에 가능했다. 내 기억이 허락하는 한 가능하면 정확하게 그가 늘 해왔던 방식을 옮겨보겠다.

🖋 수년간 나는 그날그날의 약속을 하나도 빠짐없이 메모용 수첩에 기록했습니다. 가족들은 토요일 저녁에는 나를 위해서 아무런 계획도 세우지 않았죠. 왜냐하면 가족들은 그 시간이 나 자신을 반성하고 내 행동을 돌아보는 깨달음의 시간임을 알고 있었기 때문입니다. 저녁 식사 후 나는 혼자 서재로 가 약속 기록 노트를 펼쳐놓고 그 주에 있었던 모든 만남과 토론, 회의에 대해 숙고했습니다. 그리고 스스로 이런 질문을 했습니다.

'그때 나는 어떤 실수를 했는가?', '내가 한 옳은 일은 무엇인가? 어떻게 했으면 더 잘할 수 있었을까?', '그 경험을 통해 내가 얻을 교훈은 무엇인가?'

주말에 이런 반성을 하다 보면 우울해지는 경우도 많았습니다. 내가 저지른 실수를 깨닫고 깜짝 놀란 적도 종종 있었습니다. 물론 해가 갈수록 이런 실수는 줄어들었죠. 요즘은 가끔 이런 검토가 끝난 후 기분이 우쭐해지는 경우도 있습니다. 이런 자기 분석, 자기 계발의 시스템은 수년간이나 지속되었고, 내가 지금껏 시도해온 어떤 방법보다 더 큰 도움을 주었습니다. 이 방식은 내 결단력을 강화하는 것뿐만 아니라 사람들과의 모든 만남에서도 커다란 도움이 되었습니다. 이 방식을 여러분에게도 추천합니다.

이 책에서 제시하는 원칙들을 적용하면서 여러분도 이와 유사한 검토를 해보면 어떻겠는가? 그렇게 할 경우 2가지 성과가 있을 것이다. 첫째, 여러분은 흥미로우면서도 돈이 들지 않는 교육 과정에 참여하고 있음을 발견하게 될 것이다. 둘째, 여러분은 사람을 만나고 사람을 다루는 여러분의 능력이 엄청나게 향상되었음을 발견하게 될 것이다.

## 이 책으로 최대의 효과를 얻기 위한 8가지 제안

1. 인간관계의 원칙을 터득하겠다는 진지하고 적극적인 마음을 가진다.
2. 다음 장으로 넘어가기 전에 각 장을 두 번씩 읽는다.
3. 읽는 도중에 각 제안을 어떻게 적용할 것인지 계속해서 스스로 질문한다.
4. 중요하다고 생각되는 구절에 밑줄을 긋는다.
5. 매달 이 책을 다시 읽는다.
6. 기회가 생길 때마다 여기에 나온 원칙들을 적용한다. 이 책을 일상의 문제들을 해결하는 실용 지침서로 활용한다.
7. 여기에 나온 원칙들을 어길 때마다 친구들에게 스스로 벌금을 냄으로써 게임을 하듯 즐겁게 이 원칙들을 익힌다.
8. 매주 이 책의 가르침을 잘 활용하고 있는지 자신을 체크해본다. 어떤 잘못을 했는지, 어떤 진전이 있는지, 그리고 미래를 위해 어떤 교훈을 얻었는지 확인한다.

# 차 례

## PART 1 사람을 다루는 기본 테크닉

## PART 2 사람들에게 호감을 얻는 6가지 방법

# PART
# 1

*Fundamental Techniques*
*In Handling People*

# 사람을
# 다루는
# 기본 테크닉

# 1

# 꿀을 따려거든
# 벌집을 차 엎지 마라

                    1931년 5월 7일 뉴욕시에서는
전대미문의 경찰 수색 작전이 전개되었다. 흉악한 살인범이자 권총의
명수, 그러면서 술도 담배도 하지 않는다는 '쌍권총 크로울리'가 몇 주
에 걸친 경찰 추적 끝에 웨스트엔드 애비뉴에 있는 그의 애인 아파트에
서 포위되었다.

1백50명의 경찰관 및 형사들이 그가 숨어 있던 아파트의 맨 위층을
포위했다. 경찰은 지붕에 구멍을 뚫고 최루 가스를 집어넣어 '경관 살
해범'인 크로울리를 끌어내리려고 했다. 주위에 있는 건물 옥상에는 기관
총이 설치되었다. 뉴욕의 고급 주택가에서 1시간 반이 넘도록 권총과
기관총 소리가 끊이지 않았다.

크로울리는 두툼한 소파 뒤에 몸을 숨기고는 경찰들에게 수없이 총

알을 퍼부었다. 1만 명이 넘는 흥분한 시민들이 이 총격전을 지켜보았다. 일찍이 뉴욕의 거리에서 볼 수 없었던 일대 활극이었다.

크로울리가 체포되었을 때, 경찰국장 멀루니는 이 '쌍권총 크로울리'가 뉴욕시 역사상 가장 위험한 범죄자였다고 발표했다. 경찰국장의 발표에 따르면 그는 "하찮은 동기에도 살인을 저지르는 놈"이었다.

그러면 '쌍권총 크로울리'는 자기 자신을 어떻게 생각하고 있었을까? 이를 알아볼 근거가 있다. 경찰들이 그가 숨어 있는 아파트에 사격을 하는 동안 그는 '관계자 여러분께'로 시작하는 편지를 썼던 것이다. 글을 쓰는 도중에도 그의 상처에서는 피가 흘러내려 종이 위에 검붉은 핏자국을 남겼다. 그 편지에서 크로울리는 다음과 같이 말했다.

"지치고 피곤한 육체 속에 있지만 내 마음은 순하고 착하다. 아무에게도 해를 끼치고 싶어 하지 않는 착한 마음이다."

이 사건의 발단은 이랬다. 크로울리는 롱아일랜드의 한적한 시골길에 차를 주차해놓고 그의 애인과 연애를 즐기고 있었다. 그때 경찰이 나타나 이렇게 말했다.

"면허증 좀 보여주십시오."

크로울리는 아무 대꾸도 없이 권총을 꺼내 그 경찰에게 마구 쏘아댔다. 경찰이 쓰러지자 차에서 내린 크로울리는 경찰의 권총을 빼앗아 숨져가는 경찰에게 다시 한 방을 쏘았다. 이런 살인범이 자신을 "지치고 피곤한 육체 속에 있지만 내 마음은 순하고 착하다. 아무에게도 해를 끼치고 싶어 하지 않는 착한 마음이다."라고 평가했다.

크로울리는 사형 선고를 받았다. 사형이 집행되던 날 전기의자에 앉기 전 과연 그는 '사람을 죽였으니 자업자득이다.'라고 생각했을까? 오히려 그는 이렇게 말했다.

"내 몸을 지킨 정당방위인데 어떻게 이럴 수가 있나!"

이 이야기의 요점은 흉악무도한 크로울리조차 자신을 나쁘다고 생각하지 않는다는 것이다. 이렇게 자신을 미화하는 범죄자는 흔하다. 다음 말을 들어보자.

"내 인생에서 가장 좋은 시절 동안 나는 남을 즐겁게 하고 도와주느라고 애써왔다. 하지만 그 대가란 것이 대중의 비난과 경찰의 미행뿐이었다."

이런 말을 남긴 사람은 알 카포네였다. 일찍이 시카고를 손아귀에 넣고 전 미국을 어지럽힌 암흑가의 왕자 알 카포네. 카포네처럼 흉악무도한 인간도 자기 스스로를 악인이라고는 생각지 않는다. 오히려 자기는 자선가라고 자처하면서 세상 사람들이 그것을 전혀 알아주지 않는다고 한탄했다.

갱단 간의 총격전에서 목숨을 잃은 더치 슐츠도 그랬다. 뉴욕에서 둘째가라면 서러워할 갱단 두목 슐츠도 어느 신문 기자와 만난 자리에서 자신을 자선사업가라고 소개했다. 그는 사실 그렇게 믿고 있었다.

이 문제에 관해 나는 싱싱 교도소 소장이었던 워든 로즈 씨로부터 재미있는 이야기를 들었다. 로즈 소장은 이렇게 말했다.

"복역 중인 수감자 중 자신을 악인이라고 생각하는 사람은 거의 없습니다. 그들도 인간이기는 마찬가지입니다. 그렇기 때문에 자신의 행위를 정당화하고 끝까지 변명거리를 만들려고 합니다. 왜 금고를 털지 않으면 안 되었는지, 어째서 권총 방아쇠를 당기지 않으면 안 되었는지 많은 이유를 가지고 있습니다. 그들 대부분은 자신의 반사회적 행위를 스스로에게 합리화시키고 도리어 정당했다고 여깁니다. 따라서 형무소에 수감된 자신들의 처지가 억울하다고 생각합니다."

위에 예로 든 알 카포네, 크로울리, 더치 슐츠, 그 외 대다수의 복역수들마저 자신은 나쁘다고 생각하지 않는데, 여러분이나 내 주변의 다른 보통 사람들은 어떨까?

"30년 전 나는 남을 비난하는 것이 어리석은 노릇임을 깨달았다. 나는 왜 하느님이 지적인 능력을 공평하게 나누어주지 않았을까 하고 개탄하기보다는 나 자신의 부족함을 극복하기 위해 많은 노력을 기울였다."

이렇게 고백한 사람은 미국의 위대한 실업가 존 워너메이커다. 워너메이커는 일찍이 이를 깨달았지만, 나는 유감스럽게도 나이 마흔이 다 된 이제야 인간은 아무리 자기가 잘못되었더라도 결코 자기 잘못을 인정하지 않는다는 것을 겨우 깨닫기 시작했다. 비판은 아무 소용없는 짓이다. 왜냐하면 비판받는 사람이 곧 방어 태세를 갖추고 어떻게든 자기를 정당화하기 위해서 안간힘을 쓰게 만들기 때문이다. 더구나 자존심이 상한 상대방이 더욱 반항심을 갖게 되어 결국 위험해진다.

독일 군대에서는 어떤 불만스러운 일이 생겨도 그 직후에 불평을 토로하거나 비판하는 것을 허용치 않았다. 속이 타는 대로 하룻밤 자고 나면 마음이 가라앉기 마련이라는 것이다. 만약 즉석에서 불평을 터뜨리는 병사가 발견되면 그는 처벌을 받았다. 이 규칙은 매우 엄격했다. 이는 당연히 일반 사회에도 적용되어야 할 원칙으로 잔소리가 심한 부모, 바가지 긁는 아내, 직원을 들볶는 주인, 그 밖에 남의 험만 잡으려드는 모든 사람이 이것을 통해 배우는 바가 있을 것이다.

다른 사람의 허물을 들춰내 비난하는 것이 무익하다는 사실을 보여주는 사례는 역사 속에도 허다하다. 그중에서도 루스벨트 대통령과 그

후계자인 태프트 대통령 사이의 논쟁은 매우 유명하다. 이 논쟁으로 말미암아 공화당은 분열되었고, 그 결과 민주당의 우드로 윌슨이 대통령에 당선됨으로써 1차 세계 대전에 미국을 참전케 하는 등 역사의 흐름을 크게 바꾸는 결과를 가져왔다.

이 사건들을 간단히 살펴보기로 하자. 1908년 루스벨트는 대통령의 자리에서 물러나면서 태프트를 지지했고, 태프트는 선거를 통해 대통령에 당선되었다. 선거가 끝난 뒤 루스벨트는 아프리카로 사자 사냥을 떠났다. 여행에서 돌아온 루스벨트는 보수적인 정책을 펴고 있는 태프트 정부를 맹비난했다. 그러면서 그가 차기 대통령 후보 지명권을 확보하기 위해 진보적인 색채의 정당 불 무스당을 조직하면서 공화당은 붕괴의 위기에 직면했다. 이러한 상황에서 선거를 치른 태프트 대통령과 그가 속한 공화당은 버몬트주와 유타주에서만 승리했을 뿐 나머지 모든 주에서 참패를 당하고 말았다. 공화당 창당 이후 최악의 정치적 패배였다.

루스벨트는 참패의 원인이 태프트라고 지목하며 비난했다. 태프트 대통령은 과연 자기가 잘못했다고 인정했을까? 물론 그렇지 않다. 태프트는 눈물을 글썽이며 이렇게 말했다.

"그 상황에서는 그 밖에 달리 할 도리가 없었다."

이 두 사람 중에서 누가 나빴는지 따진다면 솔직히 나는 모른다고 할 수밖에 없고, 또 누가 잘못했는지 따질 필요도 없다. 내가 말하고자 하는 요지는 루스벨트가 아무리 심하게 태프트를 책망했더라도 태프트로 하여금 스스로의 잘못을 인정하도록 만들 수는 없었을 것이라는 점이다. 결과는 태프트로 하여금 스스로를 합리화하면서 눈물을 글썽이며 "그 밖에 달리 할 도리가 없었다."라는 말을 되풀이하게 만드는 것뿐이었다.

또 하나의 사례로 티포트 돔 유전 의혹 사건을 들어보자. 이는 미국 역사상 전례 없이 큰 부정 사건으로 1920년대 초에 발생해 그 후 수년 동안 신문지상을 떠들썩하게 했고, 사회적으로 엄청난 파문을 일으켰다. 이 부정 사건의 중심인물은 하딩 행정부(제29대)의 내무장관 앨버트 B. 펄이었다. 그는 당시 정부 소유의 티포트 돔과 엘크 힐 유전지대의 임대에 대한 실권을 장악하고 있었다. 본래 이 유전은 해군용으로 활용하기 위해 보존해두고 있었는데, 펄은 공개 입찰 절차도 거치지 않고 자기 친구인 에드워드 L. 도헤니에게 수의 계약으로 대여해주었다. 물론 계약 조건도 도헤니에게 상당히 유리했다.

이에 도헤니는 대부금이라는 명목으로 펄에게 10만 달러를 제공했다. 그러자 이 내무부 장관은 해병대를 동원해 그 유전 부근의 다른 군소 유전업자들을 쫓아냈다. 이는 엘크 힐의 석유 매장량이 이웃에 있는 유전의 채굴로 인해 감소될 것을 우려한 조치였다.

한편 총칼에 쫓겨난 업자들이 그대로 있을 리 없었다. 자신들의 억울함을 법정에 호소함으로써 이 1억 달러짜리 권력 비리 사건은 백일하에 드러나게 되었다. 이 사건은 매우 악랄해 전 국민의 분노를 일으켰고, 하딩 내각의 사퇴는 물론 공화당을 위기에 빠뜨렸다. 결국 주모자인 앨버트 펄도 투옥되는 결과를 가져왔다.

펄은 현직 관리로서는 전례가 드문 중벌에 처해졌다. 그러면 펄은 자신의 죄를 뉘우쳤을까? 사실은 그렇지 않았다. 그로부터 몇 년 후 허버트 후버 대통령이 어느 강연회에서 하딩 대통령의 죽음은 측근에게 배신을 당한 정신적 충격 때문이었다고 말했다. 이를 듣고 있던 펄 부인이 의자를 박차고 일어나더니 주먹을 휘두르면서 소리쳤다.

"뭐라고요? 하딩이 펄에게 배반당했다고요? 천만의 말씀! 제 남편이 남을 배반한 일은 한 번도 없습니다. 제 남편은 설사 이 건물을 황금으로 가득 채워준다 해도 그것에 반해서 나쁜 일을 저지를 분이 아닙니다. 배반당한 것은 바로 제 남편이에요. 그가 배반당하고 억울하게 죽음을 당한 희생자예요."

이것이 인간의 본성이다. 잘못을 저질러놓고도 남을 탓하며 결코 자신의 잘못을 인정하지 않는 게 인간이다. 이는 악인에 한한 일이 아니다. 우리도 마찬가지다. 그러므로 만약 남을 비난하고 싶어지면 알 카포네, 쌍권총 크로울리, 앨버트 펄의 이야기를 한번 상기해보자.

누군가를 비난하는 일은 누워서 침 뱉는 것이나 다름없어서 반드시 자기 자신에게 돌아오기 마련이다. 남의 잘못을 고쳐주려 한다든지 그것을 비난하면 상대방은 오히려 이쪽을 원망하고 도리어 우리에게 비난을 퍼부을 것이라는 점을 명심해야 한다. 아니라면 태프트처럼 이렇게 변명만 할 뿐이다.

"그 상황에서는 그 밖에 달리 할 도리가 없었다."


1865년 4월 15일 토요일 아침, 포드 극장 앞에서 존 윌크스 부스로부터 저격을 당한 에이브러햄 링컨은 그 극장의 바로 건너편 어느 싸구려 하숙집의 침상으로 옮겨져 죽음을 기다리고 있었다. 침대가 너무 짧아 키가 큰 링컨은 대각선으로 뉘어져 있었다. 방 안 벽에는 로자 보뇌르의 유명한 그림 '마시장'의 복사판이 걸려 있을 뿐, 어둠침침한 가스등의 누런 불꽃이 하늘거리고 있었다.

이 서글픈 광경을 보고 있던 스탠턴 국방장관은 이렇게 말했다.

"여기 누워 있는 분처럼 인간의 마음을 가장 잘 움직인 사람은 인류 역사상 다시는 없을 것이다."

그처럼 사람을 잘 다루었던 링컨의 비결은 무엇이었을까? 나는 링컨의 생애를 10년간 연구했고 그 후 만 3년에 걸쳐 《세상에 알려지지 않은 링컨》이라는 책을 저술했다. 하여 링컨의 사람됨과 그의 가정생활에 대해서는 누구보다도 잘, 그리고 깊이 연구했다고 믿는다. 그중에서도 특히 링컨의 사람을 다루는 방법에 대해서는 특별한 관심을 기울였다.

링컨도 사람을 비난하는 데 흥미가 있었는가? 사실 그도 그랬던 적이 있었던 것 같다. 예를 들면, 나이 젊은 그가 인디애나주의 피전 크리크 밸리라는 시골에 살고 있을 때, 남의 흠집을 잘 찾아냈을 뿐만 아니라 상대방을 비웃는 시며 편지를 곧잘 써서 사람 눈에 잘 띄는 길에 떨어뜨려놓고는 했다. 그 편지 하나 때문에 한평생 그에게 반감을 갖게 된 사람도 있을 정도였다.

그 후 일리노이주 스프링필드에서 변호사로 개업한 뒤에도 링컨은 신문 투고를 통해 상대방을 공개적으로 공격하곤 했는데, 그것이 지나쳐 한번은 큰 말썽이 일어나고 말았다.

1842년 가을, 링컨은 제임스 실즈라는 허세 잘 부리고 싸움 좋아하는 아일랜드 태생의 정치인을 조롱하는 익명의 풍자문을 〈스프링필드 저널〉에 기고했다. 이 글이 발표되자 사람들은 온통 실즈를 비웃었다. 감정적이고 자존심이 강한 실즈는 화가 머리끝까지 차올랐다. 그 글의 필자가 링컨이라는 것을 알아낸 그는 바로 말을 타고 달려가 링컨에게 결투를 신청했다. 링컨은 원래 결투를 반대하는 입장이었지만 그의 결투를 받아들이지 않을 수 없었다. 자신의 명예가 걸린 문제였기 때문이다.

결투 도구의 선택은 링컨에게 일임되었다. 링컨은 팔이 길었기 때문에 기병대용 장검을 선택했다. 그리고 육군사관학교 출신 친구에게 장검 사용법에 대한 교습도 받았다. 약속된 날이 다가왔다. 두 사람은 미시시피 강변의 모래사장에서 만났다. 그러나 목숨을 건 결투를 막 시작하려는 찰나 쌍방의 입회인이 적극적으로 중재해 결투는 중지되었다.

이 사건은 링컨의 개인사에서 가장 끔찍한 경험이었다. 그 덕분에 그가 사람 다루는 법에 대해 매우 귀중한 교훈을 얻은 셈이기도 했다. 그는 두 번 다시 남을 조롱하는 편지를 쓰거나 남을 비웃지 않았으며, 어떠한 일이 있어도 다른 사람을 비난하지 않게 되었다.

링컨은 남북전쟁 중 몇 번이나 포토맥 지구의 사령관을 교체하지 않으면 안 되었다. 맥클래런, 포프, 번사이드, 후커, 미드 등 다섯 장군을 차례차례 교체했으나 그들 모두 참패했다. 링컨은 참담한 심정을 금할 수 없었다. 국민 대부분이 이들 무능한 장군들을 통렬히 비난했지만, 링컨은 '누구에게도 악의를 품지 말고, 모두를 사랑으로 대하자.'라고 자신을 타이르면서 마음의 평정을 잃지 않았다.

"남의 심판을 받기 싫거든 남을 심판하지 마라."

이것이 그의 좌우명이었다.

링컨은 자신의 아내나 그 밖의 사람들이 남부 사람들을 욕하면 이렇게 타일렀다.

"그들을 나무라지만 말게. 우리가 그 입장이 되면 우리도 역시 남부 사람들과 똑같이 했을지 모르는 일일세."

링컨에게 다른 사람을 비난할 만한 상황이 드물었느냐 하면 전혀 그렇지 않았다. 오히려 링컨이야말로 남을 비난하지 않을 수 없는 상황에 매우 많이 부닥쳤다. 예를 하나 더 들어보자.

1863년 7월 1일부터 사흘 동안 게티즈버그에서 남북 양군이 격전을 벌이고 있었다. 4일 밤이 되자 남부군의 리 장군은 내리 퍼붓는 호우를 틈타 후퇴하기 시작했다. 리 장군은 패잔병을 이끌고 포토맥 강까지 퇴각했다. 그러나 밤새껏 내린 폭우로 강이 범람해 도저히 건널 수가 없었다. 뒤에는 의기충천한 북군이 다가오고 있었다. 남군은 궁지에 몰린 형세였다.

링컨은 남군을 궤멸시키고 전쟁을 종결시킬 호기라고 생각했다. 링컨은 희망에 부풀어 미드 장군에게 작전 회의로 시간을 끌지 말고 즉각 리 장군을 공격하라는 명령을 내렸다. 링컨은 이 명령을 전문으로 전송하고, 곧이어 특사를 보내 즉각적인 공격을 하라고 지시했다.

그러나 미드 장군은 링컨의 명령과는 정반대의 일을 했다. 작전 회의를 열어 시간을 허비하고 여러 가지 구실을 만들어 공격을 거부했다. 그러는 동안 강물이 빠져 리 장군은 남군과 함께 강 건너로 무사히 퇴각했다.

격노한 링컨은 옆에 있던 아들 로버트를 붙들고 이렇게 소리쳤다.

"이런 터무니없는 노릇이 어디 있담! 적은 독 안에 든 쥐였는데. 우리 편에서 조금만 손을 썼으면 되는걸. 내가 아무리 말해도 군대를 움직이지 못하다니. 그 상황이라면 어떤 장군을 갖다 놓아도 리 장군을 무찌를 수 있었을 텐데. 나라도 그를 격퇴시켰을 거야."

매우 낙담한 링컨은 미드 장군에게 한 통의 편지를 썼다. 이 무렵 링컨은 언사에 대단히 조심스러웠다는 점을 잊어서는 안 된다. 따라서 1863년에 쓴 이 편지는 사실 매우 엄중한 질책에 해당했다.

 친애하는 미드 장군

이번에 리 장군을 놓친 것이 얼마나 큰 불행인지 장군은 짐작조차 하지 못하고 있는 것 같습니다. 적들은 바로 우리 손아귀에 있었으며, 최근 승리한 기세를 몰아 조금만 더 밀어붙였다면 전쟁을 종결시킬 수 있었을 것입니다. 그러나 이 호기를 상실한 현재로서는 전쟁이 언제 끝날지 알 수 없게 되었습니다. 귀관은 지난 4일 밤 아군에게 유리한 전투도 제대로 수행하지 못했습니다. 그렇다면 어떻게 강 건너 저편에서 작전을 제대로 수행할 수 있겠습니까? 지금은 그 당시 병력의 3분의 2밖에 사용하지 못할 텐데 말입니다. 금후로 귀관의 활약을 기대한다는 것은 어려운 일이고 또 기대하지도 않습니다. 귀관은 천재일우의 호기를 놓친 것입니다. 그 때문에 내가 받는 심적 고통은 이루 말로 표현할 수 없을 정도입니다.

미드 장군이 이 편지를 받고 어떤 생각을 했을까? 미드 장군은 이 편지를 읽지 못했다. 링컨이 부치지 않았기 때문이다. 이 편지는 링컨이 죽은 후 그의 서류함 속에서 발견되었다.

내가 추측하건대 아마 링컨은 이 편지를 쓰고 한참 동안 창밖을 내다보면서 이렇게 중얼거렸을 것이다.

"잠깐만, 이건 너무 서두르지 않는 편이 나을 것 같다. 여기 조용한 백악관에 편히 앉아서 미드 장군에게 공격 명령을 내리는 것은 쉬운 일이지. 만약 내가 게티즈버그의 전선에서 미드 장군이 목격한 유혈을 직접 보고 전상자의 비명과 단말마의 아우성 소리를 귀가 아프도록 들었다면, 아마 나도 선뜻 공격을 감행할 마음이 생기지 않았을지 몰라. 더구나 미드 장군처럼 소심한 사람이었다면 더욱 그랬겠지. 그리고 이미 엎질러진 물이다. 이 편지를 보내면 내 기분은 좀 풀릴지 모르나 미드는 어떠할까? 자기를 정당화하기 위해 노력하며 오히려 거꾸로 나를 비난할지도 모르지. 장군이 나에 대한 반감을 가지면 향후 사령관으로서 쓸모없는 사람이 되고, 그는 결국 군을 떠나게 될지도 모르겠군."

그래서 링컨은 앞에서 말한 대로 그 편지를 보내지 않았다. 링컨은 과거의 쓰라린 경험으로 심한 비난이나 질책이 대부분의 경우 아무 소용없음을 깨닫고 있었던 것이다.

시어도어 루스벨트는 대통령 재임 중 난관에 봉착하면 언제나 거실의 벽에 걸려 있는 링컨의 초상화를 보면서 이렇게 자문했다고 한다.

"링컨 같으면 이 문제를 어떻게 처리할 것인가?"

앞으로 누군가를 심하게 질책하고 싶은 마음이 생길 때는 지갑을 열고 링컨의 초상화가 그려진 5달러짜리 지폐를 꺼내 그의 얼굴을 보면서 이렇게 물어보자.

"이 상황에서 링컨이라면 어떻게 했을까?"

누군가를 변화시키고 교정해주고 싶은가? 그럼 그렇게 해라. 그런 마음씨는 분명히 훌륭하고 칭찬할 만한 것이다. 그런데 그에 앞서 자기 자신을 먼저 개선하는 게 어떤가? 함부로 타인을 교정하려 드느니 자기를 먼저 고치는 편이 이기주의적인 견지에서도 훨씬 더 유익하며, 또 덜 위험한 일이기도 하다.

"사람은 자기 자신과의 싸움을 시작할 때 비로소 가치 있는 사람이 된다."

이는 영국의 시인 브라우닝의 말이다. 자기 스스로와 싸우고 자신을 완전한 인간으로 만들기 위한 노력은 오랜 시간이 걸린다. 만약 이 노력이 성공한다면 우리들은 즐거운 새해를 맞이할 수 있을 것이며, 그 후에는 실컷 남의 잘못을 탓해도 좋을 것이다. 그러나 먼저 자신을 완성한 다음의 일이다.

"자기 집 현관이 지저분한 주제에 이웃 집 지붕에 눈 쌓인 것을 탓하지 마라."라고 가르친 것은 동양의 현인 공자였다.

젊은 시절, 남에게 내 존재를 인정받고 싶어서 상당히 애태우던 나는 당시 미국 문단에 명성을 떨치기 시작한 작가 리처드 하딩 데이비스에게 어리석은 편지를 보낸 적이 있다. 문학잡지에 작가론을 쓰기로 되어 있어 그에게 자기소개를 요청하는 편지를 보낸 것이다.

그런데 그 몇 주 전에 나는 누군가로부터 편지를 받았는데 그 말미에 "말한 후 읽어보지 못함Dictated but not read."이라고 부기되어 있었다. 나는 그 구절이 마음에 들었다. 그 편지의 주인은 바쁘고 중요한 거물급 인사라는 느낌이 들게 했다. 나는 결코 바쁘지 않으면서도 어떻게든지 데이비스에게 강한 인상을 주려고 그 문구를 편지 끝에 써버렸다.

데이비스는 회답 대신 내 편지를 그대로 회송해왔다. 다시 돌아온 편지의 여백에는 "버릇없는 짓은 그만두게나."라고 씌어 있었다. 확실히 내가 나빴다. 그 정도의 핀잔을 받는 건 당연했다. 그러나 나도 인간이어서 분개하지 않을 수 없었다. 그로부터 10년 후 리처드 하딩 데이비스의 사망 소식을 신문을 통해 알았을 때, 먼저 내 가슴에 떠오른 생각은 부끄러운 말이지만 그전에 당한 모욕감이었다.

크거나 작거나 누군가의 아픈 곳을 찌르는 비판을 하면 거기서 생긴 분노는 수십 년이 지나도 누그러지지 않고 죽을 때까지 이어진다. 죽을 때까지 타인의 원망을 사고 싶은 사람은 남을 신랄하게 비판하는 것을 일삼기만 하면 된다. 그 비판이 정당한 것이면 정당한 것일수록 효과적이다.

사람들을 대할 때 그를 논리의 동물이라고 생각하면 큰 오산이다. 상대방은 감정의 동물이며 편견에 가득 차 있고 자존심과 허영에 따라 행동한다는 것을 명심할 필요가 있다. 사람을 비난하는 것은 말하자면 위험한 불꽃인 것이다. 그 불꽃은 자존심이라는 화약고의 폭발을 유발하기 쉽다. 이 폭발은 왕왕 사람의 목숨마저 앗아간다. 예를 들면, 레너드 우드 장군은 때 이른 죽음을 맞이했는데, 그 이유는 그에게 쏟아진 비난과 프랑스 출정에 참가하는 것을 거부당했다는 사실이 그의 자존심에 상처를 입혔기 때문이라는 설이 있다.

영국 문학의 거성이었던 토머스 하디가 소설 쓰는 일을 영구히 그만 두게 된 동기도 뜻하지 않은 혹평을 받아서였고, 영국의 천재 시인 토머스 채터턴을 자살로 몰아넣은 것도 그에 대한 비난이었다.

청년 시절에 사교술이 없었던 벤저민 프랭클린은 훗날 탁월한 외교적 기교를 배워 사람을 능수능란하게 다루게 되었고, 드디어 프랑스 주재 미국 대사로 임명되었다. 그가 성공한 비결은 무엇이었을까? 그는 이렇게 말했다.

"남의 험담을 결코 하지 않습니다. 다만 누구든지 장점을 찾아내 칭찬하지요."

사람을 비판하거나 비난하거나 잔소리를 늘어놓는 것은 어느 바보라도 할 수 있다. 오히려 바보일수록 그러기를 좋아하는 법이다. 그러나 이해와 관용은 뛰어난 품성과 자제력을 갖춘 사람만이 지닐 수 있는 미덕이다.

영국의 사상가 칼라일은 이렇게 말했다.

"위대한 사람의 위대함은 평범한 사람들을 대하는 태도에서 드러난다."

남을 비난하는 대신 그를 이해하려고 노력해보자. 어찌해서 상대방이 그런 일을 저지르게 되었는지를 곰곰이 생각하기 위해 힘써보자. 이러는 편이 비판보다 더 유익하며, 또 재미있기도 하다. 그러면 동정, 관용. 친절이 스스로 우러나오기 마련이다. 모든 것을 알면 모든 것을 용서하게 된다.

　　영국의 위대한 문학가 존슨 박사는 이렇게 말했다.

　　"하나님조차 죽기 전까지는 사람을 심판하시지 않는다."

　　하나님도 이럴진대, 하물며 여러분이나 나 같은 사람은 말해 무엇하겠는가!

### 사람을 다루는 기본 테크닉 1

사람들에 대한 비판, 비난, 불평을 하지 마라.

*Don't criticize, condemn or complain.*

# 2

*How to Win Friends & Influence People*

# 원하는 것을
# 충족시켜주어라

이 세상에 사람을 움직이는
비결은 하나밖에 없다. 이 사실을 알고 있는 사람은 매우 드문 것 같다.
확실히 사람을 움직이는 비결은 단 하나뿐이다. 그것은 바로 그 사람이
그 일을 하고 싶게 만드는 것이다. 거듭 말하지만 이것 이외에 다른 비
결은 없다.

물론 사람의 가슴에 권총을 들이대고 그로 하여금 시계를 풀도록 만
들 수는 있다. 종업원에게 해고를 무기로 위협함으로써 협력을 강요할
수도 있다. 위협하거나 회초리를 들어 자녀들을 여러분의 뜻대로 조종
할 수도 있을 것이다. 그러나 이러한 강제적 방법은 항상 좋지 않은 반
발을 불러오기 마련이다.

사람을 움직이는 최선의 방법은 상대가 원하는 것을 해주는 것이

다. 그렇다면 사람들은 무엇을 원할까?

20세기의 위대한 심리학자 지그문트 프로이트 박사에 따르면, 인간의 모든 행동에는 2가지 결정적 동기가 있다고 한다. 그것은 "성적 충동과 위대해지려는 욕망"이다.

미국의 저명한 철학자이자 교육가인 존 듀이는 같은 내용의 말을 약간 다르게 표현했다. 즉, 인간의 가장 뿌리 깊은 충동은 "중요한 인물이 되고자 하는 욕구"라는 것이다. 중요한 인물이 되고자 하는 욕구, 이것은 실로 의미심장한 말이다. 그리고 이 책에서 독자들이 여러 번 접하게 될 말이기도 하다.

사람들은 무엇을 원하는가? 그다지 여러 가지를 원하지 않더라도 몇 가지만은 강하게 갈망한다. 대부분의 사람들은 다음과 같은 것을 희구할 것이다.

1. 건강한 장수
2. 음식
3. 수면
4. 돈 및 돈으로 살 수 있는 물건들
5. 내세의 생명
6. 성적 충족
7. 자녀들의 행복
8. 인정받고 있다는 느낌

이들 욕구는 대부분 일반적으로 충족된다. 하지만 하나만은 예외다. 음식이나 수면 욕구처럼 기본적이고 필수적이면서도 좀처럼 충족되기 힘든 것이다. 이것은 프로이트가 "위대해지려는 욕망"이라 부르고, 듀이가 "중요한 인물이 되고자 하는 욕구"라고 말한 바로 그것이다.

링컨이 보낸 편지 중 하나는 이렇게 시작된다. "인간은 누구나 칭찬을 좋아한다." 탁월한 심리학자 윌리엄 제임스는 "인간의 본성 중에서 가장 강한 것은 타인의 인정을 받고자 갈망하는 마음이다."라고 말했다. 여기에서 제임스가 '희망'한다거나 '염원'한다는 말 대신 '갈망'한다고 말한 점을 주목해야 한다.

이것은 인간의 마음을 줄기차게 휘어 감고서 파고드는 갈구인 것이다. 타인의 이러한 갈망을 제대로 만족시켜주는 사람은 매우 드물지만, 그것을 할 수 있는 사람만이 비로소 타인의 마음을 사로잡을 수 있다. 장의사 주인까지도 그러한 사람이 세상을 떠나는 것을 슬퍼할 것이다.

자신의 가치를 인정받고자 하는 욕망은 인간을 동물과 구별시키는 주요한 인간의 특성이다. 이와 관련된 매우 재미있는 이야기가 있다.

내가 미주리주의 시골에 살던 어린 시절, 아버지는 듀록 저지종의 좋은 돼지와 혈통이 좋은 흰머리 소를 사육하고 있었다. 우리는 중서부 각지의 축제와 가축 품평회에 돼지와 흰머리 소를 출품해 여러 번 1등상을 타곤 했다. 아버지는 1등에게 주어지는 파란 리본을 하얀 모슬린 천에 붙여두었다가 손님이 올 때마다 꺼내서 자랑하곤 했다. 돼지들은 1등 상에 전혀 관심이 없었으나 아버지는 대단한 관심을 가지고 있었다. 파란 리본이 아버지에게 인정받는 사람이라는 느낌을 주었기 때문이다.

만약 우리의 조상들이 중요한 사람이 되고자 하는 열렬한 욕구를 가지고 있지 않았다면 인류의 문명도 탄생하지 않았을지 모른다. 교육받지 못하고 가난에 찌든 식료품 가게 점원이 우연히 손에 들어온 법률

책을 가지고 공부에 매달린 것도 인정받는 사람이 되고자 하는 욕망 때문이었다. 이 점원의 이름은 여러분도 들어보았을 것이다. 바로 링컨이다.

영국의 소설가 찰스 디킨스로 하여금 위대한 작품을 쓰게 한 것도, 19세기 영국의 유명한 건축가 크리스토퍼 렌 경에게 위대한 석조 건축물을 설계하게 만든 것도, 록펠러에게 평생 써도 못 쓸 정도의 부를 축적하게 한 것도 중요한 사람이 되고자 하는 욕망이었다. 또한 부호가 필요 이상으로 큰 저택을 짓는 것도 같은 욕망의 발로라 하겠다.

최신 유행하는 옷을 몸에 걸치고 신형 자동차를 몰고 자식 자랑에 열을 올리는 것도 다름 아닌 이 욕망 때문이다. 수많은 젊은이가 폭력 조직에 가입해 범죄 활동을 하도록 유혹하는 것도 이 욕망이다.

뉴욕시 전 경찰국장인 멀루니는 이렇게 말했다.

"오늘날 청소년 범죄자는 자아가 과잉된 경우가 많다. 체포된 뒤 그들의 최초 요구는 자기를 영웅처럼 대서특필하고 있는 신문을 보여달라는 것이다. 자기의 사진이 베이브 루스, 아인슈타인, 린드버그, 루스벨트와 같은 저명인사의 사진과 나란히 나와 있는 것을 보고 있는 동안, 전기의자에 앉게 될 걱정쯤은 아무렇지도 않게 여기는 것이다."

당신이 어떤 경우에 자신의 존재 가치를 느끼는지 나에게 말해준다면 나는 당신이 어떤 사람인지 대답해줄 수 있다. 그것이 당신이란 사람을 결정하며, 그것이 당신을 이해하는 데 가장 의미심장한 것이다.

존 D. 록펠러는 중국 베이징에 최신식 병원을 건립해 그가 생전에 만난 적도 없고 앞으로 만나지도 못할 중국의 빈민들이 치료받을 수 있도록 돈을 기부하는 데서 자신의 존재 가치를 느꼈다. 한편 딜린저 같은 사람은 자신의 존재 가치를 느끼기 위해 도둑질, 은행 강도, 심지어는 살인까지 범하게 되었다. FBI 수사관에게 쫓겨 미네소타주의 한 농가에 뛰어들면서 그는 "내가 바로 딜린저다!"라고 외쳤다. 그는 자신이 중요한 공개수배자라는 사실이 자랑스러웠다. "너희를 해칠 생각은 없다. 하지만 나는 딜린저다!" 그는 이렇게 말했다. 딜린저와 록펠러의 중요한 차이점은 그들이 자신의 존재 가치를 어디에서 느꼈느냐 하는 점이다.

유명 인사가 인정받는 존재가 되기 위해 고심했다는 흥미로운 사례들을 역사 곳곳에서 찾아볼 수 있다. 미국의 초대 대통령 조지 워싱턴조차도 '합중국 대통령 각하'라고 불리는 걸 좋아했다. 콜럼버스도 '해군 대제독 겸 인도총독'이라는 칭호를 달라고 청원했다. 러시아의 캐서린 여왕은 '여왕 폐하'라는 칭호를 쓰지 않은 편지는 거들떠보려고도 하지 않았다.

1928년 버드 제독이 남극 탐험을 나설 때 미국의 백만장자들이 원조해준 이유는 남극의 새로 발견될 산맥에 그들의 이름을 붙여준다는 조건 때문이었다. 또 빅토르 위고는 파리시를 자기 이름으로 바꾸려는 엄청난 야심이 있었다. 저 위대한 셰익스피어까지도 자기 가문이 사용할 수 있는 문장(紋章)을 획득함으로써 자신의 이름에 영광을 더하려고 했다.

가끔 타인의 동정과 주의를 환기시킴으로써 자신의 존재감을 만족시키고자 환자를 자처하는 사람도 있다. 예컨대 맥킨리 대통령 부인 같은 사람이 그러하다. 그녀는 자신의 존재감을 충족시키고자 남편인 맥킨리 대통령이 국무회의에 참가하는 것도 막고, 침실에 들어와 자기가 잠들 때까지 몇 시간이고 간호하게 했다. 또 자신이 치과에서 치료받는 동안 줄곧 남편이 곁에서 지키게 하여 남의 주의를 환기시키려는 자기 욕망을 충족시켰다. 한번은 대통령이 국무장관 존 헤이와의 중요한 약속을 지키기 위해 자신을 병원에 남기고 가자 한바탕 소동을 벌이기도 했다.

소설가인 매리 로버츠 라인하트는 간호사로 일한 경력이 있는데, 언젠가 내게 활기차고 똑똑한 여성이 인정받는다는 것을 느끼기 위해 환자가 된 사람의 얘기를 들려주었다.

"이 여성은 어느 날 무언가 알 수 없는, 벽에 부딪친 것 같은 느낌을 받았습니다. 아마 그녀의 나이 문제였겠지요. 혼기는 놓치고, 앞으로 결혼할 가능성이 별로 없다는 것을 알았겠지요. 희망이 없고 고독한 세월만이 그녀를 기다린다고 느꼈습니다. 드디어 그 여성은 병상에 누워 버리고 말았습니다. 그로부터 10년간 그녀의 모친이 하루 세 끼의 식사를 3층에 있는 그녀의 침실로 날라다 주면서 간병을 했습니다. 그러던 어느 날 지친 노모가 쓰러져 그대로 세상을 떠나고 말았습니다. 병자는 비탄에 젖어 몇 주 동안 괴로워했는데, 결국 침대에서 일어나 다시 옛날처럼 평범한 생활을 시작했습니다."

전문가의 말에 따르면, 현실 세계에서 자신의 존재 가치가 부인되면 환상의 세계에서라도 인정받는 존재가 되기 위해 미칠 수도 있다고 한다. 미국의 병원에서 치료받는 환자 중 정신 질환 환자는 다른 모든 질병의 환자의 합계보다 많다.

정신 이상의 원인은 무엇일까?

이렇게 광범위한 질문에 쉽사리 대답하기는 힘들지만 우리는 어떤 종류의 병, 예컨대 매독 같은 것에 걸리면 뇌세포가 파괴되어 정신 이상을 일으킨다는 것은 알고 있다. 실제로 모든 정신 질환의 약 50퍼센트는 뇌 조직 장애, 알코올, 약물, 외상과 같은 신체적인 원인으로 인해 발생한다. 그러나 나머지 절반은, 사실 이 점이 놀라운 사실인데 뇌 조직에 아무런 결함이 없다고 한다. 사후 부검을 통해 초정밀 현미경으로 살펴보아도 그들의 뇌신경은 정상인의 뇌신경과 조금도 차이가 없다는 것이다.

그 사람들은 왜 정신 이상을 일으켰을까?

얼마 전 어느 일류 정신병원장에게 이에 관하여 문의한 적이 있다. 정신 질환의 최고 권위자로 자타가 인정하는 이 원장은 "솔직히 말해서 그러한 사람들이 왜 정신 이상을 초래하는지 나도 알 길이 없다."라고 말했다. 확실한 것은 아무도 모르는 것이다. 그러나 현실 세계에서 충족되지 못한 자기의 존재 가치를 얻기 위해 정신 이상이 되는 사람이 많은 것만은 분명하다고 이 원장은 말했다. 그러면서 다음과 같은 이야기를 들려주었다.

"지금 우리 병원에 결혼에 실패한 환자가 한 분 있다. 그녀는 애정, 성적 만족, 자녀, 사회적 지위 등을 기대하고 결혼했다. 그러나 현실은 그녀의 희망을 무참히 짓밟아버렸다. 남편은 그녀를 사랑하지 않았다. 식사도 같이 하려 들지도 않아 자기 식사만 2층 자기 방으로 가져다 먹곤 했다. 그녀는 자녀도 없고 사회적 지위도 누릴 수 없었다. 그리하여 그녀는 정신 이상을 초래한 것이다. 상상의 세계에서 그녀는 남편과 이혼하고 처녀 적 이름을 되찾았다. 지금은 영국의 귀족과 결혼한 것으로 믿으면서 스미스 백작 부인이라고 불러주기를 원한다. 또 그녀는 매일 밤 어린아이를 낳고 있다고 믿고 있다. 내가 진찰할 때마다 그녀는 '어젯밤에 아기를 해산했다.'고 말하는 것이다."

실제 인생에서는 그녀의 꿈을 실은 배가 번번이 현실이라는 암초에 부딪쳐 산산이 부서지고 말았지만, 정신 이상에 걸린 후의 찬란한 상상

세계 속에서는 그녀의 꿈을 실은 배가 순풍에 돛을 달고 즐거운 항해를 하고 있는 것이다.

이것은 비극일까? 나는 잘 모르겠다. 그 의사도 이렇게 말하고 있다.

"가령 내가 그저 손만 내밀면 그녀의 정신 이상을 고칠 수 있다 하더라도 그렇게 할 생각이 없다. 왜냐하면 그녀의 현 상태가 훨씬 행복하기 때문에⋯."

대체로 정신 이상자는 우리들 정상적인 인간보다 행복하다. 그래서 많은 사람이 정신 이상에 걸린 상태에 만족해한다. 왜 그럴까? 그들은 자기의 문제를 해결했기 때문이다. 그들은 여러분이 원하면 1백만 달러짜리 수표도 끊어주고, 어느 나라 왕에게 소개장도 써준다. 정신 이상자는 자기가 창조한 꿈나라에서 최대의 희망인 인정받는 존재로서의 자신을 발견한 것이다.

자기의 존재 가치를 인정받고 싶다는 갈망이 너무 커서 광기의 세계에서라도 그것을 충족시키려는 사람이 세상에는 있는 법이다. 그렇다면 우리들이 정상적인 현실 세계에서 그 희망을 만족시켜준다면 어떠한 기적이라도 일으킬 수 있지 않을까?

내가 아는 한 지금까지 연봉 1백만 달러를 받는 사람은 두 사람밖에 없다. 월터 크라이슬러와 찰스 슈왑이다.

철강 왕 앤드류 카네기가 이 슈왑이라는 사나이에게 무엇 때문에 1백만 달러, 즉 하루에 3천 달러 이상이나 급료를 지불했을까? 슈왑이 천재였기 때문일까? 그렇지 않다. 제철계의 최고 권위자였기 때문일까? 천만의 말씀이다. 슈왑의 말을 빌리면 수많은 부하 직원이 철에 관해서는 훨씬 더 잘 알고 있었다.

슈왑은 자신이 높은 연봉을 받는 이유는 다름 아닌 사람을 다루는 능력을 갖고 있기 때문이라고 말했다. 나는 그에게 사람을 다루는 비결이 무엇이냐고 물어보았다. 그는 다음과 같은 비결을 가르쳐주었다. 이는 실로 금언이라고 할 만하다. 동판에 새겨서 각 가정, 학교, 상점, 사무실 등의 벽에 걸어놓을 만하다. 아이들도 라틴어의 동사 변화나 브라질의 연간 강우량을 암기하는 대신 그 시간에 이 말을 기억해야 한다. 이 말대로 실천하기만 하면 우리의 인생은 크게 변화할 것이다.

"나는 사람의 열정을 불러일으키는 능력이 있다. 이것이 나의 가장 소중한 보배이다. 사람들이 최대의 능력을 발휘할 수 있게 하는 방법은 칭찬과 격려다. 윗사람한테서 야단을 맞는 것처럼 의욕을 심하게 꺾는 것도 없다. 나는 결코 사람을 비난하지 않는다. 그보다는 사람들에게 일할 동기를 부여하는 것이 낫다고 믿는다. 따라서 나는 사람을 칭찬하는 것은 좋아하지만, 결점을 말하는 것은 대단히 싫어한다. 마음에 드는 일이 있으면 진심으로 인정해주고 아낌없는 찬사를 보낸다."

이것이 슈왑의 방법이다. 그런데 보통 사람들은 어떠한가? 이와는 정반대이다. 마음에 들지 않으면 부하들을 몰아붙이지만, 마음에 드는 일에 관해서는 아무런 칭찬도 하지 않는다.

"나는 지금까지 세계 각국의 훌륭한 인사들과 접촉해왔지만, 잔소리를 듣고 일할 때보다 칭찬을 듣고 일할 때가 일에 대한 열의도 더 있고 성과도 좋은 법이다. 아무리 지위가 높은 사람일지라도 그 예외는 겪어본 적이 한 번도 없다."

슈왑은 단언한다.

사실 이것이 앤드류 카네기의 성공 비결이라고 슈왑은 말하고 있다. 카네기도 공적이거나 사적인 자리에서 동료들 칭찬을 아끼지 않았다. 카네기는 자기의 묘비에까지 동료들에 대한 칭찬을 새기려고 했다. 다음은 그가 스스로 쓴 묘비명이다.

"자기보다 현명한 인물들을 주변에 끌어 모으는 법을 터득한 자, 이곳에 잠들다."

진심어린 칭찬은 록펠러의 사람 다루는 비결이기도 했다. 그에게는 다음과 같은 일화가 있다.

사업상 동료인 에드워드 T. 베드포드가 남미에서 물건을 잘못 구매하는 바람에 회사에 1백만 달러라는 손해를 끼쳤다. 다른 사람 같으면 아마 잔소리를 했겠지만, 록펠러는 베드포드가 최선을 다했다는 것을 알고 있었다. 또 이미 지나간 일이므로 거꾸로 그를 칭찬할 방법을 생각해냈다. 즉, 베드포드가 투자액의 60퍼센트까지 회수할 수 있었던 것을 기뻐했다.

"참 잘됐어, 그만큼 회수한 것은 큰 성공이야."

브로드웨이의 수많은 제작자 중 플로렌즈 지그펠트는 가장 유명한 사람에 속했다. 그의 명성은 주로 '평범한 소녀를 무대의 스타로 만드는' 뛰어난 능력에서 비롯됐다. 아무도 거들떠보지 않은 초라한 소녀가 그의 손길을 거치고 나면 무대에서 신비롭고 매혹적인 여인의 모습으로 변모했다. 상대방을 칭찬하고 신뢰하는 것이 얼마나 중요한지를 알고 있는 그는 칭찬과 약간의 배려를 더해 여자로 하여금 스스로 아름답다고 믿게 만들었다. 그는 또한 현실적인 사람이었다. 주당 30달러였던 코러스 걸의 급료를 1백75달러로 인상했다. 그는 기사도의 멋을 아는 사람이어서 공연 첫날은 주연 배우들에게 축전을 보내고, 모든 코러스 걸에게 장미 꽃다발을 선사했다.

한때 나는 엿새 동안 물 한 모금 마시지 않고 단식을 해본 적이 있다.

그다지 어려운 일이 아니었다. 엿새째인 마지막 날보다 이틀째 밤이 더 힘들었다. 여러분이나 나는 가족이나 자기가 고용하고 있는 사람에게 6일 동안 음식을 주지 못한다면 일종의 죄책감을 느낄 것이다. 그런데 사람들은 음식 못지않게 사람에게 필요한 진심에서 우러나온 칭찬을 엿새는커녕 6주, 심지어 6년간이나 하지 않고도 아무런 죄책감을 갖지 않는다.

〈비엔나에서의 재회〉라는 유명한 연극에서 주역을 맡았던 알프레드 룬트는 이런 말을 남겼다.

"나에게 가장 필요한 것은 나 스스로를 높이 평가할 수 있도록 격려 해주는 말이다."

우리들은 아이들과 친구, 직원들의 육체에는 영양분을 주면서 그들의 자부심에는 영양분을 공급하지 않는다. 그들에게 쇠고기며 감자를 주어 체력을 북돋워주기는 하지만 부드러운 칭찬의 말을 해주지는 않는다. 부드러운 칭찬의 말은 새벽하늘에 빛나는 별들의 음악처럼 언제까지나 기억에 남고 마음의 양식이 된다.

"원, 말도 안 되는 소리! 공치사, 아첨! 이 따위는 다 낡고 소용없는 수법이야. 적어도 똑똑한 사람들이야 넘어갈 리 없지!"

독자 중에 이렇게 말할 사람도 있을 것이다. 물론 분별 있는 사람들에게 아첨은 효과가 없다. 공치사란 천박하고 이기적이고 무성의한 것이어서 그것이 통용되지 않는다는 것은 당연하다. 또한 아사 직전의 인간이 풀이건 벌레건 닥치는 대로 집어먹듯이 칭찬에 굶주린 사람들이 진짜인지 가짜인지 구분하지 않고 아첨이나 공치사를 좋아하는 것도 사실이다.

수많은 결혼 전력이 있는 므디바니 형제가 여러 차례에 걸쳐 결혼에 성공한 것은 무슨 조화일까? '왕자'라는 별명을 가진 이 두 사람이 어떻게 2명의 미인과 유명한 여배우들, 세계적인 성악가, 그리고 저가 물건을 파는 것으로 유명한 '파이브 앤 텐 센트' 체인점의 백만장자 바바라 허튼 같은 여자들을 차례차례 손에 넣을 수 있었을까? 도대체 그들은 어떻게 했던 것일까?

〈리버티〉지의 기사는 그에 대해 이렇게 보도하고 있다.

"므디바니 형제가 여성을 끄는 매력은 여러 사람에게 수수께끼였다. 사교계에 정통하고 뛰어난 예술가이면서 남성을 잘 이해하는 여성인 폴라 네그리에 따르면 '므디바니 형제처럼 아부하는 기술을 잘 구사하는 남자는 요즘 없다.'는 것이다."

영국의 빅토리아 여왕까지도 아첨에 상당히 약했다. 당시의 재상 디즈레일리는 여왕을 알현할 때 비위를 맞추느라 퍽 애썼노라고 고백하고 있다. 그의 말을 빌리면 "흙손으로 벽을 바르듯" 치사의 말을 했다고 한다. 그는 영국의 재상 중에서 손꼽을 만큼 세련된 사교의 천재였다. 디즈레일리가 사용한 방법을 우리가 쓴다고 반드시 유효하다고는 할 수 없다. 길게 보면 아첨은 득이 될 때보다 해가 될 때가 더 많다. 아첨은 가짜이기 때문에 위조지폐와 마찬가지로 쓰다 보면 종내는 화를 불러오게 마련이다.

아첨과 칭찬의 차이는 매우 간단히 구별할 수 있다. 후자는 진실인데 반하여 전자는 진실이 아니다. 후자는 마음속에서부터 우러나오나 전자는 혓바닥 끝에서 나오는 것이다. 칭찬은 이기적이지 않지만 아첨은 이기적이다. 칭찬은 모두 반기지만 아첨은 모두 비난한다.

나는 최근 멕시코시티의 차풀테펙궁을 방문한 자리에서 오브레곤 장군의 흉상을 보았다. 그 흉상의 하부에는 다음과 같은 장군의 신조가 새겨져 있었다.

"너를 공격하는 적을 두려워할 필요는 없으나 네게 아첨하는 친구는 조심해라."

나는 지금 결코 아첨을 권하고 있는 것이 아니다. 나는 새로운 삶의 방식에 대해 말하고 있다. 거듭 말하지만, 나는 새로운 삶의 방식에 대해 말하고 있을 따름이다.

영국의 왕 조지 5세는 버킹검 궁전 자신의 서재에 6개의 격언을 걸어놓았다. 그 하나는 "값싼 칭찬은 하지도 말 것이며 받는 일도 없도록 하라."라는 것이다. 아첨은 곧 값싼 칭찬이다. 또 아첨하는 말의 정의에 대해서는 아래와 같이 설명한 것을 읽은 기억이 있다.

"상대방의 자기 평가와 일치하는 것을 말해주는 것."

미국의 사상가 에머슨은 이렇게 말했다.

"당신이 무슨 말을 하든지 간에 그 말에는 당신의 모습이 그대로 담겨 있다."

만약 아첨을 통해 세상만사가 잘되어 나간다면 누구나 아첨꾼이 될 것이고, 이 세상은 대인 관계의 명수들로 가득 차게 될 것이다. 인간은 어느 특별한 문제가 있어 그것에 몰두하고 있을 때 이외에는 대개 자신의 일을 생각하면서 살고 있다. 그러니 잠깐 자신의 일을 생각하는 것을 중단하고 타인의 장점을 생각해보면 어떨까. 타인의 장점을 알면 속이 환히 들여다보이는 값싼 아첨의 말 따위는 할 필요가 없을 것이다.

에머슨은 또 이렇게 말했다.

"모든 사람은 나보다 나은 점을 갖고 있다. 그런 의미에서 나는 모든 사람에게 배울 수 있다."

에머슨처럼 대단한 사상가가 이렇다면 범속한 우리들에게는 무슨 말이 필요하겠는가. 자기의 장점, 단점에 대해 생각하는 것은 잠시 잊고 타인의 장점을 찾아보려고 노력해보자. 그러면 아첨 따위는 필요 없다. 거짓이 아닌 진심의 칭찬을 보내자. 그러면 상대방은 그것을 마음속 깊이 간직하고 평생 잊어버리지 않을 것이다. 주는 사람은 잊어버릴지라도 받는 사람은 오랫동안 두고두고 마음 흐뭇해할 것이다.

**사람을 다루는 기본 테크닉 2**

진심에서 우러나오는 칭찬을 하라.

*Give honest, sincere appreciation.*

# 3

*How to Win Friends & Influence People*

# 역지사지,
# 입장을 바꾸어 생각해보라

매년 여름이 되면 나는
메인주로 낚시 여행을 간다. 개인적인 얘기를 하면, 나는 딸기빙수를
좋아하는데 물고기는 왜 그런지 벌레를 좋아한다. 그래서 낚시를 갈 때
는 내가 좋아하는 것에 대해서는 생각지 않고 물고기가 좋아하는 것만
생각한다. 딸기빙수를 낚시 미끼로 쓰지는 않는다. 지렁이나 메뚜기를
매달아놓고 "하나 잡수어보시지요."라고 하는 것이다. 사람을 낚을 때
도 낚시의 상식을 그대로 이용하면 될 것이 아닌가?

영국의 수상이었던 로이드 조지가 바로 그것을 이용한 사람이다. 제
1차 세계 대전 때 그와 같이 활약한 연합군의 지도자 중 미국의 윌슨,
이탈리아의 올랜도, 프랑스의 클레망소 등은 모두 실각하고 세인의 기
억으로부터 사라졌다. 오직 로이드 조지만이 현역에서 활약하고 있었

다. 누군가 그에게 "어떻게 여전히 집권하고 있는가?"라고 물었다. 그러자 그는 물고기에 맞춰 미끼를 바꾸는 게 필요하다는 낚시의 상식을 자신이 알고 있었기 때문이라고 말했다.

자기가 좋아하는 것을 문제삼을 필요는 없다. 자기가 좋아하는 것만 이야기하는 것은 어린아이 같은 행동이다. 물론 우리는 자기가 원하는 것에 관심을 가진다. 또 이 관심은 영구히 지속될 것이다. 하지만 다른 사람은 아무도 흥미를 가지지 않는다. 모든 사람이 다 그렇다. 너나없이 다 자기의 일에만 정신이 팔려 있다.

따라서 세상 사람을 움직이는 유일한 방법은 상대방이 원하는 문제를 같이 이야기해주고 또 그것을 어떻게 얻을 수 있는지 보여주는 것이다. 내일이라도 당장 누군가를 움직여 어떤 일을 하게 만들고 싶다면 이 사실을 꼭 명심해야 한다.

가령 당신의 아들이 담배를 피우지 않게 하려면 설교를 늘어놓거나 당신이 원하는 것에 대해 이야기해도 소용없다. 그보다는 담배를 피우면 자녀가 원하는 야구팀에 들어갈 수 없다든지, 달리기 훈련에서 꼴찌를 할 수도 있다고 말해주는 것이 낫다.

이 방법은 아이들을 대할 때뿐 아니라 송아지나 침팬지 같은 동물을 다룰 때도 똑같이 유용하다. 한 예를 들어보자.

한번은 에머슨과 그의 아들이 송아지를 외양간에 집어넣으려고 했다. 그런데 에머슨 부자는 흔히 누구나가 저지르는 실수를 저질렀다. 그들은 자기들이 원하는 것만 생각했다. 아들은 앞에서 힘껏 잡아끌고 아버지는 뒤에서 힘껏 밀었다. 송아지 또한 에머슨 부자와 마찬 가지로 자기가 원하는 것만 생각했다. 완강하게 버티고 서서 풀밭에서 한 발도 옮겨놓으려 하지 않았다. 이것을 보다 못한 아일랜드 태생의 하녀가 도우려고 쫓아왔다. 그녀는 논문이나 책을 저술할 만한 지식은 없었지만, 적어도 이 경우에 한해서만은 에머슨보다 훌륭한 지혜를 가지고 있었다. 하녀는 송아지가 무엇을 원하는지를 먼저 알아내려 했던 것이다. 그녀는 자기의 부드러운 손가락을 송아지 입에 물리고 그것을 빨게 하면서 송아지를 외양간 안으로 끌어들였다.

인간의 모든 행위는 무엇에 대한 욕구로부터 나온다. 적십자사에 1백 달러를 기부하는 행위는 어떠한가? 그것도 이 원칙을 벗어나지 않는다. 그것은 남을 도우려는 욕구, 아름답고 이타적이고 거룩한 행위를 하고 싶은 욕구에서 출발했기 때문이다. 성경에도 이와 같은 가르침이 있다.

"가난한 형제들에게 선을 행함은 곧 주를 섬김과 같으니라."

선행에서 우러나오는 기쁨보다 1백 달러가 더욱 소중하다고 생각하는 사람들은 기부 같은 것은 하지 않을 것이다. 물론 거절하기가 어려워서 할 수도 있고, 부탁하러 온 사람과의 안면 관계 때문에 기부하는 경우도 있을 것이다. 그러나 기부를 한 이상 무엇인가를 원했던 것만은 사실이다.

미국의 심리학자 해리 A. 오버스트리트 교수의 명저인 《인간 행위를 지배하는 힘》에 다음과 같은 구절이 나온다.

"인간의 행동은 마음속의 욕구로부터 생겨난다. … 따라서 사람을 움직이는 최선의 방법은 먼저 상대방의 마음속에 강한 욕구를 불러일으키는 것이다. 사업에서나 가정, 학교 혹은 정치에서나, 사람을 움직이려는 자는 이 사실을 잘 기억해둘 필요가 있다. 이것을 할 수 있는 사람은 만인의 지지를 얻는 데 성공할 것이며, 그렇지 못한 사람은 외로운 길을 갈 수밖에 없다."

스코틀랜드 출신의 가난한 소년이었던 강철 왕 앤드류 카네기는 어릴 때 1시간에 2센트의 급료를 받고 일했다. 그가 후에는 각 방면에 3억 6천5백만 달러라는 거금을 기부를 할 정도로 대부호가 되었다. 그는 어려서부터 이미 사람을 움직이는 데는 그 사람이 원하는 것을 이야기해주는 수밖에 없다는 것을 깨닫고 있었다. 학교라고는 4년밖에 다니지 못했지만 사람 다루는 법을 잘 알고 있었던 것이다.

이런 이야기가 있다. 카네기의 형수는 예일 대학에 가 있는 두 아들 때문에 병이 날 지경으로 걱정을 하고 있었다. 그들은 학교생활이 바빠서 집에 편지 한 장 보내지 않고 어머니가 아무리 근심하는 편지를 보내도 답장 한번 하는 법이 없었다.

카네기는 자신이 편지를 쓰고 답장을 하라는 글을 덧붙이지 않아도 곧바로 답장을 받을 수 있다고 웃으며 장담했다. 과연 그렇게 될 것인지를 놓고 1백 달러 내기가 걸렸다. 그는 조카들에게 별로 중요한 내용도 없는 편지를 써 보냈다. 단지 추신에 두 조카에게 각각 5불씩 돈을 보낸다는 말을 간단히 덧붙였다. 그러면서 그 돈을 동봉하지 않았다.

조카들한테서는 곧 감사하다는 답장이 날아왔다.

"앤드류 아저씨, 주신 편지 반가이 받아보았습니다."

그다음 말은 여러분의 상상에 맡기겠다.

여러분은 지금이라도 누군가에게 어떤 일을 하도록 설득해야 할 상황에 놓일 수 있다. 그럴 때 말을 꺼내기 전에 스스로 자문해봄이 좋을 것이다. '어떻게 하면 저 사람이 그 일을 하고 싶도록 만들 수 있을까?'

이러한 자문과 그에 대한 나름대로의 답은, 여러분이 무작정 사람을 만나 여러분의 욕망에 대해서만 열심히 얘기하다가 아무런 소득도 없이 끝내고 마는 상황을 피할 수 있도록 해줄 것이다.

나는 매 시즌 강연회를 개최하기 위해서 뉴욕의 어느 호텔 대강당을 20일간 저녁 시간만 예약한다. 한번은 강연 날짜가 며칠 남지 않았는데 갑자기 호텔 측으로부터 사용료를 종전의 세 배로 인상하겠다는 통지를 받았다. 그때는 이미 강연 입장권을 다 인쇄해 미리 팔았고 최종 공지가 나간 이후라서 사용료 인상을 반영할 수 없는 상황이었다.

내 마음 같아서는 갑작스런 인상 요구를 받아들이고 싶지 않았다. 하지만 내 기분을 호텔 측에 이야기해봤자 아무 소용없을 것 같았다. 호텔 측은 자기가 원하는 것밖에 생각하고 있지 않을 것이니까. 그래서 나는 이틀 후에 지배인을 만나러 갔다.

"그 통지를 받았을 때 약간 놀라기는 했습니다만 당신을 원망하고 싶은 생각은 추호도 없습니다. 아마 나도 당신의 입장이었더라면 같은 통지서를 쓸 수밖에 없었겠지요. 호텔의 지배인으로서 가능한 한 많은 수익을 올리는 것이 당신의 임무일 테니까. 그것을 못 하는 지배인이라면 당연히 자리에서 물러나야겠지요. 그런데 이번 사용료 인상 문제가 호텔 측에 어떠한 이익과 손실을 가져올 것인지를 한번 표를 작성해서 검토해보실까요?"

이렇게 말하고 나는 백지 한 장의 중앙에 선을 긋고 양쪽에 이익과 손해의 두 난을 만들었다. 나는 이익 칸에 '대강당 예약 없음.'이라고 기입하고 나서 말을 계속했다.

"빈 대강당을 댄스파티나 회의용으로 자유로이 빌려줄 수 있다면 이익이 생깁니다. 이것은 확실히 큰 이익입니다. 강연회용으로 빌려주는 것보다 훨씬 많은 사용료를 받을 수 있겠지요. 20일간이나 강당이 강연회에 자리를 뺏긴다는 것은 호텔 측으로선 큰 손실일 것입니다. 그러면 손해가 된 점을 따져봅시다. 첫째는 나한테서 들어오는 수익이 늘지 않고 거꾸로 줄 것입니다. 아니, 주는 것이 아니라 한 푼도 들어오지 않게 되겠지요. 나는 당신이 요구하는 사용료를 지불하기 어려운 처지이니 강연회를 다른 장소에서 하는 수밖에 없겠지요. 다음으로 또 하나 호텔에 불리한 점이 있습니다. 이 강연회에는 주로 지식인이나 문화인들이 많이 오는데, 이것은 호텔을 위해 훌륭한 선전이 되는 것입니다. 신문광고에 5천 불을 들인다고 해서 이 강연회에 모여드는 만큼 많은 사람이 호텔을 보러 오리라고는 생각하지 않습니다. 그렇다면 이 강연회가 호텔에 굉장히 유리한 것이 아닐까요?"

이상 2가지 손해를 해당란에 기입하고 나서 그 종이를 지배인에게 주었다.

"여기에 쓴 이익과 손해를 잘 참작하셔서 최종적인 연락을 주시기 바랍니다."

그 이튿날 나는 사용료를 세 배가 아니라 50퍼센트만 인상하겠다는 통지를 받았다.

여러분은 이 문제에서 내가 무엇을 원하는지 한마디도 입 밖에 내지 않았음에 주의해주기 바란다. 처음부터 끝까지 상대방이 무엇을 원하는지, 또 어떻게 하면 그것을 충족시킬 수 있는지에 관해서만 이야기했다.

가령 내가 인간의 자연스러운 감정에 못 이겨 지배인 방으로 쫓아 들어가 이렇게 소리를 질렀다고 치자.

"여보! 지금 갑자기 세 배나 값을 올리다니 말이 되오? 입장권도 다 찍은 다음이고 발표도 이미 끝났다는 것을 당신도 알고 있을 텐데, 세 배나 인상이라니 말이 안 되는 소리지! 나는 못 내겠소!"

그러면 어떤 결과가 나타났을까? 서로 흥분하고, 욕설이 튀어나오고 그다음은 정해진 수순이다. 설사 내가 상대방을 설복시켜 그의 잘못된 점을 깨우쳐주었다 하더라도 지배인은 자존심 때문에 쉽사리 물러나지 않았을 것이다.

자동차 왕 헨리 포드는 인간관계의 기술에 관해 다음과 같은 명언을 남겼다.

"성공에 비결이라는 것이 있다면 그것은 타인의 입장을 이해하고, 자기의 입장과 동시에 타인의 관점에서 사물을 보는 능력일 것이다."

이 얼마나 음미할 만한 말인가? 몇 번이고 되풀이해서 기억해둘 만한 말이다. 그러나 매우 간단하고 알기 쉬운 이 도리를 대부분이 망각하고 있다.

그러한 예는 얼마든지 있다. 매일 아침 배달되어 오는 편지가 그것이다. 대개의 편지는 이 상식적이라 할 만한 최고의 원칙을 무시하고 있다. 전국에 지사를 가진 어느 광고 회사의 방송부장이 각 지방 방송국장 앞으로 보낸 편지를 그 하나의 예로 들어보기로 한다.(괄호 안의 내용은 이에 대한 나의 비평이다.)

🖋 블랭크 국장 귀하

당사는 라디오 광고대행사로서 늘 일류가 되고자 염원하고 있습니다.

(당신 회사의 염원 같은 것을 누가 알 것인가. 이쪽도 골치 아픈 문제를 산더미처럼 가지고 있다. 대출금 갚으라고 은행은 난리지, 벌레들 때문에 정원의 꽃들이 시들어가고 있다. 증권 시세는 폭락. 오늘 아침은 통근 열차를 놓쳐 지각했고, 어젯밤에는 웬일인지 존스 씨 댁의 무도회에 초대를 못 받았다. 의사는 고혈압이니 신경통이니 하며 건강을 챙기라고 접주고. 그런데 이건

또 뭐야. 아침 출근길부터 심란했는데 사무실에 도착하자마자 이 따위 편지나 보고 있다니. 뉴욕에 있다는 젊은 애송이가 자기네 회사가 뭘 어떻게 하겠다느니 시시한 수작을 걸어오다니. 이 편지가 상대방에게 어떤 인상을 줄 것인지를 모를 정도라면 일찌감치 광고업을 그만두고 다른 장사라도 시작하는 편이 나을 것이다.)

우리나라 방송 사업이 발족한 이래 당사는 수많은 광고주를 고객으로 갖고 있어 최고의 네트워크를 자랑합니다. 당사는 매년 최고 광고대행사의 자리를 굳건히 지키고 있습니다.

(당신 회사가 대규모고 자본이 많고 회사가 제너럴 모터스와 제너럴 일렉트릭의 양대 회사를 합친 것보다 몇 배 더 크다고 하더라도 그런 것은 아무래도 좋다. 이쪽은 당신 회사가 얼마나 큰가보다 내가 얼마나 큰가에만 관심을 두고 있다는 것은 알아야 할 거 아냐. 세 살 먹은 어린아이가 아닌 다음에야 그만한 눈치는 있어야지. 당신 회사의 자랑을 듣고 있으면 내가 점점 작고 하찮게 여겨지잖아.)

당사는 광고주들에게 라디오 방송 편성과 관련한 최신 정보를 제공하기를 원하고 있습니다.

(그거야 너희들이 원하는 바지, 자기의 염원만 자꾸 내세우면 이쪽의 염원은 어쩌자는 심산인가. 이쪽 염원에 대해서는 일언반구도 없군.)

따라서 귀사의 주간 편성표와 함께 광고대행사가 광고 시간을 예약하는 데 도움이 될 만한 상세한 사항들을 알려주시기 바랍니다.

(뻔뻔스럽기 짝이 없는 말투로군. 실컷 제멋대로 제 자랑을 늘어놓은 다음

보고를 하라니 이 무슨 수작인가?)

즉각적인 답장과 함께 귀사의 최신 정보를 제공해주시면 두 회사에 유익한 일이 되리라 생각합니다.

(어리석게도 이런 싸구려 편지지에 대량 발송용 기계로 편지를 보내고서 급히 답신을 달라니 기가 막힐 지경이다. 아마 이 편지를 가을바람에 날리는 낙엽처럼 전국 각지에 뿌릴 작정이겠지. '즉각'이 다 무엇이야! 이쪽도 당신 못지않게 바쁘단 말이야. 도대체 당신은 무슨 권리가 있어서 잘난 체 명령을 내리는가? '상호 간에 유익'하다니 끝에 와서 겨우 이쪽 입장에도 관심을 약간 보이기 시작한 것 같으나 도대체 이쪽에 무엇이 어떻게 유익하다는 말인지 분명하게 말을 못 하고 있잖아.)

추신. 〈블랭크빌 저널〉지의 사본을 한 통 동봉합니다. 필요하시면 귀국의 방송에 활용하시기 바랍니다.

(겨우 '상호 유익'의 뜻이 밝혀졌군. 왜 처음에 그 말을 쓰지 않았을까? 처음에 썼더라도 큰 차이는 없었겠지만 대개 이런 터무니없는 편지를 태연히 보내는 광고업자는 아마 머리가 좀 이상한 게 틀림없다. 당신에게 필요한 것은 이쪽의 상황 보고가 아니라 당신 머리를 고치는 약일 것이다.)

사람들로 하여금 물건을 사도록 유인하는 전문가라고 자처하는 광고장이마저 이런 편지를 썼다면, 다른 직업에 종사하는 사람들이 쓰는 편지가 어떠하리라는 것쯤 짐작하고 남음이 있을 것이다.

여기 또 한 통의 편지가 있다. 어느 운송회사의 수송계장이 내 강연회의 수강생인 에드워드 버밀렌 씨에게 보낸 것이다. 이 편지가 받아본 사람에게 어떠한 영향을 끼쳤겠는가? 한번 읽고 생각해보기로 하자.

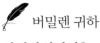 버밀렌 귀하

안녕하십니까?

취급하는 화물 대부분이 저녁때쯤 한꺼번에 쇄도해오기 때문에 발송 업무에 지장을 받는 경우가 허다합니다. 그 결과 화물 체증, 연장 근무, 배차 지연 등이 발생하고 있으며, 심한 경우에는 배송 지연으로까지 이어지고 있습니다. 지난 11월 10일 귀사로부터 5백10개나 되는 대량의 화물을 접수했습니다만 그때는 이미 오후 4시 20분이었습니다.

이러한 사태로 인한 작업의 혼란과 불편을 피하고자 귀사의 적극적인 협조를 바라마지 않는 바입니다. 이와 같은 대량의 화물은 도착 시간을 좀 당겨주시든지 오전 중에 화물의 일부가 도착하도록 힘써주시기 바랍니다.

그렇게 배려해주신다면 귀사의 차량이 대기하는 시간도 단축될 것이오며 화물도 당일 발송될 수 있는 등 여러 가지 유익한 점이 많을 것으로 생각됩니다.

그럼 이만 줄이겠습니다.

J. B. 소장 올림


이 편지를 읽고 나서 A. 제레가즈 선즈 주식회사의 판매과장인 버밀렌 씨는 다음과 같은 비평을 붙여 나에게 그것을 보내주었다.

"이 편지는 그 의도하는 바와는 오히려 반대의 효과를 나타낸다. 처음부터 자기의 형편만 이야기하고 있는데, 그런 것은 우리 쪽에서는 별로 흥미가 없는 일이다. 그리고 그다음에 우리의 협조를 요청했는데, 그것이 이쪽에 가져다주는 불편은 전혀 무시하고 있다. 겨우 마지막 구절에 와서야 협조하면 이쪽에는 이러저러한 이익이 있을 것이라고 언급했다. 우리가 가장 관심을 가지는 내용이 맨 끝에 나오기 때문에 결과적으로 협조하고 싶은 생각보다는 반감만이 일어날 지경이다."

그렇다면 이 편지를 고쳐 써서 개선할 수는 없을까? 자기의 문제에만 신경 쓸 것이 아니라, 자동차 왕 포드의 충고처럼 "타인의 입장을 이해하고 자기의 입장과 동시에 남의 관점에서도 사물을 보도록" 해보자.

아래와 같이 써보면 물론 완전하다고는 못 하겠지만 먼저 것보다는 훨씬 나아질 것이다.

 친애하는 버밀렌 씨.

지난 14년 동안 귀사의 성원에 늘 감사하게 생각하고 있습니다. 앞으로도 더욱 신속하고 능률적인 서비스로 그 성원에 보답하기 위해 노력하겠습니다.

그러나 지난 11월 10일의 경우처럼 오후 늦게 대량의 화물을 한꺼번에 보내시면 죄송스럽게도 기대에 어긋나게 되는 경우도 있습니다. 그 까닭인즉 타사의 화물들 또한 오후 늦게야 접수되기 때문입니다. 이럴 경우 자연히 화물 체증이 발생하고 일이 폭주해 혼란이 생기고, 따라서 귀사의 차량도 부두에서 오래 대기하는 일이 발생합니다. 이는 실로 저희들도 매우 유감스럽게 생각하는 바입니다. 이러한 사태를 피하기 위해 가급적 오전 중으로 화물을 보내주시는 것도 한 방법이 아닐까 생각됩니다. 이럴 경우에는 귀사의 트럭이 오래 대기할 필요도 없고, 화물은 즉시 처리될 것이고, 또 저희 직원들도 정시에 퇴근해 귀사 제품인 맛있는 마카로니의 저녁상 앞에 앉아 피곤을 풀 수 있게 될 것입니다.

이 의견을 불평이나 귀사의 운영 방침에 대한 주제 넘는 간섭으로 여기지 않으시면 고맙겠습니다. 이 편지는 전적으로 귀사에 더 효율적인 서비스를 제공하려는 의도에서 작성했습니다. 귀사의 화물이라면 어느 때 도착하더라도 신속하게 처리하려고 전력을 다하오니 이 점만은 안심하시기 바랍니다. 바쁜 시간 내서 읽어주셔서 감사합니다. 답장은 주시지 않아도 무방합니다. 그럼 이만 줄입니다.

J. B. 소장 올림


오늘도 수천 명의 세일즈맨이 제대로 수입도 못 올리고 실망한 채 피곤한 몸을 끌고 거리를 누비고 있다. 무엇 때문일까? 그들은 항상 자기들이 원하는 것만 생각하기 때문이다. 우리들은 별로 사고 싶은 물건이 없는데 그들은 이것을 이해하지 못하고 있다. 우리는 원하는 물건이 있으면 직접 나가서 산다. 만일 어떤 세일즈맨이 자신이 판매하는 제품이나 서비스가 우리의 문제를 어떤 식으로 해결해준다는 것을 우리에게 보여줄 수 있다면, 그는 굳이 팔려고 애쓰지 않아도 될 것이다. 우리가 그것을 자진해서 살 것이다. 고객은 자신이 판매 대상이 아니라 구매의 주체라고 느끼고 싶어 한다.

그럼에도 불구하고 세일즈맨의 대다수는 고객의 입장에서 생각하는 법을 깨닫지 못하고 있다. 예를 들어보자. 나는 뉴욕 외곽에 위치한 포리스트힐스에 살고 있다. 어느 날 지하철역으로 급히 가는 도중에 롱아일랜드에서 다년간 부동산 중개업을 하고 있는 사람을 만났다. 그는 포리스트힐스의 사정에 밝았다. 그래서 나는 내가 사는 집의 벽이 안에 철망을 넣고 마감한 것인지 아닌지 물어보았다. 그는 모른다고 대답하면서, 정원협회에 전화를 걸어 물어보라고 했다. 그런 정도라면 묻지 않아도 내가 이미 알고 있는 일이었다.

이튿날 그로부터 한 통의 편지가 왔다. 그는 내가 필요한 정보를 주었을까? 전화를 걸어 확인하면 1분도 걸리지 않을 문제인데…. 이렇게 생각하면서 편지를 뜯어보니 그런 내용이 아니었다. 전날과 똑같이 정원협회에 전화로 물어보라는 말을 되풀이하고 나서는 보험에 가입해 달라는 부탁이 씌어 있었다. 그는 나에게 도움이 될 만한 일에는 흥미가 없고 자신에게 이로운 일에만 관심이 있었다. 그가 남을 돕는 데 관심을 갖게 된다면 나를 보험에 가입시키는 것보다 몇천 배의 이익을 얻을 수 있었을 것이다.

전문가라는 사람도 똑같은 과오를 범하고 있다. 한번은 내가 필라델피아에서 유명한 이비인후과 의사한테 진료를 받으러 간 적이 있다. 그 의사는 내 편도선을 보기도 전에 내 직업부터 물어보았다. 그는 내 편도선의 병세보다 나의 주머니 상태에 더 관심이 있었다. 환자에게 도움이 되려는 생각에 앞서 돈벌이에만 눈이 밝은 사람으로 보였다. 나는 그의 인격을 경멸하면서 진료도 받지 않고 그대로 나와 버렸다.

세상에는 이처럼 자기 생각만 하며 이기적으로 움직이는 사람이 득실득실하다. 따라서 자기보다 남을 위해 봉사하려는 소수의 사람들에게 이 사회는 대단히 유리하게 되어 있다. 경쟁자가 거의 없는 셈이다. 오웬 D. 영은 이렇게 말했다.

"타인의 마음 상태를 이해하고 남의 입장에서 사물을 볼 줄 아는 사람은 장래를 걱정할 필요가 전혀 없다."

이 책을 읽고 여러분이 늘 "상대방의 입장에서 생각하고 그의 시각으로 사물을 본다."는 태도를 터득한다면, 그것으로 성공을 향해 제1보를 내디딘 것이나 다름없다.

대학에서 난해한 라틴어며 미적분을 공부한 사람들조차도 자기 마음의 움직임에 대해서는 전혀 모르는 수가 많다. 예를 하나 들어보겠다. 언젠가 냉난방기 제조회사인 캐리어사에서 대학을 갓 졸업한 신입사원들을 대상으로 '효과적인 화술'에 대해서 강의를 한 적이 있다. 수강생 중 한 사람이 다른 사람들에게 농구를 하자고 권유하면서 이렇게 말했다.

"같이 농구하러 가지 않을래? 나는 농구를 좋아해서 몇 번인가 체육관에 갔는데, 언제나 인원수가 부족해서 게임을 할 수 없었어. 요전에는 두서넛이 공을 돌리다가 눈을 얻어맞아 멍이 들었지 뭐야. 내일 밤에는 몇 명 나와 주면 좋겠다. 나는 농구가 너무나 하고 싶거든."

그의 이야기 속에 상대방이 원하는 것이 들어 있는가? 여러분은 다른 사람들이 가지 않는데 혼자 농구장에 가고 싶지는 않을 것이다. 그 친구가 무얼 원하는지는 알 바 아니다. 눈에 멍이 들고 싶지도 않을 것이다.

좀 달리 말할 수 있는 방법이 있었을 것이다. 농구를 하면 어떠한 이익이 있다는 점을 왜 말하지 않는가. 기운이 난다든가, 식욕이 왕성해진다든가, 머리가 더 맑아진다든가, 아주 재미있다든가 하는 등등의 이로운 점 여러 가지를 제시할 수 있었다.

여기서 오버스트리트 교수의 현명한 충고를 다시 한번 상기해보는 것도 좋을 것이다.

"먼저 상대방의 마음속에 강한 욕구를 불러일으켜라. 이것을 할 수 있는 사람은 세상을 얻을 것이고, 이것을 못 하는 사람은 외로운 길을 갈 수밖에 없다."

내 강좌에 참석한 어떤 사람의 이야기인데, 그는 언제나 자기 어린 아들의 걱정을 하고 있었다. 그 아이가 너무 편식을 해서 몸이 여위었기 때문이다. 흔히 누구나 그러하듯이 그도 자기 아내와 함께 잔소리만 퍼부었다.

"엄마는 네가 이것을 먹기를 바라는데…."

"아빠는 네가 튼튼하고 쑥쑥 자랐으면 좋겠다."

이런 잔소리를 듣고 이 아이가 부모의 말을 잘 들었다면 그야말로 이상한 노릇이다. 상식적인 사람이라면 30대의 아버지 생각을 세 살짜리 아이에게 강요하는 것은 무리라는 것을 알고 있다. 그럼에도 불구하고 이 아버지는 그 무리한 것을 기대했다. 어리석은 이야기다. 결국 그 아버지도 그것을 깨달았다. 그리고 이렇게 생각해보았다.

'도대체 저 아이가 원하는 게 뭘까? 어떻게 하면 아이가 원하는 것과 내 희망을 일치시킬 수 있을까?'

이렇게 생각하기 시작하자 쉽게 해결의 실마리를 찾을 수 있었다. 그 아이는 세발자전거를 타고 집 앞길에서 노는 걸 좋아했다. 그런데 두세 집 건너 이웃에 아주 짓궂은 아이가 있어 그 자전거를 빼앗아 타곤 했다. 그러면 그 아이는 울음을 터뜨리고 엄마한테로 돌아온다. 엄마가 달려가서 세발자전거를 다시 찾아준다. 이러한 일이 거의 매일 되풀이되고 있었다.

이 아이는 무엇을 제일 원하고 있을까? 셜록 홈즈의 도움을 받을 것도 없이, 생각해보면 곧 알 수 있다. 자존심, 분노, 인정받고 싶은 욕망 등 마음속의 강렬한 감정이 그 개구쟁이를 한번 혼내주라고 아이를 충동질하고 있었다. 그래서 아빠는 아이에게 이렇게 말했다.

"엄마가 주는 대로 무엇이나 잘 먹으면 언젠가는 저 덩치 큰 녀석보다 더 크게 자랄 수 있어. 아빠가 약속할게."

아이의 편식 문제는 깨끗이 해결되었다. 아이는 자기를 괴롭히는 그 개구쟁이를 때려주고 싶은 마음에 가리지 않고 무엇이든 잘 먹게 되었다. 편식 문제가 해결되자 그 아버지는 다른 문제에 봉착했다. 아이는 밤에 오줌을 싸는 버릇이 있었다. 아이는 늘 할머니와 같이 잤는데 아침이 되면 할머니가, "조니야, 이게 뭐냐? 또 쌌구나." 하고 야단을 쳤다. 아이는 이를 완강히 부정하고 오줌을 싼 것은 할머니라고 우겨댔다.

그럴 때마다 혼을 내거나 매를 들고 다시는 그러지 말라고 해도 아이의 버릇을 고칠 수 없었다. 그래서 아이의 부모는 '어떻게 하면 아이가 잠자리에 오줌을 싸지 않게 만들 수 있을까?' 궁리하게 되었다.

아이는 무엇을 바라고 있었을까? 첫째로 할머니처럼 나이트가운을 입는 게 아니라 아빠처럼 파자마를 입고 싶었다. 할머니는 손자의 오줌 싸는 버릇에 진저리가 나서 그 버릇만 고친다면 파자마를 사주겠다고 제의했다. 둘째로 아이가 갖고 싶어 하는 것은 자기 전용 침대였다. 할머니도 이제는 반대할 까닭이 없었다.

엄마는 아이를 데리고 브루클린에 있는 백화점의 침대 매장을 찾아갔다.

"이 꼬마 신사께서 물건 좀 사겠다는데요."

엄마는 여점원에게 슬쩍 윙크를 하면서 말을 건넸다. 여점원도 알았다는 듯이 그 아이에게 공손히 인사를 했다.

"어서 오십시오, 꼬마 신사님. 무엇을 도와드릴까요."

여점원의 응대에 기분이 으쓱해진 아이는 아주 신이 나서 대답했다.

"내가 쓸 침대가 필요해요."

그다음 날 침대가 집으로 배달되었다. 그날 밤 아버지가 집에 돌아오자 아이는 현관까지 뛰어나가면서 소리쳤다.

"아빠, 어서 2층에 올라가서 내가 사온 침대를 봐 주세요!"

아버지는 그 침대를 바라보면서 아낌없이 칭찬했다.

"설마 이 침대를 오줌으로 적시지는 않겠지?"

아빠가 아이에게 물었다.

아이는 결코 적시지 않겠다는 약속을 했고, 사실 그 뒤로부터는 잠자리에서 오줌을 싸는 버릇이 없어졌다. 자존심이 약속을 지키게 했던 것이다. 자기의 침대이고, 더구나 제 손으로 골라서 사온 침대인 것이다. 어른처럼 파자마도 입고 있었다. 그러니 어른처럼 행세하고 싶었다. 따라서 실제 그렇게 된 것이다.

더치만이라는 수강생이 있었는데 그도 세 살짜리 딸이 아침밥을 잘 먹지 않아 애를 태우고 있었다. 야단도 치고 달래보기도 했지만 소용없었다. 그래서 아이의 부모는 이런 질문을 해보았다. '어떻게 하면 아이가 아침밥을 먹고 싶어 하도록 만들 수 있을까?'

그 아이는 엄마 흉내를 내며 어른이 된 것처럼 느끼는 것을 좋아했다. 그래서 어느 날 아침 아이를 부엌으로 데리고 가 아침에 먹을 음식을 만들게 했다. 그 아이가 요리 만드는 흉내를 내고 있을 때 적당한 기회를 타서 아빠가 부엌에 나타났다. 아이는 좋아서 이렇게 소리쳤다.

"아빠, 이것 좀 봐요. 내가 지금 아침밥을 만들고 있어요!"

그날 아침 아이는 자기가 만든 오트밀을 두 접시나 먹어치웠다. 아침 식사에 대해서 관심을 갖게 되었기 때문이다. 아이는 자기가 인정받았다고 느꼈다. 아침상을 차리는 데서 자기를 표현할 방법을 발견할 수 있었던 것이다.

"자기표현은 인간의 중요한 욕구 중 하나다."

이것은 윌리엄 윈터의 말이다. 이 심리를 사업에도 응용할 수 있다.

무슨 훌륭한 아이디어가 떠올랐을 경우 그 아이디어를 내 것이라고 내세우지 말고 상대방으로 하여금 그것을 요리하고 활용하도록 해주기만 하면 되지 않을까? 그쪽에서는 그 착상을 자기 것으로 생각해 그것을 두 접시 이상 먹어치울 것이다.

이 말을 꼭 기억하자.

"먼저 상대방의 마음속에 강한 욕구를 불러일으켜라. 이것을 할 수 있는 사람은 세상을 얻을 것이고, 이것을 못 하는 사람은 외로운 길을 갈 수밖에 없다."

---

### 사람을 다루는 기본 테크닉 3

상대방의 마음속에 강한 욕구를 불러일으켜라.

*Arouse in the other person an eager want.*

---

### 사람을 다루는 기본 테크닉

1 사람들에 대한 비판, 비난, 불평을 하지 마라.

2 진심에서 우러나오는 칭찬을 하라.

3 상대방의 마음속에 강한 욕구를 불러일으켜라.

# PART
# 2

*Six Ways to Make People
Like You*

# 사람들에게
# 호감을 얻는
# 6가지 방법

# 1

*How to Win Friends & Influence People*

# 어디서나
# 환영받는 비결

친구 얻는 법을 배우기 위해서

이 책을 읽고 있는가? 왜 세상에서 친구를 가장 잘 사귀는 그의 기술을
연구하지 않는가? 그가 누구일까? 내일이라도 여러분은 길을 가다 그
를 만날 수 있다. 그와 어느 정도 가까운 거리에 다가서면 그는 꼬리를
살랑거리기 시작할 것이다. 여러분이 멈춰 서서 쓰다듬어주면, 그는 여
러분을 얼마나 좋아하는지 보여주기 위해 펄쩍펄쩍 뛰며 좋아할 것이
다. 그가 무슨 엉큼한 속셈이 있어서 애정을 표시하는 것은 아니다. 그
는 여러분에게 부동산을 팔고 싶은 것도 아니고, 여러분과 결혼하고 싶
은 것도 아니다.

혹시 일을 하지 않고도 먹고살 수 있는 유일한 동물이 개라는 것을
아는가? 닭은 알을 낳고, 젖소는 우유를 만들어야 한다. 또 카나리아는

노래를 불러야 한다. 하지만 개는 그저 사람에게 사랑을 주는 것만으로 먹고산다.

내가 다섯 살 적에 아버지께서 노란 강아지 한 마리를 50센트 주고 사주셨다. 어린 시절 그 강아지는 내 빛이었고, 내 즐거움이었다. 매일 오후 4시 반쯤 되면 강아지는 꼭 앞마당에 나와서 귀여운 눈초리로 길 쪽을 바라보았다. 내 목소리가 들리거나 혹은 도시락을 흔들면서 나무 사이로 걸어오는 내 모습이 눈에 띄면 흡사 총알처럼 달려와서 핥고 뛰어오르고 하면서 반가와 어쩔 줄을 몰라 했다.

그로부터 5년 동안 강아지 티피는 둘도 없는 내 친구였다. 그러던 어느 날 밤, 그 밤을 나는 영원히 잊지 못할 것이다. 티피는 내 주위에서 놀다가 벼락을 맞아 죽고 말았다. 티피의 죽음은 내 유년 시절의 비극이었다.

'티피, 너는 심리학에 관한 책을 읽은 적도 없지. 그럴 필요가 없었으니까. 너는 다른 사람에게 진심으로 관심을 가지면, 다른 사람의 관심을 끌려고 노력하는 사람들이 2년 동안 사귈 수 있는 것보다 더 많은 사람을 두 달 안에도 사귈 수 있다는 것을 본능으로 알고 있었으니까.'

이 점에 대해 한 번 더 이야기하자. 다른 사람에게 진심으로 관심을 가지면, 다른 사람의 관심을 끌려고 2년 동안 노력한 것보다 더 많은 친구를 두 달 안에도 사귈 수 있다. 하지만 다른 사람들의 관심을 끌기 위해 별별 노력을 하면서 일생 동안 실수를 거듭하는 사람들이 있음을 우리는 알고 있다.

물론 그런 방법은 소용이 없다. 사람들은 당신에게 관심이 없다. 나에게도 관심이 없다. 그들은 하루 온종일 오로지 자기 자신에 대해서만 관심을 가진다.

뉴욕 전화회사에서 통화 중 가장 많이 사용되는 단어를 세밀하게 조사한 적이 있다. 여러분도 짐작하듯이 그건은 1인칭 대명사 '나(I)'였다. '나(I)', '나(I)', '나(I)'라는 말은 5백 번의 통화에서 3천9백90번 사용되었다. '나(I)', '나(I)', '나(I)', '나(I)'.

여러분은 자신이 찍혀 있는 단체사진을 볼 때 가장 먼저 누구의 얼굴을 찾는가? 만약 자기에게 얼마나 많은 사람이 관심을 가지는지를 알려면 다음 물음에 대답해봐라. '만약 내가 오늘 밤에 죽는다면 몇 명이나 내 장례식에 참가할 것인가?'

당신이 먼저 다른 사람에게 관심을 갖지 않는데, 왜 그 사람이 당신에게 관심을 가져야만 하는가? 연필을 들고, 이곳에 한번 적어보라.

만약 자신에게 관심을 갖도록 하기 위해 다른 사람에게 깊은 인상을 남길 생각만 하고 있다면 결코 진정한 친구를 사귈 수 없다. 친구는, 진정한 친구는 결코 그런 방법으로 생기지 않는다.

그런데 나폴레옹은 그런 방식으로 사람을 사귀려고 했다. 조세핀을 마지막 만나는 자리에서 그는 이렇게 말했다.

"조세핀, 나는 이 세상 누구보다도 운이 좋은 사람이었소. 하지만 지금 이 순간 이후부터 내가 믿을 수 있는 사람은 조세핀 당신뿐이오."

그러나 역사가들은 과연 나폴레옹이라는 인물이 자신의 아내인 조세핀이라도 믿은 사람이었을까 하며 의문을 제기한다.

빈 출신의 유명한 심리학자 알프레드 아들러는 자신의 저서 《당신 인생의 의미는 무엇인가》에서 이렇게 말한다.

"다른 사람에게 관심을 갖지 않는 사람들이 인생에서 가장 큰 고난을 당하며, 다른 사람에게 가장 큰 상처를 입힌다. 인류의 모든 실패는 이런 유형의 사람들로부터 발생한다."

심리학에 관한 서적은 많지만 어느 것을 읽어보아도 이처럼 뜻 깊은 구절을 찾기 힘들다. 아들러의 이 말은 몇 번이고 되풀이해서 음미해볼 만하다.

"다른 사람에게 관심을 갖지 않는 사람들이 인생에서 가장 큰 고난을 당하며, 다른 사람에게 가장 큰 상처를 입힌다. 인류의 모든 실패는 이런 유형의 사람들로부터 발생한다."

예전에 뉴욕 대학에서 단편소설 작법에 관한 강의를 들은 적이 있다. 그때 강사는 〈콜리어스〉지의 편집장이었다. 그는 매일 책상 위에 쌓여 있는 수많은 소설 중에서 어느 하나를 펴들고 몇 구절만 읽어보면 그 작가가 사람을 좋아하는지 아닌지를 곧 알 수 있다고 말했다.

"작가가 사람들을 좋아하지 않으면 세상 사람들도 그 사람의 작품을 좋아하지 않습니다."

이 무뚝뚝한 편집장은 소설 작법 강의 도중에 갑자기 두 번씩이나 강의를 중단하고 너무 설교하는 듯한 이야기를 해서 미안하다면서 이렇게 말했다.

"목사님 설교 시간에 듣는 얘기와 똑같은 이야기입니다. 만약 여러분이 소설가로 성공하고 싶다면, 타인에 대해 관심을 가져야만 합니다. 이것을 명심해주기 바랍니다."

소설을 쓰는 데 그것이 필요하다면 사람을 다루는 데는 세 배는 더 필요하다고 여겨도 틀림이 없다.

나는 하워드 더스튼 씨가 브로드웨이에서 마지막 공연을 하는 날 저녁에 그의 분장실로 찾아갔다. 그는 누구나 인정하는 대표적인 마술사로 특히 손으로 하는 마술의 제왕이었다. 그는 40년 동안 세계 각지를 순회 공연하면서 환상을 만들어내고 관중들로 하여금 경탄과 아울러 손에 땀을 쥐게 한 사람이었다. 6천만 명 이상의 관객이 그를 보기 위해 입장료를 지불했으며, 그가 벌어들인 돈만 해도 2백만 달러에 달했다.

나는 더스튼 씨에게 성공의 비결을 물어보았다. 확실히 학교 교육은 그의 성공과 아무 관계가 없었다. 그는 어렸을 때 집을 뛰쳐나와 부랑아가 되었다. 화물차에 무임승차하고, 건초더미 속에서 잠을 자거나 남의 집 문전에서 끼니를 구걸하기도 했다. 글자 읽는 법은 열차 속에서 철도 연변의 광고를 보고 배웠을 정도이다.

그가 마술에 대해서 특히 뛰어난 지식을 가지고 있느냐 하면 그런 것도 아니다. 마술에 관한 책은 출판된 것만 해도 산더미 같을 것이며, 자기와 비슷한 실력의 손 마술을 하는 사람도 10명은 넘을 것이라고 말했다. 그러나 그는 다른 사람이 흉내 내지 못할 자질 2가지를 가지고 있었다.

첫째, 그는 무대 위에서 자신의 개성을 펼쳐 보이는 능력을 갖고 있었다. 그는 무대 위의 거장이었다. 그는 인간의 본성을 알고 있었다. 그의 몸짓, 이야기하는 태도, 얼굴의 표정 하나까지 공연 전에 철저히 연습했다. 그가 무대 위에서 보여주는 동작들은 몇 분의 1초까지 치밀하게 계산된 것들이었다.

둘째, 더스튼은 인간에 대해 진실한 관심을 가지고 있었다. 더스튼의 말에 따르면, 대개의 마술사들이 관객을 보면서 이렇게 생각한다고 한다. '흥, 보아하니 모두 얼간이 같은 인간들만 모였군. 이런 인간들 눈을 속이기란 누워서 떡 먹기지.' 그러나 더스튼은 전혀 다른 길을 걸었다. 그는 무대에 올라갈 때마다 속으로 이렇게 생각한다고 말했다. '여러 사람이 나를 보기 위해 와주다니 정말 고마운 사람들이다. 이분들 덕택에 내가 편안히 살아갈 수 있지 않은가. 이 사람들에게 내가 할

수 있는 최고의 것을 보여주겠다.'

그는 무대에 오를 때마다 반드시 자기암시를 했다. '나는 관객을 사랑한다. 나는 관객을 사랑한다.' 우습고 이상한가? 여러분이 어떻게 생각하든 상관없다. 나는 다만 세계 제일의 마술사가 사용하던 비법을 있는 그대로 공개할 뿐이다.

슈만 하인크 부인도 이와 비슷한 말을 나에게 들려주었다. 배고픔과 슬픔, 아이들과 동반 자살하려고 했을 정도로 불행했던 인생, 이런 모든 것에도 불구하고 그녀는 노래를 계속했고, 마침내 청중을 전율케 하는 최고의 바그너 가수가 되었다. 그녀 역시 성공의 비결로 꼽는 것이 사람들에 대한 깊은 관심이었다.

시어도어 루스벨트 대통령이 놀라운 인기를 누린 비결 역시 같았다. 집안 하인에 이르기까지 그를 좋아하지 않는 사람이 없었다. 그를 섬긴 적이 있는 흑인 하인 제임스 A. 아모스는 《시종의 영웅인 루스벨트 대통령》이라는 제목으로 책까지 썼다. 그는 이 책에서 다음과 같은 감동적인 일화를 소개했다.

어느 날 내 아내가 대통령께 메추라기가 어떤 새냐고 물어본 적이 있다. 아내는 메추라기를 본 적이 없었기 때문이다. 대통령께서는 메추라기란 이러이러한 새라는 점을 자세히 설명했다. 그리고 나서 얼마 후 집으로 전화가 걸려왔다. (아모스 부부는 웨스트 베이에 있는 루스벨트 저택 안의 조그마한 오두막에 살고 있었다.) 아내가 전화를 받아 보니 대통령께서 직접 거신 전화였다. 대통령께서는 아내에게 지금 창밖에 메추라기 한 마리가 와 앉아 있으니 창문으로 내다보면 보일 것이라는 말씀을 일부러 전화까지 걸어서 알려주신 것이다. 그는 이런 세심한 배려를 잊지 않는 분이셨다. 대통령께서는 우리 집 근처를 지나가실 적마다 우리들의 모습이 보이거나 보이지 않거나 간에 반드시, "안녕, 애니!", "안녕, 제임스!" 하며 친근하게 우리 이름을 불러주셨다.

이러한 주인을 좋아하지 않을 고용인은 이 세상에 아무도 없을 것이다. 이런 사람을 좋아하지 않을 사람이 어디 있겠는가?

어느 날 태프트 대통령 부처가 백악관을 비운 사이 그 사실을 모른 루스벨트가 백악관을 방문한 적이 있다. 그는 예전에 자기를 모시던 백악관의 모든 하인에게 이름을 불러가며 인사말을 전했다. 심지어 주방에서 일하는 사람의 이름까지 부르며 친절하게 안부를 물었다. 이런 행동은 그가 평범한 사람들에게도 얼마나 진실한 애정을 품고 있었는지 잘 보여주는 증거이다. 이때의 일을 아치버트는 이렇게 적고 있다.

루스벨트는 조리실에서 일하는 하녀 앨리스를 만나자, 요새도 옥수수빵을 만드는지 물었다. 앨리스가 아직도 빵을 만들기는 하지만 시종들만 먹지 다른 분들은 드시지 않는다고 대답했다. 그러자 루스벨트는 커다란 소리로 이렇게 말했다.

"그 사람들 아직 그 옥수수빵 맛을 모르는 모양이군. 내가 대통령을 만나면 그렇게 이야기하겠네."

앨리스가 접시에 담아 내놓은 옥수수빵을 한쪽 집어 맛을 보면서 그는 사무실로 걸어갔다. 가는 도중에 정원사며 일꾼들을 만나면, 그전과 조금도 다름없이 다정한 목소리로 한 사람 한 사람의 이름을 불러가며 이야기를 주고받았다. 그들은 지금도 그때 일을 상기하며 늘 이야기하고 있다. 특히 아이크 후버는 감격의 눈물을 글썽이며 이렇게 말했다.

"지난 2년 동안 이렇게 기쁜 날은 없었습니다. 이 기쁨은 돈을 주고도 살 수 없는 것이라고 다들 이야기하고 있지요."

역사상 가장 성공적인 대학 총장으로 기억되고 있는 찰스 W. 엘리엇 박사를 만든 것도 다른 사람의 문제에 대한 깊은 관심이었다. 박사는 1869년부터 1909년까지 40년에 걸쳐 하버드 대학 총장으로 재직했다. 그분의 생활 태도를 들어보면 이러했다. 어느 날 L. R. G 크랜든이라는 신입생이 학자금 50달러를 빌리려고 총장실을 찾았다. 대출은 승인되었다.

"감사하다는 인사를 드리고 물러나려고 하자, 엘리엇 총장이 나를 불러 세웠다. '여보게, 여기 잠깐 앉게나.' 무슨 말을 하실까 하고 앉자 '군은 자취를 하고 있다는 말을 들었는데….' 내가 놀란 듯한 표정으로 바라보자 총장은 곧 말을 이었다. '음식만 제때 잘 챙겨먹을 수 있으면 자취도 그리 나쁘지는 않네. 나도 학창 시절에 자취해본 경험이 있지. 자네 쇠고기로 요리해본 적이 있나? 재료로 쓰는 쇠고기를 잘 삶기만 하면 돈을 들이지 않고도 맛있는 요리를 만들 수 있네.' 그러고 나서 총장은 쇠고기 다지는 법, 삶는 법, 자르고 먹는 법에 이르기까지 자세하게 설명해주었다."

나의 경험에 비추어보아도 이쪽에서 진정한 관심을 보이면 아무리 바쁜 사람이라도 주의를 기울여주고 시간도 내주며 협력도 해준다. 그 경험에 관해 이야기해보겠다.

얼마 전 나는 브루클린 예술과학재단에서 소설 작법에 대한 강의를 진행했다. 우리는 그 당시에 유명한 작가 캐더린 노리스, 패니 허스트,

아이다 타벨, 앨버트 페이슨 터훈, 루퍼드 휴즈 등 여러 작가에게 유익한 경험담을 듣고 싶었다. 그래서 우리는 그들의 작품을 애독하고 있으며 직접 그들의 이야기를 들어 성공의 비결을 배우고자 한다는 편지를 그들 앞으로 보냈다.

편지마다 1백50명의 학생이 서명을 했다. 이 작가들이 몹시 바빠서 강연 준비를 할 여가가 없으리라는 것을 알고 있었으므로 우리는 편지에 질문을 설문지로 만들어 동봉했다. 그들은 이런 노력을 마음에 들어 했다. 그 작가들은 먼 길을 무릅쓰고 브루클린까지 와서 우리들을 위해 강의를 해주었다.

대중 연설 강좌 시간에는 이와 같은 방법으로 시어도어 루스벨트 내각의 재무장관인 레슬리 M. 쇼, 태프트 내각의 법무장관 조지 W. 워커샴, 윌리엄 제닝스 브라이언, 프랭클린 D. 루스벨트 등 많은 저명인사를 초청해 강의를 하게 했다.


사람들은 정육점에서 일하든 빵집 직원이든 아니면 왕관을 쓴 국왕이든 간에 자신을 존경하는 사람을 좋아하게 마련이다. 인간은 누구나 자기를 칭찬해주는 사람을 좋아하는 법이다. 한 예로 독일 황제 빌헬름의 경우를 보자. 제1차 세계 대전이 끝날 무렵 그는 이 세상에서 가장 확실하게 미움받는 존재였음에 틀림없었다. 목숨이 위태로워져서 네덜란드로 망명했을 때 국민들까지 그에게서 등을 돌렸다. 그에 대한 증오는 점점 불타올라 몇백만이나 되는 사람들이 그를 갈기갈기 찢어 죽이거나 화형시키고 싶어 할 정도였다. 이러한 분노의 한가운데에서 어느 소년이 친근함과 존경심을 가득 담은, 짧지만 정성어린 편지를 황제에게 보냈다. 소년은 다른 사람들이 어떻게 생각하건 자신은 늘 황제를 존경하고 사랑하겠다고 썼다. 이 편지를 읽고 깊이 감동한 황제는 소년에게 꼭 한 번 만나고 싶다는 답장을 보내며 초청했다. 소년은 그의 어머니와 함께 황제를 알현했는데, 후에 그 소년의 어머니는 황제와 결혼했다. 그 소년은 《친구를 사귀고 사람을 설득하는 법》에 대한 책을 읽을 필요가 없었다. 이미 소년은 본능적으로 그것을 알고 있었다.

친구를 얻고 싶다면 남을 위해서 무언가를 해주려고 노력해야 한다. 남을 위한 시간, 노력, 이타심, 배려심 등이 필요하다. 윈저 공이 영국의 황태자일 당시 남미 순방 계획이 잡혀 있었다. 그는 그 나라 언어로 대화를 나누기 위해 몇 달 동안 열심히 스페인어를 공부했다. 남미 사람들이 그의 노력에 반해 그를 좋아하게 된 것은 말할 필요도 없다.

지난 몇 년 동안 나는 친구들의 생일을 알아두기 위해 노력했다. 내가 어떤 방법을 썼을 것 같은가? 나는 점성학에 관해 아는 바가 전혀 없지만, 우선 상대방에게 생일이 성격이나 기질과 상관관계가 있다는 말을 믿느냐고 물어본다. 그리고 나서 상대방의 생년월일을 물어본다. 가령 11월 24일이라고 상대방이 대답하면 마음속으로 '11월 24일, 11월 24일' 하고 몇 번이고 되풀이하면서 외운다. 그리고 상대가 자리를 비운 사이 그의 이름과 생일을 메모해놓고 나중에 생일 기록장에 옮겨 적는다. 해마다 연초에는 새 탁상 달력에 그 생일을 다 적어놓기 때문에 때가 되면 자동으로 그들의 생일을 알게 된다. 생일이 되면, 상대는 나의 축하 편지나 전보를 받게 된다. 이는 엄청난 효과를 발휘한다. 종종 그 사람의 생일을 기억하는 사람이 나뿐이기 때문이다.

친구를 얻고 싶다면 활기차고 적극적인 태도로 사람들을 맞이해라. 전화를 받는 경우도 마찬가지다. 전화를 받은 것이 대단히 반갑다는 마음이 "여보세요."라는 말 속에 드러나야 한다. 뉴욕 전화회사에서는 교환원들이 "네, 번호를 말씀해주세요?"라는 말을 할 때 '안녕하세요. 전화 주셔서 감사합니다.'라는 마음이 전달될 수 있도록 하는 훈련 과정을 운영하고 있다. 우리들의 전화 응대도 이렇게 하면 좋지 않을까?

과연 이러한 방법을 사업에도 적용할 수 있을까? 나는 수많은 사례를 알고 있지만, 우선 다음의 2가지 사례만 들어보기로 한다.

뉴욕의 어느 대형 은행에 근무하는 찰스 R. 월터스 씨는 어떤 회사에 관한 기밀을 조사하라는 명령을 받았다. 월터스 씨는 그 회사의 사정에 정통한 사람을 단 한 사람 알고 있었다. 그 사람은 어느 큰 제조회사의 사장이었다. 월터스 씨가 그 회사를 찾아가 사장실로 안내되었을 때, 젊은 여비서가 방을 들여다보면서 이렇게 말했다.

"죄송하지만 사장님, 오늘은 드릴 우표가 없는데요."

"열두 살 난 제 아들이 우표 수집을 하기 때문이랍니다."

사장은 월터스 씨에게 사정을 설명했다. 월터스 씨는 용건을 말한 다음 질문을 시작했다. 그러나 사장은 말을 이랬다저랬다, 애매모호한 답변만 했다. 사장이 그 주제에 관해 얘기하는 것을 꺼리는 이상 그에게서 어떤 정보를 끌어낸다는 것은 불가능해 보였다. 면담은 짧게 끝나고 그가 얻은 소득은 아무것도 없었다.

후에 월터스 씨는 나의 강좌에서 이렇게 말했다.

솔직히 말해 어떻게 해야 좋을지 몰랐습니다. 그러다 문득 여비서가 사장에게 한 말이 떠올랐죠. 우표, 열두 살 난 아들…. 동시에 내가 일하고 있는 은행의 외환 파트에서 세계 각국의 우표를 수집한다는 사실이 떠올랐습니다. 세계 각국에서 날아오는 편지에 붙은 우표들이죠.

다음 날 오후 나는 사장을 찾아가 아들을 위한 우표를 가지고 왔다고 말했습니다. 물론 대환영이었죠. 국회의원에 입후보한 사람보다 더 열렬히 내 손을 잡고 흔들더군요. 환하게 웃으면서 무엇이든 해주려고 했습니다. 아주 기분이 좋아진 사장은 우표를 보물 다루듯 만지면서 이렇게 말했습니다.

"이것은 분명히 우리 아들이 좋아하겠는데요. 와, 이것은 정말 보물이에요."

사장과 나는 우표 얘기도 하고 그의 아들 사진을 보기도 하면서 30분 정도 한담을 했습니다. 그런 뒤 사장은 내가 먼저 이야기를 꺼내기도 전에 내가 알고자 하는 정보에 관해 세세히 알려주었습니다. 그는 1시간이 넘도록 자기가 아는 바를 다 털어놓고 나서 다시 부하 직원을 불러 물어보거나 전화로 알 만한 사람에게 문의까지 해주었습니다. 그리고 사실들, 수치, 보고서, 서신까지 모아줬습니다. 충분히 나의 목적을 달성한 셈이죠. 신문 기자가 말하는 이른바 특종을 얻어낸 것입니다.

또 다른 예를 들어보자.

필라델피아에 살고 있는 C. M. 크나플 주니어 씨는 몇 년 동안 대형 체인점에 연료를 공급하기 위해 노력해왔다. 그 대형 체인점에서는 연료를 다른 지역 업자로부터 사들이고 있었고, 그 연료를 실은 트럭들은 놀리기나 하듯이 크나플 씨의 회사 앞을 지나다니곤 했다.

카네기 강좌에 다니던 그는 어느 날 저녁 수강생들 앞에서 체인점에 대한 악담을 쏟아 부었다. 더 나아가 체인점이 국가적인 재앙이라고 단언했다. 하지만 왜 자신이 그 체인점에 물건을 팔지 못했는지에 대해선 여전히 의아해했다. 나는 그에게 좀 다른 방법을 써보는 것이 어떻겠느냐고 제안했다. 간단히 그 전말을 설명하면 다음과 같다. 강좌 수강생들을 둘로 나눠서 '체인점의 확장은 국가적인 이득보다 손실이 크다'라는 주제로 찬반 토론을 벌이기로 했다.

나는 크나플 씨에게 그 주제에 반대하는 입장에 설 것을 제안했다. 체인점을 옹호하는 입장에 서기로 동의한 크나플 씨는 그 길로 곧장 자신이 그동안 경멸하던 체인점의 임원을 찾아가 이렇게 말했다.

"오늘은 연료를 구매해달라고 온 것이 아니라 다른 부탁이 있어서 왔습니다."

그는 강좌의 토론에 대해 설명한 뒤 이렇게 덧붙였다.

"체인점에 대해 여러 가지를 가르쳐주시면 고맙겠습니다. 선생님보다 더 잘 알고 있는 분이 없을 것 같아서 찾아왔습니다. 토론회에서는 꼭 이기고 싶습니다. 도와주시면 정말 감사하겠습니다."

그 이후의 전개에 대해서는 크나플 씨가 한 이야기를 들어보자.

그 임원은 내게 1분이라는 시간만 약속했습니다. 그 조건으로 면회가 허락되었던 것이죠. 그런데 내가 찾아간 취지를 이야기하자 그 중역은 나에게 의자를 권하고는 정확히 1시간 47분 동안이나 이야기를 했습니다. 그는 체인점에 관한 서적을 저술한 바 있는 다른 임원까지 불러왔습니다. 또 전국체인점협회에 요청해 이 문제에 관한 토론 자료 사본까지도 입수해주었죠. 그는 체인점이 사람들에게 진정한 봉사를 하고 있다고 믿고 있었으며, 또 자기가 하고 있는 일에 큰 보람을 느끼는 것 같았습니다. 이야기를 하는 동안 그의 눈은 반짝였습니다. 지금까지 꿈에도 그려보지 못한 새로운 사실에 눈을 뜨게 되었다고 고백하지 않을 수 없습니다. 그의 말이 나의 사고방식을 바꿔놓았습니다.

용건을 끝마치고 자리를 뜨려고 하자 그가 나의 어깨에 손을 얹고 문 있는 데까지 전송해주더군요. 토론회에서 꼭 승리하기를 바란다는 말과 함께 그 결과를 꼭 알려달라고 했습니다. 그리고 마지막으로 이런 말을 덧붙였습니다.

"내년 봄에 또 한 번 만납시다. 그때는 당신 회사 연료를 주문할 수 있을 겁니다."

그것은 마치 기적과도 같은 일이었습니다. 나는 아무 말도 하지 않았는데 저쪽에서 먼저 우리 회사 연료를 구매하겠다는 의사를 표시했습니다. 그와 그의 문제에 관심을 기울인 2시간이 우리 회사 연료에 대해 그의 관심을 끌려고 한 10년보다 훨씬 더 나은 결과를 만들어낸 것입니다.

크나플 씨는 새로운 진리를 발견해낸 것이 아닙니다. 이미 기원전 100년에 로마의 시인 푸블릴리우스 시루스는 다음과 같이 말했습니다.

"우리들은 우리에게 관심을 가져주는 사람에게 관심을 갖기 마련이다."

그러므로 다른 사람들의 호감을 얻고 싶다면, 다음 방법과 같이 해보라!

## 사람들에게 호감을 얻는 방법 1

다른 사람들에게 진정한 관심을 가져라.

*Become genuinely interested in other people.*

더욱 호감 가는 성격을 갖고 싶고 인간관계에서 더 효과적인 기술을 얻고 싶다면, 헨리 링크 박사의 《종교에의 귀의》라는 책을 권하고 싶다. 제목만 보고 겁먹을 필요는 없다. 이 책을 읽고 착한 사람이 되라는 그저 그런 종교 서적이 아니다. 이 책의 저자는 저명한 심리학자로 3천 명 이상의 환자를 면담하고 상담한 심리 전문가이다. 링크 박사는 책 제목을 '성격 개선의 방법'이라고 지었어도 틀린 것은 아니라고 내게 말했다. 주제가 그것이기 때문이다. 흥미로우면서도 깨우침을 주는 책이다. 이 책을 읽고 책에서 제안하는 대로 실천한다면 여러분의 사람을 다루는 기술이 향상될 것은 틀림없다.

# 2

*How to Win Friends & Influence People*

# 좋은 인상을
# 만드는 간단한 방법

최근에 뉴욕에서 열린

만찬회에 참석한 적이 있다. 손님 가운데 막대한 유산을 상속받은 부인
이 있었는데 그녀는 여러 사람에게 좋은 인상을 주려고 몹시 애쓰고 있
었다. 검은 모피, 다이아몬드, 진주 등으로 치장했지만 얼굴에는 별달
리 손을 쓴 것 같지 않았다. 얼굴 표정에는 심술과 이기심만이 넘쳐흘
렀다. 그녀는 다른 사람이 다 아는 사실을 모르고 있었다. 몸에 걸친 옷
보다 얼굴에 나타나는 표정이 여성에게 훨씬 더 중요하다는 사실을 말
이다. (문득 생각난 것인데, 아내가 모피코트를 사달라고 조를 적에 이 구절을
기억해두었다가 써먹는 것도 괜찮을 것 같다.)

찰스 슈왑은 자기 미소가 1백만 달러짜리라고 내게 말했다. 그 말은
사실이었다. 왜냐하면 그는 자신의 인격과 매력 그리고 자신을 좋아하

게 만드는 능력 덕분에 엄청난 성공을 거두었기 때문이다. 그리고 그의 개성 중 가장 매력적인 부분은 사람의 마음을 사로잡는 미소였다.

한번은 인기 가수인 모리스 슈발리에와 함께 오후 시간을 보낸 적이 있는데 솔직히 말해서 상당히 실망했다. 그는 매우 무뚝뚝하고 말이 없는 사나이였다. 내가 상상했던 바와는 아주 딴판이었다. 하지만 그가 미소를 짓자 모든 것이 달라졌다. 마치 태양이 구름 사이를 뚫고 나온 것처럼 환한 미소였다. 이 미소가 없었다면 모리스 슈발리에는 파리로 돌아가 아버지와 함께 가구를 만들고 있었을 것이다.

행동은 말보다 더한 웅변이다. 그중 미소는 이런 의미를 전달한다.

"나는 당신을 좋아합니다. 당신은 나를 행복하게 하며, 당신을 만나서 무척 기쁘답니다."

개가 귀여움을 받는 이유도 바로 여기에 있다. 우리들을 보면 개는 반가워서 어쩔 줄 모르며 뛰어오른다. 그러니 우리도 개들을 보면 반가운 마음이 든다.

마음에 없는 거짓 웃음? 그런 것으로는 안 된다. 거기에 넘어갈 사람은 하나도 없다. 그처럼 기계적인 것은 오히려 역효과를 불러올 뿐이다. 나는 진실한 미소에 관해서 이야기하고 있다. 보기만 해도 마음이 흐뭇해지는 미소, 마음속으로부터 우러나오는 미소, 천금의 값어치가 있는 웃음을 말하고 있는 것이다.

뉴욕의 대형 백화점 인사 관리자가 내게 말하기를, 무뚝뚝한 표정의 철학 박사보다는 초등학교도 못 나온 판매직 여사원이라도 아름다운 미소를 지녔다면 그녀를 채용하겠다고 했다.

미국의 최대 고무 제조회사 회장이 언젠가 자신이 관찰한 경험담을 내게 말했다. 그에 따르면 자기가 하는 일에서 재미를 느끼지 못하는 사람은 결코 성공하지 못한다고 했다. 산업계의 리더인 이 회장은 "열심히 일하는 것만이 희망의 문을 여는 만능열쇠"라는 오래된 격언을 그다지 신뢰하지 않았다. 그는 이렇게 말했다.

"마치 놀이처럼 일을 즐겨 성공한 사람 몇을 알고 있네. 그런데 후에는 그 사람들도 그들의 일을 일 이상으로 생각하지 않더군. 결국 따분함을 느끼고, 일에서 즐거움을 잃고, 점점 일이 무미건조해지면서 드디어는 실패하고 말았지."

다른 사람이 나를 만나 즐거운 시간을 보내기를 기대한다면, 먼저 나 자신이 다른 사람들을 만나 즐거운 시간을 보내야만 한다.

나는 수천 명의 사업가에게 한 사람을 정해서 그 사람에게 일주일 동안 미소를 보낸 뒤 그 결과를 말해달라고 요청했다. 이 일이 어떠한 효과를 가져왔을까? 예를 한 가지 들어보기로 한다. 뉴욕에 사는 증권 중계인 윌리엄 B. 스타인하트 씨가 쓴 편지를 살펴보자. 그의 사례는 예외적인 경우가 아니다. 실제로 다른 수백 명이 겪은 것과 같은 대표적인 사례일 뿐이다.

나는 결혼한 지 벌써 18년이 넘었습니다. 아침 자리에서 일어나 일터로 나갈 때까지, 한 번도 아내에게 웃는 낯을 보인 적이 없고 말도 별로 주고받지 않았습니다. 뉴욕에서 살고 있는 사람 중 가장 무뚝뚝한 남자라고나 할까요. 이 강좌에서 미소를 지은 후 결과를 발표해달라고 했을 때 지시한 대로 일주일만 해보기로 했지요. 그래서 이튿날 아침 머리를 빗으면서 거울에 비친 내 돌부처 같은 면상에다 대고 이렇게 중얼거렸습니다. "빌, 오늘은 이 찌푸린 상을 버리고 웃는 낯을 보여주는 것이 어때. 자, 어디 한번 웃어볼까." 아침 식탁에 앉으면서 나는 아내에게 인사를 하면서 방긋 웃어보였습니다. 처음에는 상대방이 깜짝 놀랄지도 모른다고 선생님이 경고했죠. 그런데 그 정도가 아니었습니다. 아내는 굉장한 쇼크를 받은 모양이었습니다. 이제부터는 매일 이렇게 웃을 거라고 아내에게 말했습니다. 그것이 오늘까지 두 달 동안이나 계속되고 있습니다.

내가 태도를 바꾼 뒤부터 2개월 동안 일찍이 맛보지 못한 행복이 저희 가정에 찾아왔습니다. 지금은 매일 아침 출근할 때 아파트 엘리베이터를 작동하는 소년에게 "안녕!" 하고 인사를 하고, 출입문 수위에게도 다정한 아침 인사를 건넵니다. 지하철의 창구에서 거스름돈을 받을 때도 마찬가지입니다. 직장에서도 나의 웃는 얼굴을 여태껏 보지 못했던 사람들에게 미소를 보냅니다. 그러자 모두가 나에게 웃음으로 응대했습니다. 불평이나 불만사항이 있어 나를 찾아오는 사람에게도 친절하게 밝은 얼굴로 맞이합니다. 웃으며 상대방이 하는 이야기를 들어주면 서로의 문제가 더욱 용이하게 해결된다는 것을 알았습니다. 미소가 매일 더 많은 돈을 벌게 해준다는 것도 깨달았습니다.

나는 사무실을 다른 중개인과 함께 사용하고 있습니다. 그 중개인의 직원 중 호감이 가는 젊은 친구가 하나 있습니다. 웃음의 효과에 재미를 본 나는 며칠 전 그 청년에게 인간관계에 관한 나의 새로운 철학을 들려주었습니다. 그러자 그는 나를 처음 보았을 때는 대단히 퉁명스러운 사람으로 여겼는데, 최근에는 다시 보게 되었다고 솔직히 고백했습니다. 웃을 때 굉장히 인간적으로 보인다고 덧붙이더군요.

생활 속에서 남을 비난하는 습관도 버렸습니다. 이제는 남의 허물을 말하는 대신 칭찬해주기로 했습니다. 나 자신이 원하는 것에 대해서는 아무 말도 하지 않고, 오직 상대방의 입장에서 사물을 생각해보고 남을 이해하려고 노력하고 있습니다. 그러자 나의 생활에 문자 그대로 혁명적인 변화가 일어났습니다. 나는 그전과는 아주 다른 새 사람이 되었으며, 행복하고 부유해졌습니다. 우정과 행복에서 더 큰 부자가 되었습니다. 무엇보다 이런 것들이 중요한 것 아니겠습니까.

이 편지를 쓴 사람이 뉴욕 증권시장에서 주식을 사고파는, 세상 이치에 밝은 주식 중개인이라는 점을 다시 한번 기억해주기 바란다. 뉴욕 증권거래소의 주식 중개업이란 매우 힘든 직업으로 1백 명 중 99명은 실패하기 일쑤다.

웃고 싶지 않을 때는 어떻게 하면 좋은가? 방법은 2가지다. 첫째, 억지로라도 웃어볼 일이다. 홀로 있을 때는 휘파람을 불거나 콧노래를 흥얼거린다. 둘째, 행복해서 어쩔 줄 모르겠다는 듯이 행동하면 된다. 그러면 정말 행복한 기분이 드니 신기한 일이다. 하버드 대학 교수였던 윌리엄 제임스는 이렇게 말했다.

"행동이 감정에 따라 일어나는 것처럼 보이나 사실은 행동과 감정은 함께 발생한다. 행동은 오히려 의지로 직접 통제할 수 있지만, 감정은 그렇지 못하다. 한편 감정은 행동을 조절함으로써 간접적으로 조정할 수 있다. 따라서 쾌활함을 잃었을 때, 그것을 회복하는 최선의 방법은 일부러라도 쾌활한 척 행동하고 쾌활하게 이야기하는 것이다."

이 세상 사람은 누구나 행복을 추구하는데 그 행복을 얻을 확실한 방법이 하나 있다. 그것은 자기의 기분을 마음대로 좌우할 수 있는 힘을 기르는 것이다. 행복이란 외적인 조건에 따라 얻어지는 것이 아니라 자기의 마음가짐 여하에 따라 얻을 수도 있고 놓칠 수도 있다.

인간을 행복하게 또는 불행하게 만드는 것은 재산이나 지위, 직업 등이 아니다. 무엇을 행복이라 생각하고 무엇을 불행이라 생각하는가? 이 사고방식에 따라서 행복과 불행이 나뉘는 것이다. 예를 들어, 같은 곳에서 같은 일에 종사하는 두 사람이 있다고 가정해보자.

이 두 사람은 대개 비슷한 재산과 지위를 가졌음에도 불구하고 한 사람은 행복한 반면, 다른 한 사람은 불행한 경우가 가끔 있다. 왜 그럴까? 마음의 태도가 다르기 때문이다.

나는 중국을 여행하면서 하루에 불과 7센트의 노임을 벌려고 온종일 땀을 흘리며 일하는 중국인 노동자들도 뉴욕 중심가인 파크 애비뉴에 사는 사람들만큼이나 행복할 수 있다는 것을 보았다.

셰익스피어는 이렇게 말했다.

"사물에는 본래 좋고 나쁜 것이 없다. 오직 우리가 생각하기에 따라 좋고 나쁜 것이다."

에이브러햄 링컨은 언젠가 이렇게 말했다.

"대부분의 사람들은 그들이 행복하고자 마음먹은 만큼 행복해진다."

그의 말이 옳다. 얼마 전 나는 이 말을 뒷받침해주는 확실한 사례를 보았다.

내가 뉴욕 롱아일랜드역에서 계단을 올라가고 있을 때, 내 바로 앞을 30~40명의 불구 소년들이 목발에 의지해 겨우 계단을 올라가고 있었다. 다른 사람에게 업혀 올라가는 아이도 있었다. 그런데 그 소년들이 웃고 즐거워하는 모습을 보고 놀랐다. 그래서 소년들을 인솔하는 사람에게 내 놀란 소감을 얘기했다. 그는 다음과 같이 대답했다.

"그렇지요. 평생을 불구로 지내야 한다는 사실을 처음 알았을 때는 이 아이들도 굉장한 충격에 빠집니다. 하지만 충격에서 벗어나고 나면 대개 자신의 운명을 받아들이고 드디어는 보통 아이들보다 오히려 더 쾌활해진답니다."

나는 모자를 벗고 아이들에게 경의를 표하고 싶었다. 그들은 나에게 일생 동안 잊을 수 없는 교훈을 가르쳐주었다.

메리 픽퍼드가 더글러스 페어뱅크스와 이혼 절차를 밟고 있을 때 그녀를 만난 적이 있다. 사람들은 그녀가 슬픔에 잠겨 불행한 나날을 보낼 것이라고 생각했다. 하지만 그녀는 매우 침착하고 오히려 당당한 태도였다. 매우 행복해 보였다. 그녀의 비결은 무엇이었을까?

그녀는 자신이 쓴 35페이지의 짧은 책에 그 비결을 적어놓았다. 재미있게 읽어볼 만한 책이니 도서관에 가서 메리 픽퍼드가 쓴 《신에 의지하여》를 찾아보기 바란다.

일찍이 세인트루이스 카디널스의 유명한 3루수였고, 현재는 미국에서 가장 잘나가는 보험 판매원이 된 프랭크 베트거는 미소를 잃지 않으면 늘 사람들에게 환영받는다는 사실을 오래전부터 알고 있었다고 내게 말했다. 그래서 누군가의 사무실을 찾아갈 때면 늘, 들어가기 전에 잠깐 서서 자기가 그에게 감사해야 될 일을 여러 가지 떠올리며 진심에서 우러나오는 웃음을 지은 다음 그 기분이 사라지기 전에 들어간다고 했다. 보험 판매원으로 대성공을 거둔 것도 이 간단한 테크닉 때문이었다고 그는 고백하고 있다.

다음에 인용하는 엘버트 허버드의 말을 잘 읽어보라. 물론 읽어만 보아서는 소용이 없으니 한번 실천에 옮겨보기를 바란다.

집에서 나올 때는 늘 턱을 잡아당기고 고개를 들고 될 수 있는 대로 숨을 크게 들이마셔라. 햇볕을 마음껏 받아들이고 친구에게 웃음으로 대하며 진심을 담아 악수를 해라. 오해받을 걱정은 하지 말 것이며, 적을 생각하며 시간을 낭비하지 마라. 하고 싶은 일을 마음속에 명확히 새기기 위해 노력해라. 그러면 방황하는 일 없이 곧장 목표를 향해 나아갈 수 있을 것이다. 자신이 하고 싶은 원대하고 멋진 일에 대한 포부를 늘 지니고 살아라. 그러면 산호가 조류에서 영양분을 흡수하듯 자신도 모르게 그 포부를 달성하는 데 필요한 기회를 잡고 있는 자신을 볼 것이다. 자신이 되고 싶어 하는 유능하고 성실하며 남에게 도움이 되는 사람의 이미지를 마음속에 그려라. 당신이 품은 생각이 매시간 당신을 그런 사람으로 변하게 해줄 것이다. 마음의 힘이란 참 위대하다. 생각이 모든 것을 결정한다. 올바른 마음 자세를 유지해라. 즉, 용기, 솔직함 그리고 유쾌함 등이 그것이다. 바른 마음의 태도는 뛰어난 창조력을 수반한다. 모든 것은 욕망에서 탄생하고, 진정한 기도는 응답을 받는다. 우리는 우리의 마음에 따라 변한다. 턱을 당기고 고개를 세우자. 인간은 고치 안에 들어 있는 준비 단계의 신이다.

옛날 중국인들은 현명했다. 처세의 길에 특히 밝았었다고 말할 수 있다. 그때 격언에 여러분이나 나나 다 깊이 새겨들어야 할 만한 것이 있다.

"미소 짓는 얼굴을 갖지 않은 자는 장사를 하면 안 된다."

장사에 대해서 말이 나왔으니 말이지만, 프랭크 어빙 플레처가 오펜하임 콜린스 회사의 광고 문구를 작성하면서 다음과 같은 소박한 철학이 담긴 문구를 선보였다.

 성탄절에 보내는 미소의 가치

미소는 밑천은 들지 않지만 많은 것을 이뤄냅니다.

미소는 받아서 부유해지지만, 준다고 가난해지지 않습니다.

미소는 순간의 일에 불과하더라도 그 추억은 영원히 남을 수 있습니다.

미소가 없어도 될 정도로 부자는 없고, 미소가 주는 혜택을 누리지 못할 정도로 가난한 사람도 없습니다.

미소는 가정에 행복을, 사업에는 호의를 가져다주며,

친구 사이에는 우정의 징표가 되어줍니다.

미소는 지친 사람에게는 휴식, 실의에 빠진 사람에게는 새날, 슬픈 사람에게는 햇살입니다. 그리고 근심 걱정하는 자에게는 자연이 주는 최선의 명약입니다.

하지만 미소는 돈을 주고 살 수도, 강요할 수도, 빌릴 수도, 훔칠 수도 없습니다. 왜냐하면 미소는 누군가에게 주기 전까지 아무 소용이 없기 때문입니다.

그러므로 만일 성탄절 연휴 마지막 혼잡으로 우리 직원이 너무 지쳐 미소 짓지 않으면 먼저 미소를 지어주시지 않으시겠습니까?

왜냐하면 이제 더 이상 지을 미소가 남아 있지 않은 사람이야말로 미소가 가장 필요한 사람이기 때문입니다.

그러므로 다른 사람들의 호감을 얻고 싶다면, 다음 방법과 같이 해보라!

**사람들에게 호감을 얻는 방법 2**

미소 지어라.

*Smile.*

**3** *How to Win Friends & Influence People*

# 상대방의
# 이름을 기억하라

1898년 뉴욕주 로클랜드에서

비극적인 사건이 발생했다. 한 어린이의 장례식 날이라 마을 사람들은 그곳에 갈 차비를 하고 있었다. 짐 팔리는 마구간에서 말을 끌고 나와 마차에 매려고 했다. 땅은 눈에 뒤덮여 있었고, 날씨는 살을 에는 듯 차가웠다. 며칠 동안 마구간에 갇혀 있던 말은 갑갑했던지 갑자기 물통 쪽으로 가더니 펄쩍펄쩍 날뛰며 그만 짐을 걷어차 죽이고 말았다. 스토니 포인트라는 이 작은 마을에서는 한 주에 2명의 장례를 치르게 되었다.

짐 팔리는 아내와 세 아들과 얼마 안 되는 보험금을 유산으로 남겼다. 맏아들 이름 역시 짐이었는데, 이제 겨우 열 살이 되었을까 말까 한 어린 몸으로 벽돌 공장에서 직공으로 일했다. 모래를 이겨서 틀에 넣어 벽돌을 만들고 그것을 햇볕에 내어 말리는 것이 그의 일이었다. 짐은 학교에 다닐 시간이 없었다. 그러나 이 소년은 아일랜드인 특유의 쾌활함 덕에 사람들에게서 호감을 샀고 후에는 정계에까지 진출했다. 세월이 흐르면서 그는 사람의 이름을 기억하는 비상한 능력을 드러냈다.

짐은 고등학교 근처에도 가보지 못한 사람이었지만 마흔여섯 살 때 4개 대학에서 명예박사 학위를 받았고, 민주당 전국위원회 위원장을 거쳐 드디어 미국 우정공사 총재직에 올랐다.

어느 날 나는 짐 팔리와 회견하는 자리에서 그의 성공 비결을 물었다.

"부지런히 일하는 것."

그가 짧게 대답했다. 나는 "농담은 그만하십시오."라고 말하곤 그의 다음 대답을 기다렸다. 그러자 그가 "나의 성공 비결이 무엇이라고 생각하느냐?"고 거꾸로 내 의견을 물었다.

"선생님께서는 1만 명이나 되는 사람의 이름을 기억하고 계시는 것으로 알고 있는데요."

내가 이렇게 말하자 그는 이를 정정했다.

"아닙니다. 사실은 5만 명의 이름을 외우고 있습니다."

이 점을 주의 깊게 봐주길 바란다. 그의 이런 능력은 프랭클린 D. 루스벨트가 대통령이 되는 데 큰 도움이 되었다.

짐 팔리는 석고회사의 외판원으로 각지를 돌아다니던 시절과 스토니 포인트에서 관공서 직원으로 근무할 때 사람의 이름을 기억하는 방법을 고안해냈다. 그 방법은 매우 간단한 것이었다. 처음 인사한 사람에게서 반드시 성명, 가족, 직업, 그리고 정치 성향 등을 알아낸다. 그리고 그것을 전부 기억 속에 간직해두는 것이다. 그러면 다음에 만났을 때, 가령 1년 후라도 상대방의 어깨를 툭 치며 그의 아내와 아이들에 관한 일이며 정원의 접시꽃이 잘 피어 있는지 등 여러 가지 일에 관한 안부를 물을 수 있었다. 그러니 그를 지지하는 사람이 증가하는 것은 당연한 일이었다.

루스벨트가 대통령 선거전에 나서기 몇 달 전, 짐 팔리는 서부 및 서북부 여러 주에 있는 사람들에게 매일 수백 통의 편지를 썼다. 그리고 마차, 기차, 자동차, 작은 보트 등 모든 교통수단을 이용해 19일 동안 20개 주를 순방했는데, 그 여정의 총거리가 무려 1만 2천 마일이나 되었다. 그는 가는 길에 이 마을 저 마을에 들러 아는 사람들과 식사와 차를 나누며 '솔직한 대화'를 나눴다. 그것이 끝나면 다시 다음 목적지로 급히 달려갔다. 순회를 마치고 동부로 돌아온 그는 자신이 방문했던 마을의 대표 한 사람에게 편지를 보내, 자신이 만났던 사람 모두의 명단을 보내달라고 부탁했다.

최종 명부에는 수천 명의 이름이 기입되었다. 그는 명단에 있는 모든 사람에게 정성 어린 편지를 보냈다. 그 편지는 '친애하는 빌에게'라든가 '친애하는 조에게'로 시작했고, 마지막에는 언제나 '짐'이라는 자필 서명이 되어 있었다. 그의 편지에는 가까운 친구 간에 주고받는 친밀감이 들어 있었다.

사람들은 타인의 이름 모두를 합친 것보다 자신의 이름에 훨씬 더 관심을 가진다는 사실을 짐 팔리는 일찍부터 파악했다. 누가 자기의 이름을 기억했다가 불러준다는 것은 은근한 칭찬과도 같다. 그와 반대로 상대방의 이름을 잊어버리거나 잘못 쓰거나 하면 귀찮은 말썽이 생기기 쉽다.

예를 들어보겠다. 언젠가 파리에서 대중 연설에 관한 강의를 진행하면서 파리에 살고 있는 미국인들에게 편지를 보낸 적이 있다. 영어에

능통하지 않은 프랑스인 타이피스트에게 주소와 이름을 쓰게 한 것이 그만 실수였다. 어느 미국계 대형 은행의 파리 지점장은 자기 이름의 철자가 틀렸다고 엄중한 항의를 해왔다.

앤드류 카네기의 성공 비결은 무엇인가? 카네기는 강철 왕이라고 불리고 있지만, 사실 카네기는 강철에 관해 별로 아는 바가 없었다. 대신 그의 회사에는 그보다 강철에 관해 더 잘 아는 수백 명의 기술자가 있었다.

그는 사람을 거느리는 법을 알고 있었다. 이 능력이 그를 부호로 만든 것이다. 그는 어렸을 적부터 사람을 조직하고 통솔하는 재능을 보였다. 열 살 무렵, 그는 사람들이 자기의 이름을 대단히 중요하게 여긴다는 것을 이미 알고 있었다. 그러한 발견을 이용해 타인의 협력을 이끌어낸 것이다.

이런 일도 있었다. 스코틀랜드에 살았던 소년 시절, 어느 날 그는 토끼를 한 마리 잡았다. 그런데 그 토끼가 새끼를 배고 있어 얼마 되지 않아 토끼우리가 새끼들로 가득 찼다. 그러자 먹이가 부족했다. 하지만 그는 멋진 계획을 세웠다. 그는 동네 친구들에게 토끼 밥이 될 토끼풀이나 민들레를 많이 뜯어오는 아이의 이름을 어린 토끼에게 붙여주겠다고 약속했다. 그 계획은 제대로 들어맞았다. 앤드류 카네기는 그때의 일을 결코 잊지 않았다.

나중에 카네기는 이와 같은 심리를 사업에 적용해 수백만 달러를 벌었다. 한 예로 그가 펜실베이니아 철도회사에 레일을 팔려고 할 때의 일이다. 그 당시 철도회사의 사장은 J. 에드가 톰슨이라는 사람이었다. 그래서 카네기는 피츠버그에 거대한 제철 공장을 세우면서 그 공장 이름을 '에드가 톰슨 철강회사'라고 명명했다.

펜실베이니아 철도회사가 어디에서 레일을 사들였을까? 구태여 이야기할 것 없이 독자의 상상에 맡기겠다.

카네기와 조지 풀먼이 침대 열차 사업의 주도권을 잡기 위해 치열한 경쟁을 하고 있을 때도 카네기는 토끼의 교훈을 상기했다.

카네기의 센트럴 철도회사와 풀먼의 회사는 서로 경쟁 관계였다. 두 회사 모두 유니언 퍼시픽 철도회사의 침대 열차 사업권을 따내기 위해 치열하게 경쟁했다. 두 회사 모두 입찰 가격을 깎아내려 결국엔 이익을 볼 수 없는 상황에까지 이르렀다. 카네기와 풀먼은 유니언 퍼시픽 이사회와의 면담을 위해 뉴욕으로 갔다. 어느 날 저녁 호텔에서 두 사람이 마주쳤고, 카네기가 먼저 이렇게 말했다.

"안녕하십니까? 풀먼 씨, 생각해보니 우리 둘이 미련한 짓을 하고 있는 거 같은데요?"

"그게 무슨 뜻이지요?" 풀먼이 반문했다.

그러자 카네기는 평소 생각해오던 복안을 털어놓았다. 즉, 두 회사의 공동 투자였다. 서로 반목하고 경쟁하기보다는 제휴하는 편이 훨씬 더 유익하다는 점을 열심히 설명했다. 가만히 귀를 기울여 듣고 있던 풀먼은 반신반의하는 듯했다. 이윽고 풀먼이 카네기에게 물었다.

"그런데 그 새 회사의 이름은 어떻게 정할 작정인가요?" 이에 카네기는 선뜻 대답했다.

"물론 풀먼 팰리스 차량 회사죠."

풀먼은 갑자기 얼굴이 환해지면서 이렇게 말했다.

"그러면 내 방에 들어가 조용히 의논해보십시다."

결국 이 대화로 새로운 산업의 역사가 이루어진 셈이다.

이처럼 친구나 사업 동료들의 이름을 기억하고 존중해주는 일이야말로 카네기가 성공한 한 가지 비결이었다. 카네기는 자신 밑에서 일하는 수많은 노동자의 이름을 기억하고 있음을 자랑으로 삼았다. 그리고 그가 기업을 진두지휘할 동안은 파업이 한 번도 일어나지 않았다는 것도 그의 자랑거리였다.

이것은 좀 다른 이야기지만. 폴란드 출신의 유명한 피아니스트인 파데레프스키는 항상 풀먼 침대차의 흑인 요리사를 '카퍼 씨'라고 정중하게 이름을 부름으로써 요리사의 어깨를 으쓱하게 만들었다. 파데레프스키는 열렬한 청중의 요청으로 열다섯 번이나 미국 연주 여행을 다녀왔다. 그럴 때면 언제나 전용 침대차를 이용했고, 연주회가 끝난 뒤의 야식은 반드시 그 요리사가 차려주었다. 파데레프스키는 이 흑인 요리사를 미국식으로 '조지'라고 함부로 부르는 법이 없었다. 유럽의 정중한 격식에 따라 언제나 '카퍼 씨'라고 불렀고, 당사자인 카퍼도 그렇게 불리는 것을 좋아했다.

사람들은 누구나 자신의 이름을 자랑스럽게 여기기 때문에 어떻게 해서든지 후세에 자신의 이름을 영원히 남기려고 한다. 고집 세고 허풍이 심한 당대 최고의 쇼맨 P. T. 바넘은 자기의 이름을 이어줄 아들을 갖지 못하자 외손자인 C. H. 실리에게 '바넘 실리'로 개명하면 2만 5천 달러를 주겠노라고 제안했다.

지금으로부터 2백 년 전에는 돈 많은 사람들이 작가들을 후원하고, 작가들이 책을 낼 때 그 책을 자신에게 헌정하게 했다. 오늘날 도서관이나 박물관의 호화로운 소장품 속에는 자기들의 이름을 후세에 남기고 싶어 한 사람들이 기증한 유물이 상당히 많다. 뉴욕 시립도서관의 애스터 컬렉션이나 레녹스 컬렉션이 바로 그것이며, 메트로폴리탄 박물관에는 베냐민 알트만과 J. P. 모건의 이름이 영원히 새겨져 있다. 또 많은 교회에서 기증자의 이름을 새겨 넣은 스테인드글라스로 창문을 장식하고 있다.

대부분의 사람들은 타인의 이름을 그리 잘 기억하고 있지 않다. 단순히 정신을 집중해 이름을 반복함으로써 마음속 깊이 새기는 데 필요한 시간과 노력을 들이지 않기 때문이다. 사람들에게는 변명거리가 있다. 즉, 그들은 너무 바쁘다.

아무리 바쁠지라도 프랭클린 D. 루스벨트보다 더 바쁘다고 할 사람이 있을까? 루스벨트는 잠깐 만난 기계공의 이름을 기억했다가 다시 생각해낼 정도로 시간을 들인 사람이다.

이런 예가 있다. 루스벨트는 다리가 불구여서 일반 차는 운전할 수 없었다. 그래서 크라이슬러 자동차 회사가 루스벨트를 위해 특별히 승용차를 제작했다. W. F. 체임벌린과 기계공 한 사람이 그 차를 가지고 백악관으로 찾아갔다. 체임벌린 씨는 그때의 경험을 나에게 보낸 편지에서 이렇게 말하고 있다.

나는 대통령께 특수한 장치가 많이 달린 자동차의 운전법을 가르쳐드렸습니다. 하지만 그분은 나에게 사람 대하는 법을 가르쳐주셨지요.

관저에 들어가자 대통령께서는 매우 기분이 좋아 보이더군요. 그는 내 이름을 친근하게 불러주었고, 나를 편하게 만들어주셨습니다. 그래서 나는 긴장했던 마음이 다소 누그러질 수 있었습니다. 그중에서도 가장 감명 깊었던 일은 그분이 나의 설명을 깊은 흥미와 관심으로 경청해주신 것입니다. 그 차는 손만 가지고도 운전할 수 있게 제작됐습니다. 수많은 구경꾼이 모여들었죠. 대통령께서는 이렇게 말씀하셨습니다.

"이거 참 신기한데. 단추를 누르기만 하면 저절로 굴러가니 말이야. 썩 좋군. 그래 내부 장치가 어떻게 되어 있을까? 시간이 나면 한번 분해해서 자세히 살펴보고 싶군."

대통령은 자동차를 들여다보고 있는 백악관 사람들 앞에서 나에게 이렇게 말했습니다.

"체임벌린 씨, 이렇게 좋은 차를 개발하기 위해 시간과 노력을 들여주셔서 정말 감사합니다. 정말 대단합니다."

대통령께서는 라디에이터와 백미러, 시계, 특수 조명기구, 실내 장식, 운전석의 의자 위치, 그의 머리글자를 새긴 슈트케이스가 들어 있는 트렁크 등에 칭찬을 아끼지 않으셨습니다.

대통령은 나의 노고를 속속들이 이해해주시는 듯했습니다. 또한 대통령은 영부인과 노동 장관인 프랜시스 퍼킨즈, 그리고 비서에게도 그런 장치들을 주목해보라고 하셨습니다. 심지어 나이 많은 흑인 포터를 부르시더니 "조지, 이 특제품 슈트케이스는 각별히 조심해서 다루도록 하게."라고 주의를 시키시는 것이었습니다.

운전 연습이 끝나자 대통령은 나에게 "연방준비제도이사회(FRB) 사람들을 30분이나 기다리게 했네요. 이제 가봐야 할 것 같습니다."라고 하시면서 오늘은 이 정도로 끝내자고 말씀하셨습니다.

나는 그때 기계공 한 사람을 데리고 갔습니다. 관저에 도착했을 때 그도 대통령에게 소개되었지만 그 뒤로는 잠자코 있었습니다. 대통령은 그의 이름을 단 한 번밖에 듣지 않은 셈이지요. 그 기계공은 수줍음이 많은 사람이어서 항상 뒤편에 서 있었습니다. 그런데 우리가 작별 인사를 하고 물러서려고 하자, 대통령께서 그 기계공을 보시더니 그의 이름을 부르며 악수를 하셨습니다. 워싱턴까지 와줘서 고맙다고 하시더군요. 그 말씀하시는 행동 하나하나가 형식적인 것이 아니고 진심에서 우러나온 것이었습니다. 나는 그것을 분명히 느낄 수 있었습니다.

뉴욕으로 돌아온 수일 후에 나는 우편으로 대통령의 사진을 받았습니다. 거기에는 대통령의 친필 서명과 함께 도움에 진심으로 감사드린다는 메모가 들어 있었습니다. 어떻게 그런 틈을 내주셨는지 정말 놀라울 따름입니다.


프랭클린 D. 루스벨트는 사람들의 호감을 얻는 가장 간단하고 평범하면서도 가장 중요한 방법은, 상대방의 이름을 기억하고 그가 인정받는다는 느낌을 받을 수 있게 하는 것이란 점을 잘 알고 있었다.

그런데 이것을 알고 있는 사람이 도대체 이 세상에 몇 명이나 될까? 흔히 누군가를 만나서 2~3분 이야기하고 돌아서서는 상대방의 이름을 기억하지 못한다. 정치인이 배워야 할 첫 번째 교훈은 이것이다.

"선거인의 이름을 기억해둘 것. 그것을 잊어버린다는 것은 곧 자신도 잊힌다는 것을 의미한다."

상대방의 이름을 기억하는 것은 사업이나 사교에서도 중요하다. 나폴레옹 3세는 궁정 일로 바쁜 와중에도 소개받은 사람의 이름은 전부 기억하고 있노라고 늘 자랑했다. 그의 비결은 무엇이었을까? 그가 사용한 방법은 지극히 간단했다. 상대방의 이름을 분명히 알아듣지 못했을 때는 이렇게 말했다. "미안하지만, 이름을 다시 한번 말해주겠나?" 그러고 나서 만약 그 이름이 좀 특이하면 철자까지도 물어보았다. 상대방과 이야기를 나누는 도중에도 그는 몇 번이고 상대방의 이름을 되뇌며 그 사람의 얼굴과 말투, 전체적인 인상과 이름을 결부시켜 기억하려고 노력했다.

만약 상대방이 중요한 인물이면 그는 조금 더 노력을 기울였다. 상대방이 자리를 비워 혼자 남으면 곧 메모지에 상대방의 이름을 적어놓고 정신을 가다듬어 그것을 계속 응시하면서 기억한 다음 그 메모지를 찢어버렸다. 이처럼 그는 이름을 귀뿐만 아니라 눈으로도 익혔다.

이것은 시간이 걸리는 방법이기는 하지만 "좋은 습관은 약간의 희생을 지불함으로써 만들어지는 것"이라고 에머슨은 말했다.

그러므로 다른 사람들의 호감을 얻고 싶다면, 다음과 같이 해보라!

## 사람들에게 호감을 얻는 방법 3

상대방에게는 자신의 이름이 어떤 말보다 달콤하고 가장 중요한 말임을 명심하라.

*Remember that a man's name is to him the sweetest and most important sound in the English language.*

# 4

# 좋은 대화 상대가 되는
# 쉬운 방법

최근 어느 브리지 놀이에
초대되어 갔다. 나는 브리지 놀이를 할 줄 몰랐는데, 그곳에는 나처럼
브리지 놀이를 하지 못하는 금발 여인이 와 있었다.

나는 그녀에게 〈아라비아의 로렌스〉로 유명한 로웰 토마스가 라디
오로 옮기기 전까지 한때 내가 그의 매니저였으며, 그가 유럽 여행기
를 준비하고 있을 때 유럽 여러 곳을 여행하고 다녔다는 사실을 말해
주었다.

"카네기 선생님, 당신이 가본 멋진 곳들과 아름다운 경치에 대해 말
해주시지 않겠어요?"

나는 안락의자에 앉아 그녀와 대화를 나누다 그녀 내외가 최근에 아
프리카를 여행하고 돌아왔다는 사실을 알게 되었다.

"아프리카라고요? 얼마나 재미있을까요? 항상 아프리카를 가보는 게 소원인데 알제리에서 24시간을 머문 것 외에는 한 번도 가본 적이 없습니다. 그 큰 짐승을 사냥하는 나라에도 가보셨나요? 참 복도 많으십니다. 부럽습니다. 아프리카 얘기 좀 들려주십시오."

그 후 45분 남짓하게 그녀는 내가 어디에 가서 무엇을 보았는지를 더는 묻지 않았다. 그녀는 내 여행에 관한 이야기를 듣고 싶었던 것이 아니라, 실상은 자기 이야기를 흥미롭게 들어줄 사람을 찾았던 것이다. 자신의 모습을 뽐내고 자신이 돌아다닌 곳의 이야기를 들어줄 사람 말이다.

그녀가 특별한 경우인가? 아니, 대부분의 사람이 그렇다.

한 예로 최근에 뉴욕의 출판업자인 J. W. 그린버그 씨가 주최한 만찬회에서 한 저명한 식물학자를 만난 적이 있다. 일찍이 식물학자와 이야기해본 적이 없었던 나는 그에게 매혹되고 말았다.

나는 의자에 걸터앉아 양귀비 나무며 실내 정원 등에 관한 이야기, 또는 하찮은 감자에 관한 놀라운 사실 등의 이야기를 경청했다. 나도 작은 실내 정원이 하나 있었는데 그는 내가 풀지 못하고 있던 몇 가지 문제를 해결할 방도도 찾아냈다. 우리가 줄곧 이야기를 나눈 그 자리는 바로 만찬회 석상이었다. 그곳에는 10여 명의 낯선 손님도 동석하고 있었지만 나는 사교의 원칙에 어긋나게 다른 사람들은 신경도 쓰지 않고 몇 시간 동안 그 식물학자 한 사람과만 마구 이야기한 것이다. 자정쯤 되어서야 나는 여러 사람에게 작별 인사를 하고 일어섰다. 그때 그 식물학자가 만찬 주최자에게 나를 치켜세우는 몇 마디 칭찬을 던져주었다. 즉, 내가 참으로 흥을 돋우는 사람이라는 것이다. 그러면서 내가 무척 재미있는 대화 상대라며 말을 끝냈다.

내가 재미있는 대화 상대라고? 도대체 내가 무슨 말을 했다는 건가? 나는 펭귄의 구조에 대해 모르는 것만큼이나 식물학에 관해서도 아는 것이 전혀 없었다. 그러나 이것 하나는 했다. 열심히 듣는 일 말이다. 나는 진심으로 흥미를 느꼈기 때문에 귀를 기울였고 그는 이 사실을 인식했다. 이런 것들이 자연히 그를 기쁘게 만든 것이다.

이렇듯 상대방의 말에 귀를 기울이는 것은 우리가 다른 사람에게 줄 수 있는 최고의 찬사라 할 수 있다. 잭 우드포드는《사랑의 이방인》이라는 책에 이렇게 썼다.

"상대방의 이야기에 귀를 기울이는 것과 같은 은근한 아부에 넘어가지 않는 사람은 없다."

나는 열중해서 들어주었다. 거기서 그치지 않고 '진심으로 인정하고 아낌없는 칭찬'을 건네는 데 조금도 인색하지 않았다.

나는 그에게 정말 즐거웠고 많은 걸 배웠다고 말했는데, 이것은 사실이었다. 또한 그에게 내가 그와 같은 지식을 갖기를 바란다고 말했다. 이것 역시 사실이다. 나는 그와 함께 들판을 쏘다니기를 원한다고 했다. 사실 그러고 싶었다. 그를 다시 한번 만나야겠다고 말했는데, 지금도 같은 마음이다. 이래서 그가 나를 대화를 잘하는 사람이라고 생각하게 된 것이다. 그저 잘 들어주고 그가 얘기를 하도록 북돋워준 것밖에 없는데 말이다.

사업상의 상담을 성공으로 만드는 비결은 무엇일까? 하버드 대학 전 총장인 찰스. W. 엘리엇은 이렇게 말한다.

"성공적인 사업 교섭에는 별다른 비결이 없다. 당신에게 이야기하고 있는 사람의 말을 집중해서 들어주는 것이 가장 중요하다. 어떠한 찬사도 이보다 더 효과적일 수 없다."

너무 간단하지 않은가! 이것을 배우기 위해 몇 해씩이나 하버드 대학에서 공부할 필요는 없다. 하지만 우리는 비싼 점포를 얻고 물건을 싸게 공급받으며 눈을 끌게 진열장을 꾸며놓고 수백 달러를 들여 선전을 하면서도, 정작 직원을 뽑을 때는 고객의 말을 잘 들어주지 않는 사람, 고객의 말에 반박하며 고객을 짜증나게 해서 결국은 쫓아버리고 말 사람을 채용하는 경우를 너무 많이 본다.

여기에 J. C. 우튼의 경험을 예로 들어본다. 그는 이 이야기를 내 강좌에서 말해주었다. 그는 뉴저지주 뉴어크의 번화가에 있는 어떤 백화점에서 양복 한 벌을 샀다. 얼마 안 가서 그 양복은 그를 실망케 하고 말았다. 양복에서 물이 빠져 와이셔츠 깃에 얼룩이 져 있었던 것이다. 그는 양복을 그 점포로 들고 가서 처음에 거래했던 점원을 붙들고는 이 사실을 말했다. '말했다'는 것은 좀 과장된 표현이고, 그는 이 사실을 말해주려고 했던 것인데 끝내 말을 못 하고 말았다. 그의 말문이 막혀버렸던 것이다.

점원이 그의 말을 막고 이렇게 대꾸했다.

"우리는 이와 같은 양복을 수천 벌이나 팔아왔지만 그런 불만사항은 처음입니다."

말을 그대로 옮겼을 뿐이지만, 그의 말투는 그 이상으로 고약했다. 직원의 고약한 말투는 이런 뜻이었다. '댁은 거짓말을 하고 계십니다. 말하자면 저희에게 무엇을 뒤집어씌울 심사가 아니십니까. 호락호락 당하지는 않을 겁니다.' 이렇게 이야기가 오갈 때 다른 직원이 끼어들었다.

"검은 양복은 원래 처음에 다소 물이 빠지게 마련인데, 어쩔 도리가 없습니다. 그 가격대에는 그 정도의 양복밖에 살 수 없잖아요. 결국 염색 문제니까요."

"여기에 이르자 저도 분이 치밀어 오르더군요."

우튼 씨가 말했다.

"첫 번째 점원은 내 정직성을 의심했고, 두 번째 점원은 내가 산 물건이 중저가품이라는 것을 알려준 것입니다. 내 화는 절정에 달했습니다. 그래서 양복을 집어던지고 한바탕 욕을 퍼붓고 돌아서려 했습니다. 그때 마침 백화점의 지배인이 근처를 지나갔습니다. 지배인은 역시 달랐습니다. 그로 인해 내 마음이 완전히 바뀌었습니다. 그는 화가 잔뜩 난 소비자를 만족스런 고객으로 바꿔놓았습니다. 어떻게 했을까요? 그는 다음 3가지 방법을 사용했습니다. 첫째, 그는 내 이야기를 처음부터 끝까지 한마디의 대꾸도 하지 않고 들어주었습니다. 둘째, 내 이야기가 끝나고 점원들이 재차 그들의 의견을 주장하려 들자 그는 점원들을 상대로 나의 입장에 서서 이야기를 진행했습니다. 내 와이셔츠 깃이 양복 때문에 몹시 더러워졌다는 사실을 지적할 뿐 아니라, 그 백화점에서는 고객을 충분히 만족시켜주지 못하는 물건은 절대로 팔아서는 안 된다고까지 주장했습니다. 셋째, 그는 양복에 그런 문제가 있는지 몰랐다는 점을 사과하고 간단히 이렇게 말했습니다. '양복을 어떻게 하시는 게 좋겠습니까? 말씀대로 무엇이든 해드리겠습니다.'

몇 분 전까지만 해도 그 마땅치 않은 양복을 반품할 생각이었지만, 그때는 이렇게 대답했습니다. '충고를 바랄 뿐입니다. 이런 상태가 일시적인 것인가, 또는 이를 방지할 무슨 방법이라도 있는지?'

그는 일주일만 더 입어보라고 권하면서 그때도 만족스럽지 못하면 다른 것과 바꿔주겠다고 약속했습니다. '불편을 끼쳐드려서 대단히 죄송합니다.' 마지막으로 그가 이렇게 말할 때 나는 흡족한 마음으로 백화점에서 나왔습니다. 일주일이 지나니 그 양복은 더 이상 문제가 나타나지 않았습니다. 따라서 그 백화점에 대한 나의 신뢰는 완전히 회복되었습니다."

그 지배인이 그 백화점의 사장이 되었다 해도 그리 놀랄 일은 아니다. 문제의 직원들은 아마 내내 그냥 직원으로 남을 것이다. 아니, 어쩌면 영영 손님들과 접촉이 없는 포장 부서로 전출돼 영원히 거기에 있을지도 모른다.

남의 이야기를 정말 잘 들어주는 사람은 이해심을 가지고 묵묵히 들어준다. 흡사 약이 바짝 오른 코브라가 독을 뿜어내듯 털어놓는 화가 난 사람들의 이야기조차 말이다. 이런 사람 앞에서는 습관적인 불평꾼이나 격렬한 비판론자라 하더라도 대개 부드러워지고 노여움을 억제한다.

한 예를 들어보겠다. 한때 뉴욕 전화회사는 전화 교환원들을 괴롭히는 성질 고약한 소비자 한 사람 때문에 골치를 썩고 있었다. 그는 교환원들에게 차마 듣기 힘든 욕설과 폭언을 퍼붓고 전화선을 뿌리째 뽑아버리겠다고 위협까지 했다. 그는 청구서가 틀렸다고 요금을 지불하지 않거나, 여러 신문 지상에 투고를 하는가 하면 공공서비스위원회에 불만을 접수했다. 또한 전화회사를 상대로 몇 건의 소송도 제기했다.

전화회사는 이 극성스러운 사람과 면담하기 위해 분쟁 해결 솜씨가 가장 능란한 '문제 해결사' 한 사람을 파견했다. 이 해결사는 그저 귀만 기울이고 있으면서 상대가 마음껏 울분을 터뜨리게 하고 그의 주장을 귀담아 들어주었다. 이 전화회사 사원은 "네, 네."라는 대답과 함께 그의 불만에 맞장구까지 쳐주면서 그저 듣고만 있었다. 그 해결사가 나의 강좌에 와서 그때의 경험을 이렇게 말했다.

✒️  처음 갔을 때 그는 바락바락 악을 썼고, 나는 3시간 동안이나 가만히 듣고만 있었습니다. 그런 후 회사로 돌아가서 상황을 조금 더 파악했습니다. 나는 그와 도합 네 번을 만났는데, 네 번째 면담이 끝날 무렵 나는 그가 창설하고 있던 어떤 조직의 창립 멤버가 되어 있었습니다. 그는 이 조직을 '전화가입자 보호협회'라 부르고 있었지요. 나는 지금도 이 조직의 회원입니다. 내가 알기로 이 지구상에서 회원은 그 사람과 나뿐입니다. 면담을 하는 동안 나는 그의 이야기를 들으면서 모든 점에 대해 동감하는 태도를 보여주었습니다. 그는 전화회사 사람이 이런 태도로 말하는 것을 일찍이 본 적이 없었기 때문에 나중에는 거의 친구처럼 지내기 시작했습니다.

그를 찾아간 이유에 대해서는 첫 번째 방문 때도 두 번째, 세 번째 방문 때도 말하지 않았습니다. 하지만 네 번째 방문에서 모든 일은 깨끗이 해결되었습니다. 그는 미납액 전액을 납부했고, 그가 전화회사와 분규를 시작한 이래 처음으로 공공서비스위원회에 제기한 불만을 자진해서 철회했습니다.

그 사람은 자신을 잔인한 착취로부터 대중의 권리를 방어하는 성스러운 구세군의 한 사람으로 자처하고 있었던 것이다. 그러나 실상 그가 바라는 것은 자신의 존재를 인정받는 것이었다. 그는 말썽을 일으켜 불평하는 사람이 됨으로써 자신의 존재를 인정받고 있다고 느꼈다. 그런데 전화회사에서 파견된 사람에 의해 자신의 존재가 인정받는다고 느끼게 되자, 그의 망상이 만들어낸 불평은 그 자리에서 자취를 감추고 사라져버린 것이다.

몇 해 전, 어느 날 아침에 성난 고객이 데트머 모직회사의 창립자인 줄리언 F. 데트머 씨의 사무실로 쳐들어왔다. 데트머 씨는 후에 세계 최대의 모직물 공급 회사를 만든 사람이다. 그의 얘기를 들어보자.

🖋️ 그 사람은 우리에게 15달러를 빚지고 있었습니다. 그 고객은 이 사실을 부인했지만, 모두가 그 사람이 착각하고 있다는 것을 알았습니다. 그래서 우리 회사의 채권 파트에서 그에게 대금 지불을 요청했습니다. 이렇게 독촉장을 몇 번 받자 그는 시카고에 있는 우리 사무실로 달려와서는 한 푼도 갚을 생각이 없을뿐더러 앞으로는 데트머 회사와는 거래를 끊겠다고 통고했습니다.

나는 그가 하는 말을 참을성 있게 듣고만 있었습니다. 말을 가로 막고 싶은 충동이 일었지만 그것이 좋지 않다는 것을 알고 있었죠. 그가 하고 싶은 말을 다 마칠 때까지 내버려두었던 것입니다. 그의 열이 식고 냉정을 찾을 만한 상황이 되자 나는 조용히 말했습니다.

"선생께서 이 말씀을 하시기 위해 시카고까지 오신 데 대하여 감사하게 생각합니다. 당신은 제게 큰 도움을 주셨습니다. 만일 우리 회사의 채권 파트가 선생을 이렇게 노하게 만들었다면, 다른 선량한 고객들도 불편하게 만들지 모르기 때문입니다. 그것은 큰일입니다. 나는 선생께서 말씀하시려는 문제보다 이 일이 더 알고 싶은 것입니다."

그는 내가 이렇게 말할 줄은 전혀 생각하지 못했을 것입니다. 내가 보기에는 그가 다소 실망한 것 같았습니다. 그가 시카고까지 온 것은 나에게 따지기 위해서인데, 내가 같이 따지기는커녕 오히려 감사의 뜻을 표했기 때문입니다. 나는 그의 채무 15달러는 없었던 것으로 지워버리겠다고 약속했습니다. 우리 직원들은 수천 개의 거래를 관리해야 하지만, 그는 하나의 거래만 관리하니 우리보다 실수할 가능성이 적을 것으로 보였기 때문입니다. 나는 그가 어떻게 생각하는지 이해할 수 있으며, 내가 그의 입장이라면 나 역시 같은 생각을 했을 것이라고 말해주었습니다. 또한 그가 그 이후로는 우리에게서 아무것도 사지 않기로 작정했기 때문에 몇 군데 다른 모직 회사를 추천해주었습니다.

과거에는 그가 시카고에 올 때마다 같이 점심 식사를 했기 때문에 그날도 점심을 같이하자고 청했습니다. 조금 망설이기는 했지만 받아들이더군요. 우리가 사무실로 다시 돌아왔을 때, 그는 이전 어느 때보다 많은 물건을 주문했습니다. 그는 화를 풀고 집으로 돌아갔습니다. 집으로 돌아간 그는 서류철을 뒤적이다 빠뜨린 15달러짜리 청구서 한 장을 찾아내고는 사과의 글과 함께 그 돈을 보내왔습니다. 그 후 아들을 낳은 그는 아이의 가운데 이름을 데트머라고 지었습니다. 그는 22년 후 세상을 뜰 때까지 좋은 친구, 좋은 고객이 되어주었습니다.

몇 해 전의 일이다. 네덜란드에서 이민 온 한 불쌍한 소년이 방과 후에 주급 50센트를 받으며 빡가게 유리창을 닦았다. 소년의 가족은 너무나 빈곤했기 때문에 소년은 매일 망태기를 들고 거리로 나가서 석탄 운반차가 흘리고 간 석탄 부스러기를 주워 모으곤 했다.

에드워드 보크라는 이 소년이 평생 동안 받은 교육은 6년이 전부였다. 하지만 미국 언론 사상 가장 성공적인 잡지의 편집자 자리를 차지

했다. 어떻게 그렇게 되었을까? 그 과정은 무척 길지만, 그가 어떻게 출발했는지는 간단하게 이야기할 수 있다. 그의 성공 비결은 이 책에서 지금 말하고 있는 원칙을 응용했던 것이다.

그는 열세 살 때 학교를 그만둔 뒤 주급 6달러 25센트를 받기로 하고 웨스턴 전신회사의 급사가 되었다. 그러나 그는 잠시도 공부하겠다는 생각을 저버리지 않았다. 그는 독학을 시작했다. 교통비를 절약하고 점심까지 굶으며 모은 돈으로 《미국 위인전 전집》을 샀다. 그리고 아무도 하지 않은 일을 시작했다. 그는 저명한 사람들의 삶에 대해 읽은 다음 그들에게 어린 시절에 관해 더 알려달라는 편지를 보냈다.

그는 또한 남의 이야기를 듣는 데 뛰어난 사람이었다. 그는 저명인사들이 그들 자신에 관해 이야기하게 만들었다. 그는 당시 대통령 입후보자이던 제임스. A. 가필드 장군에게 편지를 보내 어린 시절 운하에서 배를 끄는 일을 한 게 사실이냐고 물었다. 가필드 장군은 답장을 보냈다. 또 소년은 남북 전쟁 당시 북군 사령관이던 그랜트 장군에게 편지를 보내 당시에 있었던 한 전투에 대해 물어보았다. 그랜트 장군은 소년을 위해 지도를 그려주고, 이 열네 살 소년을 저녁 식사에 초대해 저녁 시간을 그와 함께 보냈다.

소년은 또한 에머슨 씨에게도 편지를 보내 에머슨 자신에 대한 얘기를 들려달라고 청했다. 웨스턴 전신회사의 사환은 얼마 안 가서 전국의 여러 저명인사와 편지를 주고받게 되었다. 즉, 에머슨, 필립스 브룩스, 올리버 웬들 홈스, 롱펠로, 에이브러햄 링컨 여사, 루이자 메이 올컷, 셔먼 장군, 제퍼슨 데이비스 등이 그 인사들이다.

그는 이들 저명인사와 편지를 주고받았을 뿐 아니라 휴가 때는 환영받는 손님이 되어 그들의 집을 방문했다. 이러한 경험은 그로 하여금 소중한 자신감을 갖게 했다. 이들 저명한 남녀들은 소년의 생애를 180도 바꿔놓을 비전과 꿈을 심어주었다. 거듭 말하지만 이 모든 것이 이 책에서 지금 논의하고 있는 원칙들을 충실히 실천함으로써 가능했다. 저명인사들을 인터뷰하기로 유명한 이삭 F. 마커슨은 많은 사람이 경청이라는 미덕을 다하지 않는 탓에 좋은 인상을 주는 데 실패하고 있다고 단언했다.

"사람들은 다음에 해야 할 자기들의 말에만 너무 주의를 집중하기 때문에 잘 듣지를 못합니다. 유명인들은 말 잘하는 사람보다는 잘 듣는 사람이 되겠다는 다짐을 많이 합니다. 많은 재능 중에서 잘 들을 수 있는 재능은 정말 드문 것 같습니다."

좋은 경청자가 되기를 갈망하는 것은 유명인들뿐만 아니라 일반인들도 마찬가지다. 언젠가 〈리더스 다이제스트〉에 실린 글처럼, "사람들이 의사를 부르는 것은 자기 말을 들어줄 사람이 필요하기 때문"이다.

남북 전쟁이 절정에 이르렀을 때 링컨은 일리노이주 스프링필드에 있는 옛 친구에게 서한을 보내 워싱턴에 와달라고 요청했다. 링컨은 그와 의논하고자 하는 문제가 생겼다고 전했다. 그 나이 먹은 친구가 백악관에 도착하자 링컨은 몇 시간 동안이나 노예 해방 선언을 발표하는 것이 적절한지에 대해 이야기했다. 링컨은 그 방침에 대한 찬반 의견을 들려주고, 노예 해방에 대한 각종 서한과 신문 기사를 읽어주었다. 몇 시간 동안 이야기를 한 뒤 링컨은 악수를 하고 옛 친구를 집으로 돌려보냈다.

링컨은 친구의 의견을 물어보지 않았다. 처음부터 끝까지 혼자만 계속 떠들었다. 그렇게 함으로써 그의 마음은 정리가 되는 것 같았다. "그는 이야기를 마친 뒤, 무척 마음이 편해진 듯이 보였습니다."라고 그의 옛 친구는 말했다. 링컨은 충고를 바랐던 것이 아니다. 다만 마음의 부담을 덜어주고, 자기와 같은 마음이 되어 들어주는 사람이 필요했다. 이것은 곤란에 봉착했을 때 우리 모두가 필요로 하는 것이며, 대부분의 화난 고객이나 불만스러운 고용인, 또는 상처를 받은 친구가 원하는 것도 이것이다.

만일 사람들이 당신을 피하고 등 뒤에서 조소하며 당신을 경멸하도록 만드는 방법을 알고 싶다면 여기에 그 비결이 있다. 즉, 다른 사람의 말을 끝까지 듣지 마라. 그치지 말고 여러분 말만 해라. 다른 친구가 얘기하고 있는 동안 무슨 생각이 떠오르면 그의 말이 끝나기를 기다리지 마라. 그는 당신만큼 똑똑하지 않다. 왜 그의 쓸데없는 얘기를 들으며 시간을 낭비하겠는가? 즉시 입을 열어 말을 중간에서 끊어라.

여러분은 이런 부류의 사람을 본 적이 있는가? 불행히도 나는 이런 사람들을 알고 있다. 더욱 놀라운 것은 그들 중 몇 사람은 사회적으로 이름이 알려져 있다. 그러한 사람들은 정말 지루하다는 말 외에는 할 말이 없다. 자아도취에, 자기만이 잘났다고 생각하는 사람들은 우리를 지루하게 만든다.

자기 자신에 대해서만 이야기하는 사람은 자기 자신만 생각한다. 컬럼비아 대학 총장인 니콜라스 머레이 버틀러 박사는 이렇게 말했다.

"자신만을 생각하는 사람은 교양을 배울 줄 모르는 사람이다. 비록 무슨 공부를 했다 하더라도 그는 교양이 생기지 않는다."

그러므로 대화를 잘하는 사람이 되고 싶다면 상대방의 말을 주의 깊게 들어야 한다. 찰스 노덤 리 여사는 이렇게 말했다.

"관심을 끌려면 먼저 관심을 가져야 한다."

다른 사람이 즐겁게 대답할 수 있는 질문을 해라. 다른 사람이 그 자신과 그가 이룬 업적에 관해 이야기할 의욕을 돋우어주어라. 여러분에게 이야기를 건네고 있는 상대는 여러분이나 여러분의 문제보다 자기 자신과 자신의 소원, 자신의 문제에 더 많은 관심을 가지고 있다는 사실을 명심하자. 1백만 명을 사망케 한 중국의 기근보다 그의 치통이 그에게는 더 심각하다. 아프리카에서 지진이 수십 번 일어난다 해도 자기 목에 생긴 종기만큼도 신경을 쓰지 않는다. 항상 내 이야기 차례는 다음이라는 생각을 해라.

그러므로 다른 사람들의 호감을 얻고 싶다면, 다음 방법과 같이 해 보라!

**사람들에게 호감을 얻는 방법 4**

잘 듣는 사람이 돼라.
상대방이 자신에 대해 이야기하도록 이끌어라.

*Be a good listener.*
*Encourage others to talk about themselves.*

# 5

*How to Win Friends & Influence People*

# 사람들의 관심을
# 끄는 방법

"웨스트 베이 저택으로
시어도어 루스벨트를 방문해본 사람은 누구나 그의 박학함에 경탄을
금치 못한다. 루스벨트는 상대방이 카우보이건 의용기병대원이건, 혹
은 정치가, 외교관, 기타 어느 누구이건 그 사람에게 적합한 화제를 풍
부히 지니고 있었다."

이것은 가말리엘 브래드포드가 쓴 글에 나오는 대목이다. 루스벨트
는 어떻게 그럴 수 있었을까? 그 요령을 살펴보면 간단하다. 루스벨트
는 누구든지 찾아오는 사람이 있음을 알면 그 사람이 특히 좋아할 만
한 주제에 관한 책을 그 전날 밤늦게까지 찾아 읽었다. 루스벨트도 다
른 지도자들과 마찬가지로 사람의 마음을 휘어잡는 방법은 상대방이
가장 깊은 관심을 가지고 있는 문제를 화제로 삼는 것이라는 점을 알고

120    데일 카네기 인간관계론

있었다.

예일 대학의 문과대 교수이던 윌리엄 라이온 펠프스는 어려서부터 그것을 알고 있었다. 그의 저서 《인간의 본성》에 이런 말이 나온다.

내가 여덟 살 때의 일이다. 어느 날인가 나는 스트랫퍼드에 있는 린제이 숙모 댁에서 주말을 보내고 있었다. 저녁 때 어느 중년의 남자 손님이 찾아왔다. 그는 숙모와 가벼운 말다툼을 하는 것 같았는데, 이야기가 끝난 후 나에게 말을 걸어왔다. 그 무렵 나는 보트에 관심이 많았는데, 나는 그 남자와 보트에 관해 정말 신나게 대화를 나눌 수 있었다. 나는 그 사람이 돌아간 뒤 입에 침이 마르도록 그 사람을 칭찬했다.

"참 훌륭한 분이에요! 보트에 그렇게 취미가 깊은 분도 드물어요!"

그러자 숙모는 그 손님은 뉴욕에서 온 변호사인데 보트에 대해서 별로 알지도 못하고 관심도 없을 것이라고 말씀하셨다.

"그럼 왜 보트 이야기만 했을까요?"

"그것은 그분이 신사이기 때문이지. 네가 보트에 관심이 있다는 것을 알고 네가 좋아할 듯한 얘기를 일부러 해주신 것이지. 기분 좋게 너의 말벗이 되어주려고 하셨을 뿐이야."

펠프스 교수는 숙모님 말씀을 결코 잊을 수 없었다고 덧붙였다.

이 글을 쓰는 동안 나는 현재 보이스카우트 운동에서 맹활약하고 있는 에드워드 찰리프로부터 편지를 받았다. 그의 편지에는 이렇게 쓰여 있었다.

어느 날 나는 도움을 청할 일이 생겼습니다. 한 대기업 사장에게 유럽에서 개최되는 보이스카우트 잼버리 대회에 참가할 수 있도록 우리 소년단원 한 사람의 여행비용을 후원해달라고 부탁하는 일이었습니다. 그 사장을 만나러 가기 직전에 나는 아주 그럴듯한 이야기를 들었습니다. 그것은 그 사장이 1백만 달러짜리 수표를 끊었는데, 사용이 취소되자 액자에 넣어 보관하고 있다는 이야기였습니다.

사장실로 들어간 나는 먼저 그 수표를 보여달라고 부탁했습니다. 1백만 달러짜리 수표라니! 그렇게 거액의 수표를 내 눈으로 직접 목격한 이야기를 보이스카우트 단원들에게 들려주고 싶다고 말을 꺼냈습니다. 사장이 기꺼이 그 수표를 보여주었습니다. 나는 감탄하면서 수표를 끊게 된 경위를 자세히 들려주면 좋겠노라고 부탁했습니다.

여러분도 이 글을 읽으면서 이미 느낀 바가 있겠지만, 찰리프 씨는 이야기의 서두에 보이스카우트니 유럽 대회니 혹은 그 자신의 희망에 대해서는 아무 말도 하지 않았다. 오히려 상대방이 관심을 가지고 있는 것에 관해서만 우선 이야기했다.

그 결과는 다음과 같았다.

이윽고 그 사장이 이야기했습니다.

"아, 그런데 무슨 일로 찾아오신 거죠?"

나는 비로소 내 용건을 말했습니다. 놀랍게도 그 사장은 나의 부탁을 두말없이 들어주었을 뿐만 아니라, 이쪽이 예상하지 않았던 것까지 도와주겠다고 제의했습니다. 나는 소년단원 하나만 유럽에 보내달라고 청했을 뿐인데, 사장은 나를 포함한 5명의 여행경비를 후원해주었고 유럽에서 7주간 머물다 오라며 1천 달러나 주었습니다. 그는 또 자기 회사 유럽 지점장에게 편지를 보내 우리들의 편의를 제공하라고 지시했습니다. 또한 그 사장은 나중에 우리들과 파리에서 만나 파리 안내까지 해주었습니다. 그 이후 그는 가정 형편이 어려운 단원에게는 일자리를 주선해주는 후원자가 되었습니다.

만약 내가 그의 관심사를 미리 파악해 먼저 마음을 열도록 하지 않았다면 그처럼 쉽사리 그에게 접근하고 도움을 받을 수는 없었을 것입니다.

이 방법이 과연 사업에서 실제로 응용할 수 있는 기술이라고 생각되는가? 뉴욕 일류의 제과회사인 듀버노이 앤 선즈의 헨리 G. 듀버노이 씨의 경우를 예로 들어보겠다.

듀버노이 씨가 뉴욕의 어느 호텔에 빵을 납품하려고 노력할 때의 일이다. 그는 4년 동안이나 그 호텔 사장을 찾아갔다. 사장이 참여하는 사회활동도 같이했다. 심지어 그 호텔 객실을 빌려 거기서 살기도 했지만 모두 허사였다.

듀버노이 씨는 그때의 노력을 이렇게 이야기하고 있다.

인간관계에 대해 배우고 난 후 나는 전술을 다시 고쳐 세웠습니다. 그 사람이 무엇에 관심을 가지고 있는지, 어떤 일에 열정을 쏟는지 조사하기 시작했습니다. 그 결과 그가 미국 호텔영접인협회의 회원임을 알아냈습니다. 그것도 평회원이 아니라 열성과 왕성한 활동

력으로 그 협회의 회장이 되었으며, 동시에 국제호텔협회 회장까지 겸임하고 있었던 것입니다. 협회의 대회가 어디에서 개최되건 그는 반드시 참석했습니다.

그래서 나는 다음 날 그와 만나 호텔 협회 이야기를 끄집어냈습니다. 그 반응은 과연 놀라웠습니다. 그는 열변을 토하며 30분 동안이나 협회 이야기를 했습니다. 협회를 육성시키는 것이 그에게는 더할 나위 없는 기쁨이라는 것이 느껴졌습니다. 만남이 끝나기 전 그는 내게 그 협회의 찬조 회원으로 가입하라고 권했습니다.

그가 이야기하고 있는 동안 나는 빵 이야기는 조금도 비치지 않았습니다. 그런데 며칠 뒤 호텔의 구매부에서 빵의 견본과 가격표를 지참하고 와보라는 연락이 왔습니다. 호텔에 들어서자 담당자가 "당신이 무슨 수단을 부렸는지는 모르겠으나 사장님이 당신을 굉장히 마음에 들어 하시는 것 같아요."라고 귀띔을 해줬습니다.

한번 생각해보십시오. 그 사람과 거래를 트기 위해 4년 동안이나 줄기차게 그 사람 꽁무니를 쫓아다녔던 것입니다. 만약 그가 무엇에 관심을 가지고 있는지, 어떤 것을 말하고 싶어 하는지 찾아내는 수고를 하지 않았더라면, 나는 아직도 그 사람 꽁무니를 쫓아다니고 있을 것입니다.

그러므로 다른 사람들의 호감을 얻고 싶다면, 다음 방법과 같이 해보라!

## 사람들에게 호감을 얻는 방법 5

상대의 관심사에 대해 이야기하라.

*Talk in terms of the other man's interests.*

*How to Win Friends & Influence People*

# 사람들을 단숨에
# 사로잡는 방법

나는 뉴욕의 8번가에 있는

우체국에서 등기우편을 부치려고 줄을 서서 기다리고 있었다. 등기계의 담당 직원은 어제도 오늘도 우편물의 무게를 달고 우표와 거스름돈을 내주고 영수증을 발행해주는, 똑같은 일의 되풀이에 아주 진력이 나는 모양이었다. 그래서 나는 잠시 생각해보았다. '이 사람이 나에게 호의를 갖게 해보자. 그렇게 하려면 내 일이 아니라 그의 일에 관해 무엇인가 근사한 이야기를 해야 할 텐데. 저 친구에게 내가 솔직하게 칭찬할 만한 게 무엇일까?'

가끔 이런 질문은 대답하기 힘든 경우이다. 특히 상대방이 초면인 경우에는 더욱 그렇다. 그런데 이번에는 손쉽게 일이 해결되었다. 그의 신변에서 실로 훌륭한 것을 발견할 수 있었다.

그가 내 편지의 중량을 달고 있을 때, 나는 진심으로 이렇게 말했다.

"당신의 그 아름다운 머리카락, 참 부럽습니다."

이 말을 들은 그는 약간 놀라는 듯했지만 나를 쳐다본 그의 얼굴에는 미소가 번지고 있었다.

"뭘요. 요즘은 아주 볼품없어졌는걸요."

그가 겸손하게 대답했다. 나는 그전에는 어떠했는지 모르지만 지금도 굉장히 멋있다고 말해주었다. 그는 무척 기뻐했다. 우리들은 다시 몇 마디 유쾌한 말을 주고받았다. 마지막에 그는 이렇게 말했다.

"제 머리가 멋있다는 사람이 꽤 있긴 합니다."

그날 그는 즐거운 기분으로 점심 식사를 했을 것이다. 저녁에 집으로 돌아가서는 아내에게도 이야기했을 것이다. 거울을 들여다보면서 "과연 근사하군!" 하고 중얼거렸을 것이 틀림없다. 이 이야기를 언젠가 강연에서 한 적이 있는데 나중에 누군가 이런 질문을 했다.

"대체 뭘 바라고 그 사람에게 그렇게 말했나요?"

내가 무엇을 기대하고 있었냐고? 이 얼마나 쑥스러운 질문인가? 타인을 기쁘게 한다든지 칭찬한다든지 하는 일을 무언가 바라면서 해야 한다면 그 따위 소견 좁은 사람들은 결국 실패하고 말 것이다. 아니, 실은 나 역시 대가를 바라고 있었다. 내가 바라는 것은 돈으로는 못 사는 그런 것이었다. 확실히 나는 그것을 얻었다. 그에게 기분 좋은 말을 해주고 그러면서도 그에게 아무런 부담도 지우지 않았다는 후련한 기분, 바로 이것이다. 이러한 기분은 언제까지나 즐거운 추억으로 남게 되는 것이다.

인간의 행위에 관한 영원불변의 법칙이 하나 있다. 이 법칙을 지키면 결코 문제에 부닥치는 일이 없을 뿐만 아니라 수많은 친구와 영원한 행복이 찾아올 것이다. 그러나 이 법칙을 깨뜨리면 곧 분쟁 속으로 말려 들어가고 말 것이다. 그 법칙은 이것이다. '항상 상대방에게 자신이 인정받고 있다고 느끼게 하라.'

앞서 말했듯이 존 듀이 교수는 인정받고 있다고 느끼고 싶은 욕망은 인간의 본성에서 가장 깊은 충동이라고 말했다. 또 윌리엄 제임스 교수는 "인간성의 바탕을 이루고 있는 것은 인정받고자 하는 욕구"라고 단언했다. 이 욕망이 인간과 동물을 구별하는 것이다. 인류의 문명도 이러한 인간의 욕망에 의해서 발전되어왔다고 해도 과언은 아니다.

철학자들은 수천 년에 걸쳐 인간관계의 법칙에 관해 사색을 해왔다. 그리고 이 사색 가운데서 단 한 가지 중요한 교훈이 도출되었다. 그것은 결코 새로운 교훈이 아니다. 그것은 인간의 역사만큼이나 낡았다. 3천 년 전의 페르시아에서는 조로아스터가 그 교훈을 배화교도에게 전해주었다. 2천4백 년 전의 중국에서는 공자가 그것을 설파했다. 도교의 창시자인 노자도 《도덕경》을 통해 후학들에게 이것을 가르쳤다. 석가는 예수보다 5백 년이나 빨리 거룩한 갠지스강 기슭에서 이를 가르쳤다. 이보다도 1천 년 전에 힌두교의 성전에도 이것이 설명되어 있다. 예수는 1천9백 년 전에 유태의 바위산에서 이 교훈을 설파했다. 예수는 이를 다음과 같은 말로 요약했다. 아마 이 세상에서 가장 중요한 규칙일 것이다.

"남에게 받고자 하는 대로 남을 대접하라."

인간은 누구나 주위 사람들에게서 인정받기를 원한다. 여러분의 진가를 알아주기를 원한다. 여러분의 작은 세상에서나마 인정받고 있다고 느끼고 싶어 한다. 속이 환히 들여다보이는 거짓 칭찬은 듣고 싶지 않지만 진정한 칭찬에는 굶주리고 있다. 여러분은 주위 사람들로부터, 찰스 슈왑의 표현대로 "진심으로 인정하고 아낌없이 칭찬"을 받고 싶은 것이 공통된 마음이다.

그러니 이 황금률을 따라서 남에게 대접받고자 하는 대로 남을 대접하자. 그러면 그것을 어떻게, 언제, 어디에서 할 것인가? 대답은 이렇다. 항상, 어디서나.

예를 들어보자. 나는 라디오 시티 빌딩 안내 직원에게 헨리 서베인 씨의 사무실이 어디인지 물어본 적이 있다. 단정한 제복 차림의 그 안내 직원은 자랑스러운 듯이 가르쳐주었다. 그가 명료하게 대답했다.

"헨리 서베인 씨는 (잠깐 멈추고) 18층, (잠깐 멈추고) 1816호입니다."

나는 서둘러 엘리베이터로 가다 말고 다시 돌아와서 말했다.

"지금 그 가르쳐주는 방식이 아주 맘에 들었네. 명료하고 정확하고 일종의 예술이라 할 정도야. 나는 감히 흉내도 내기 힘들겠는데…."

그는 얼굴에 기쁜 빛을 감추지 못하며 왜 그러한 방식으로 발음을 했으며, 어째서 말마디 사이에 간격을 두었는지 나에게 설명해주었다. 내가 몇 마디 던진 게 그의 어깨를 으쓱하게 만들었다. 18층으로 서둘러 올라가며 나는 그날 인류 행복의 총량에 조금이나마 보탬을 준 것 같았다.

이 칭찬의 철학은 외교관이나 자선 단체의 회장이 되기 전에는 응용할 길이 없는 따위의 사치품이 아니다. 우리는 거의 매일 칭찬으로 마법을 일으킬 수 있다.

예를 들어, 감자튀김을 주문했는데 으깬 감자 요리가 나올 경우 종업원에게 "번거롭게 해서 미안하지만 감자튀김을 주문한 것 같은데요."라고 말하면, 종업원도 "알겠습니다."라면서 기꺼이 바꿔줄 것이다. 여러분이 종업원을 존중해주었기 때문이다.

상대방을 배려하는 몇 마디 말, 즉 "번거롭게 해서 미안한데요.", "이렇게 해주시겠어요?", "죄송하지만", "실례되지 않는다면", "감사합니다." 등의 말은 매일의 단조로운 삶에 윤활유 역할을 할 뿐 아니라 동시에 교양의 수준을 증명해주기도 한다.

다른 예를 들어보자. 홀 케인이 지은 《크리스천》이나 《재판관》, 《맨섬의 사람들》이라는 소설을 읽은 적이 있는가? 그의 소설의 독자는 수백만 명이나 된다. 그의 아버지는 대장장이었다. 그는 학교를 8년 남짓밖에 다니지 않았으나 드디어 세계에서 손꼽히는 부자 작가가 되었다.

홀 케인은 소네트와 발라드 등의 시를 좋아했는데, 단테 가브리엘 로세티의 시는 모두 외울 정도였다. 그는 심지어 로세티의 예술적 업적을 기리는 글을 썼고, 그 글의 사본을 로세티에게 보냈다. 로세티는 매우 기뻐했다. '내 능력을 이렇게 높게 평가하는 젊은이라면 뛰어난 청년임에 틀림없겠지!' 아마 로제티는 이렇게 생각했을 것이다.

로세티는 이 대장간 집 아들을 런던으로 불러내어 자기 비서로 삼았다. 이것이 홀 케인의 생애에서 전환점이 되었다. 이 새로운 일자리에서 그는 당시 유명한 문학가들과 친하게 사귈 수 있었고, 그 조언이나 격려에 힘입어 작가의 길로 들어서게 되었다. 그리고 마침내 그는 작가로서 뚜렷한 족적을 남겼다.

맨섬에 있는 그의 집 그리바 캐슬은 세계 각지에서 찾아오는 여행객들의 메카가 되었으며, 그가 남긴 유산은 2백50만 달러에 달했다. 하지만 만일 유명한 시인을 찬양하는 글을 쓰지 않았다면 그가 이름 없는 가난뱅이로 생을 마쳤을지 누가 알겠는가? 마음에서 우러나는 아낌없는 찬사는 이와 같이 무궁무진한 위력을 지니고 있다.

로세티는 자신을 중요한 사람이라고 생각했다. 당연한 일이다. 인간은 거의 예외 없이 누구나 다 그렇게 생각한다. 이는 국가들의 경우에도 해당한다.

여러분은 자신이 일본 사람보다 우월하다고 느끼는가? 하지만 일본 사람들은 자신들이 여러분보다 훨씬 우월하다고 생각한다. 예를 들어, 보수적인 일본 사람들은 일본의 양가 규수가 백인과 춤을 추는 것을 보면 불같이 화를 낸다.

여러분은 자신이 인도 사람보다 우월하다고 느끼는가? 그렇게 느끼는 것은 여러분의 자유다. 하지만 수백만 명의 힌두교도들은 자신들이 여러분보다 무한히 우월하다고 느끼기 때문에 여러분의 세속적인 그림자가 드리웠던 음식조차 더럽다고 먹으려 하지 않을 것이다.

여러분은 자신이 에스키모인보다 우월하다고 느끼는가? 다시 한번 말하지만 그것은 여러분의 권리이다. 하지만 에스키모인이 여러분을 어떻게 생각하는지 알고 싶지 않은가? 에스키모인 사회에도 부랑자는 있는데 이처럼 게으르고 쓸모없는 인간을 에스키모인은 "백인 같은 족속"이라고 욕한다. 이 말은 에스키모인들 사이에서 가장 경멸적인 욕이다. 어느 국민이라도 자신이 다른 나라 국민보다 우수하다고 생각한다. 이것이 애국심을 낳고 때로는 전쟁까지도 야기한다.

영원히 변치 않은 진실은 모든 사람이 자신에게 남보다 나은 부분이 있다고 생각한다는 점이다. 그러므로 상대방의 마음을 사로잡는 확실한 방법은 적어도 그가 자신의 자그마한 세상에서는 가장 중요한 사람이라는 것을 진심으로 받아들이고, 또 여러분이 그렇게 생각하고 있음을 상대방이 은연중에 알게 만드는 것이다.

에머슨의 다음과 같은 말을 기억하자.

"모든 사람은 나보다 나은 점을 갖고 있다. 그런 의미에서 나는 모든 사람에게서 배울 수 있다."

그런데 참 딱한 것은, 남에게 자랑할 만한 아무런 장점도 없으면서 그로부터 오는 열등감을 터무니없는 자만이나 거짓말로 얼버무리려는 사람들의 모습이다. 그로 인해 주변 사람들이 불쾌해지고 역겨움을 느끼게 되는 경우가 많다. 셰익스피어는 이러한 모습을 "오만 불손한 인간들! 보잘것없는 것을 내세워 천사도 통곡할 만한 거짓말을 태연히 하기 일쑤인 자들"이라고 표현하고 있다.

이제 내 강좌를 수강한 사업가가 지금 말하고 있는 원칙들을 사업에 적용한 사례 3가지를 들려주겠다. 먼저 코네티컷주에서 변호사로 활동하고 있는 사람의 이야기를 들어보자. 그의 친척 체면을 생각해 이름을 숨겨달라는 부탁이 있기에 그저 R 씨라고만 해두겠다.

R 씨는 강좌를 수강한 지 얼마 지나지 않아 아내와 함께 처가 식구들을 만나기 위해 롱아일랜드로 갔다. 아내는 그를 나이 드신 숙모와 이야기하게 하고는 사촌들을 만나러 가버렸다. 나중에 강좌에서 칭찬의 법칙을 어떻게 실천했는지 발표해야 했으므로, 그는 우선 이 숙모에게 적용해보아야겠다고 마음먹었다. 그래서 그는 집 안을 두루 살피면서 진심으로 칭찬해줄 만한 일을 찾아내려고 애썼다.

"이 집은 1890년경에 지은 것이겠지요?" 하고 그가 묻자, 숙모는 바로 1890년에 지었다고 대답했다.

"저의 생가도 이와 똑같은 집이었습니다. 참 훌륭한 건물이었지요. 여러모로 썩 훌륭했어요. 예쁘고, 튼튼하고, 방도 많고, 요즘은 이런 집을 잘 짓지 않더군요."

"그러게 말일세. 요즘 젊은 양반들은 주택의 미관 같은 데는 무관심한 것 같더군. 좁은 아파트에 전기냉장고, 거기에다가 놀러 다니기 위한 자동차 따위를 들여놓는 것이 젊은 사람들의 이상인 모양이야."

그녀는 좋았던 시절에 대한 회상으로 목소리가 떨리며 이렇게 말을 이었다.

"이 집은 정말 꿈의 집이었다네. 우리는 이 집을 사랑으로 지었다네. 남편하고 내가 몇 년을 꿈꿔왔는지 몰라. 설계사도 없이 우리 손으로 직접 이 집을 설계했다네."

그녀는 그에게 집 안 곳곳을 보여주었다. 그녀가 여행을 다니며 하나씩 사서 평생을 간직해온 예쁜 보물들, 즉 스코틀랜드의 페이즐리 숄, 영국 전통 찻잔 세트, 영국 웨지우드사에서 만든 도자기, 프랑스식 침대와 의자, 이탈리아 그림, 한때 프랑스의 성을 장식하던 실크 커튼 등이 집을 장식하고 있었다. 그것들을 보며 그는 마음에서 우러나오는 감탄을 아끼지 않았다. 그녀는 집 안 곳곳을 구경시켜주더니 이번에는 그를 데리고 차고로 갔다. 거기에는 거의 새것이나 다름없는 패커드 차 한 대가 모셔져 있었다.

그녀가 얘기했다.

"저 차를 사고 얼마 되지 않아 남편은 죽고 말았네. 그 후 한 번도 저 차를 타지 않았네. 자네가 좋은 물건을 알아보는 것 같으니 저 차를 자네에게 주겠네."

"숙모님, 그것은 곤란합니다. 물론 호의는 대단히 감사합니다만, 이 차를 받을 수는 없습니다. 저는 숙모님과 무슨 핏줄이 닿은 것도 아니고, 자동차는 저도 산 지 얼마 안 된 새 차를 가지고 있으니까요. 이 패커드를 가지고 싶어 할 가까운 친척도 여러분 계실 텐데요."

"친척들이라고!"

그녀가 소리쳤다.

"그래, 친척 많지. 저 차를 차지하려고 내가 눈감기만 바라는 친척들 말이야. 절대 그렇게는 못 한다네."

"그렇다면 중고 자동차 거래상에 파시면 되지 않아요?"

"팔라고? 내가 저 차를 팔 것 같은가? 낯선 사람이 저 차를 타고 내 집 앞을 지나다니는 걸 눈뜨고 볼 수 있을 것 같은가? 남편이 내게 사준 저 차를 팔 생각은 눈곱만치도 없네. 자네에게 주겠네. 자네는 멋진 게 어떤 건지 아는 것 같거든."

R 씨는 어떻게든지 그녀의 기분이 상하지 않게 거절하려고 했지만 도저히 어쩔 수가 없었다.

넓은 방 안에서 그저 홀로 추억을 더듬으며 살아온 이 노부인은 찬사에 굶주렸던 것이다. 그녀도 한때는 젊고 아름답고 남자들이 귀찮게 쫓아다니던 때도 있었다. 사랑의 보금자리를 짓고, 유럽 각지에서 사 모은 골동품으로 방을 꾸미던 시절도 있었다. 그러나 지금은 늙고 고독한 과부의 몸, 누가 조그만 칭찬이나 위로의 말만 해주어도 큰 감동을 받는데 아무도 그것을 제공해주려 하지 않았던 것이다. 그러다 사막 한가운데서 오아시스를 만난 것처럼 그녀가 바라던 것을 찾게 되자, 그 고마움을 표시하기 위해 패커드 차를 선물한 것이다. 그녀는 조금도 아깝지 않았다.

이번에는 다른 사례를 보자. 뉴욕주 라이에 있는 루이스 앤드 밸런

타인 조경회사의 임원인 도널드 M. 맥마흔 씨의 이야기다.

🖋 친구를 사귀고 사람들을 움직이는 법에 대한 강의를 들은 지 얼마 되지 않아 어느 유명한 법률가의 저택에서 정원 공사를 맡아 일하게 되었습니다. 집주인이 나와서 철쭉과 진달래를 이렇게 또는 저렇게 심어달라고 하더군요.

나는 이렇게 말했습니다.

"판사님, 마음이 참 흐뭇하시겠어요. 저렇게 좋은 개를 여러 마리 기르고 계시니 말이에요. 매디슨 스퀘어 가든에서 열리는 개 품평회에 나가 대상을 타신 적도 많다면서요?"

판사는 이러한 찬사에 대해 놀라울 만한 반응을 보였습니다.

"그랬다네. 개를 기르면서 즐거운 일이 많았지. 개 사육장이나 구경해보시겠소?"

판사는 저를 데리고 1시간이나 개들을 보여주고, 그 개들이 어떤 상을 받았는지도 설명해주었습니다. 심지어 혈통 증명서를 가지고 나와 개들이 어떤 혈통이라서 그렇게 멋지고 영리한지 설명한 다음 이렇게 묻더군요.

"아이가 있나요?"

"네, 있습니다."

"애가 강아지 좋아하지요?"

"그럼요. 무척 좋아하죠."

"그래요. 그럼 강아지를 한 마리 드리리다."

판사는 강아지를 어떻게 먹여야 하는지 설명해주다가 잠깐 멈추더니 이렇게 말했습니다.

"말로만 일러주면 잊어버리기 쉬우니까 내가 종이에 써주도록 하겠소."

판사는 집으로 들어가 혈통과 강아지 돌보는 법을 적고는 1백 달러는 됨직한 강아지를 한 마리 들고 와 내게 주었습니다. 이러는 데 1시간 15분이나 걸렸는데, 이것이 다 그의 취미와 그 성과에 대해 내가 표명한 솔직한 찬사의 결과였습니다.

코닥사의 설립자인 조지 이스트먼은 현존하는 세계 최고의 사업가로서 영화 촬영이 가능하게 만든 투명 필름을 발명해 수억 달러를 벌어들였다. 하지만 이런 놀라운 업적에도 불구하고 그 역시 여러분이나 나와 마찬가지로 인정받기를 갈구했다.

이스트먼은 로체스터에 이스트먼 음악학교를 지으면서 그 안에 모친을 추모하는 연주회장인 킬번 홀을 지으려 했다. 뉴욕에 있는 슈피리어 의자회사의 사장 제임스 애덤슨은 그 연주회장에 들어가는 의자를 공급하고 싶었다. 애덤슨은 건축가에게 부탁해 로체스터에서 이스트먼을 만날 약속을 잡았다.

애덤슨이 도착하자 건축가가 이렇게 말했다.

"당신은 주문을 꼭 따내고 싶겠지만 당신이 이스트먼의 시간을 5분 이상 잡아먹으면 성공할 가망이 거의 없어요. 이스트먼은 굉장히 성질이 까다로운 데다가 아주 바쁘기 때문에 빨리 이야기를 끝내는 것이 좋을 겁니다."

애덤슨은 들은 대로 할 작정이었다. 그가 방으로 들어섰을 때 이스트먼은 서류더미에 묻혀 책상에 앉아 있었다. 이스트먼이 고개를 들어 안경을 벗고는 건축가와 애덤슨 쪽으로 걸어오더니 말을 걸었다.

"어서 오십시오. 그런데 두 분이 찾아오신 용건은?"

건축가의 소개로 인사를 마친 애덤슨은 말을 꺼냈다.

"아까부터 저는 이 방의 훌륭한 시설과 장식에 감탄하고 있었습니다. 이처럼 훌륭한 방에서 일하면 기분도 좋고 능률도 오르겠습니다. 저는 실내 장식이 전문이지만 이렇게 훌륭한 방은 본 적이 없습니다."

조지 이스트먼이 대답했다.

"글쎄, 그렇게 말씀하시니 이 방을 완성했을 당시의 일이 생각납니다. 그저 쓸 만한 방이지요. 완성되고 나서는 참 기분이 좋았었는데, 요즘은 일이 바빠서 이 방이 좋은 것도 잊고 지낼 때가 많답니다."

애덤슨은 한쪽으로 가서 벽의 판자를 만지며 이렇게 말했다.

"이건 영국산 떡갈나무 아닌가요? 이탈리아산과는 나뭇결이 약간 다르지요."

"맞습니다. 영국산 떡갈나무를 수입한 것이죠. 고급 목재만 전문으로 취급하는 내 친구가 특별히 나를 위해 골라주었죠."

그러면서 이스트먼은 방의 균형, 색채, 조각된 장식품 및 그 밖에 그 자신이 고안해낸 것을 이것저것 애덤슨에게 보여주며 설명해주었다.

두 사람은 공들여 꾸민 실내의 구조를 두루 살피고 나서 창문 있는 데서 걸음을 멈추었다. 이스트먼은 조용하고 부드러운 목소리로 인류에 기여하기 위해 자신이 구상하는 기구들, 예를 들면 로체스터 대학, 종합병원, 동종요법병원, 노숙여성쉼터, 아동병원 등에 관해 얘기했다. 애덤슨은 인간의 고통을 더는 일에 자신의 재산을 사용하는 이스트먼의 이상적인 태도에 진심으로 경의를 표했다. 이윽고 이스트먼은 유리로 된 케이스를 열고 그가 최초로 손에 넣었다는 사진기를 꺼냈다. 어느 영국인으로부터 사들인 발명품이었다.

대화를 나누던 중 애덤슨은 이스트먼에게 사업 초기에 난관을 어떻게 헤쳐 나갔느냐고 물었다. 그러자 이스트먼은 가난했던 소년 시대를 회고하고, 과부인 어머니가 싸구려 하숙집을 경영하는 한편 일급 50센트로 어느 보험회사에 근무했던 이야기를 실감 있게 들려주었다. 빈곤의 공포에 밤낮 시달려온 그는 어떻게 해서든지 가난을 타파하고 어머니를 하숙집 여주인의 중노동으로부터 해방시켜드릴 결심을 했다고 말했다.

애덤슨은 몇 가지 질문을 더 했고, 이스트먼의 사진 건판 실험 이야기를 열중해 들었다. 사무실에서 하루 종일 일했고, 약품이 작용하는 얼마 안 되는 시간을 이용해 잠을 자면서 밤새워 실험을 했으며, 때로는 72시간 동안 잠잘 때나 일할 때나 같은 옷을 입은 채로 지냈다는 등 이스트먼의 이야기는 끝이 없었다.

제임스 애덤슨이 처음 이스트먼의 방에 들어간 시간은 10시 15분이었다. 그리고 5분 이상 시간을 빼앗으면 안 된다는 경고를 미리 들은 바도 있었다. 그러나 이미 2시간도 더 경과했는데 아직도 이야기는 끝날 줄을 몰랐다. 조지 이스트먼이 이윽고 애덤슨에게 이런 얘기를 들려주었다.

"얼마 전 일본에 갔을 때 의자를 사 가지고 와서 집 베란다에 놓았지요. 그런데 페인트가 벗겨져서 요전에 페인트를 사다가 내가 다시 칠을 했습니다. 어떻소, 내가 페인트칠한 솜씨를 한번 봐주지 않겠소? 그러면 내 집으로 가시지요. 점심 식사나 같이한 다음에 보여드리리다."

점심을 먹은 후 이스트먼은 애덤슨에게 의자를 보여주었다. 한 개에 1불 50센트도 될까 말까 한 싸구려 의자여서 억만장자에게는 어울리지 않는 물건이었다. 그러나 자기 손으로 페인트를 칠했다는 것이 큰 자랑인 모양이었다.

　연주회장 의자 주문 금액은 9만 달러에 달했다. 누가 그 계약을 땄겠는가? 제임스 애덤슨일까 아니면 다른 경쟁자일까? 그 후 이스트먼이 죽을 때까지 둘은 가까운 친구로 지냈다.


　칭찬이라는 이 마법의 시금석을 어디서부터 적용하는 게 좋을까? 가정에서부터 시작하는 게 어떨까? 가정만큼 이를 필요로 하는 곳도 없으며, 가정만큼 이것이 등한시되는 곳도 없다. 여러분의 아내(남편)에게도 분명 장점이 있을 것이다. 적어도 그 점을 인정했으므로 결혼이 성립되었음이 틀림없다. 그런데 여러분이 아내(남편)의 매력에 대해 찬사를 보내지 않은 지 얼마나 되었는지 한번 반문해볼 일이다.

　몇 년 전 뉴브런즈윅주에 있는 미러미시강에서 낚시를 할 때의 일이다. 캐나다의 깊숙한 숲속 인가가 없는 곳에 자리를 정하고 캠프를 쳤다. 읽을 것이라고는 지방 신문 한 장뿐이라 그것을 구석에서 구석까지, 광고도 하나 빼놓지 않고 자세히 읽었다. 그 안에서 도로시 딕슨의 글을 만났다. 대단히 좋은 기사였기에 나는 그것을 오려서 오늘날까지 간직해오고 있다. 그녀는 사람들이 항상 신부에게만 이런저런 충고를 하는데 거기에는 이제 이골이 났으니, 누군가는 신랑들을 모아놓고 아래와 같은 충고를 해주어야 한다고 주장했다.


　🖋 칭찬의 말을 능란하게 할 수 있을 때까지는 결코 결혼해서는 안된다. 독신으로 있는 동안은 여성을 칭찬하거나 말거나 자유지만, 일단 결혼을 하고 나면 배우자를 칭찬하는 것이 필수 조건이다. 이것은 자신의 안녕을 위해서도 불가피하다.

결혼 생활은 솔직함이 활개 칠 수 있는 곳이 아니다. 그곳은 외교전이 필요한 전쟁터이다. 만족스런 일상생활을 영위하려면 결코 아내의 살림하는 방법을 비난하거나 짓궂게 자기 어머니의 방법과 비교한다든지 해서는 안 된다. 반대로 항상 아내가 살림 잘한다는 것을 칭찬하고 재색을 겸비한 이상적인 여성과 결혼할 수 있었던 행운을 감사하는 것처럼 행동할 일이다.

가령 비프스테이크가 소가죽처럼 질기더라도, 토스트가 숯처럼 탔어도 결코 불평을 해서는 안 된다. "오늘은 여느 때처럼 잘되지 않았군." 정도로 가볍게 말해준다. 그러면 아내는 당신의 기대에 부응하기 위해 부엌에서 온몸을 불태울 것이다.

사람이 너무 갑자기 달라져도 의심을 사니 조심하기 바란다. 하지만 오늘 밤 바로, 아니면 내일 밤에 아내에게 꽃다발이나 사탕 바구니를 선물하라. 말로만 "그렇게 해야지."라고 하지 말고 실천하기 바란다. 덤으로 미소와 멋진 사람의 말도 전하라. 더 많은 부부가 이런 관계가 된다면, 지금처럼 여섯 쌍 중 한 쌍이 이혼하는 사태는 막을 수 있지 않겠는가?

여성의 사랑을 획득하는 방법을 알고 싶다면 그 비결을 하나 가르쳐주겠다. 그것은 대단히 효과가 있는 방법인데, 실은 내가 발견해낸 것이 아니라 도로시 딕스 여사로부터 배운 것이다. 그녀는 23명이나 되는 여인의 가슴에 상처를 주고 재산을 가로챈 유명한 결혼 사기꾼과 인터뷰한 적이 있다.(인터뷰한 장소는 교도소였다.) 여인들의 마음을 빼앗은 비결이 뭐냐고 묻자, 그는 그건 기교랄 것도 없이 단지 여자에게 그녀 자신에 관해 말해주는 게 전부라고 대답했다.

남자에게도 같은 방법이 통한다. 대영 제국을 다스렸으며 가장 영리한 사람이었던 디즈레일리는 이렇게 말했다.

"다른 사람에게 그 사람 자신에 관한 말을 해봐라. 그러면 그는 몇 시간이고 듣고 있을 것이다."

그러므로 사람들의 호감을 얻고 싶다면, 다음 방법과 같이 해보라!

## 사람들에게 호감을 얻는 방법 6
상대방이 인정받고 있다고 느끼게 하라.
그리고 진심으로 인정하라.
*Make the other person feel important and do it sincerely.*

여러분은 이 책의 많은 분량을 읽었다. 이제 이 책을 덮고, 담뱃불을 끄고, 가까이 있는 사람에게 이 법칙을 실천해보고, 어떤 마법 같은 효과가 나타나는지 지켜봐라.

## 사람들에게 호감을 얻는 6가지 방법

**1** 다른 사람들에게 진정한 관심을 가져라.

**2** 미소 지어라.

**3** 상대방에게는 자신의 이름이 어떤 말보다 달콤하면서도 가장 중요한 말임을 명심하라.

**4** 잘 듣는 사람이 되라. 상대방이 자신에 대해 이야기하도록 이끌어라.

**5** 상대의 관심사에 대해 이야기하라.

**6** 상대방이 인정받고 있다고 느끼게 하라. 그리고 진심으로 인정하라.

PART
3

*Twelve Ways to Win People*
*To Your Way of Thinking*

사람을
설득하는
12가지 방법

# 1

*How to Win Friends & Influence People*

# 논쟁으로는
# 결코 이길 수 없다

제1차 세계 대전이 끝나고
얼마 지나지 않은 어느 날 저녁, 나는 런던에서 귀중한 교훈 한 가지를
배웠다. 나는 당시 로스 스미스 경의 매니저로 일했다. 전쟁 당시 로스
경은 팔레스타인 지역에서 활약하던 호주 공군의 에이스였고, 전쟁 직
후에는 지구의 반 바퀴를 30일 만에 비행해 전 세계를 놀라게 했다. 일
찍이 이러한 시도를 한 사람은 없었다. 그 일은 굉장한 반향을 불러일
으켰다. 호주 정부는 그에게 5만 달러를 상으로 주었고, 영국 여왕은
그에게 나이트 작위를 수여했다. 한동안 그는 대영 제국에서 가장 인
기 있는 화제의 중심인물이 되었다. 즉, 대영 제국의 린드버그였던 것
이다.

어느 날 저녁, 나는 로스 경을 주빈으로 하는 만찬회에 초대되었다.

식사가 한창일 때, 바로 내 옆에 앉았던 한 사람이 이런 말을 인용하면서 재미있는 이야기를 들려주었다.

"일을 도모하는 것은 인간이나 그 일을 마무리하는 것은 신이다."

그 이야기꾼은 이 구절이 성경에서 인용되었다고 했다. 이는 틀렸다. 나는 이 구절의 출전을 알고 있었다. 확신을 가지고 말이다. 이에 관한 한 추호도 의심할 여지가 없었다. 그래서 자기만족을 느낌과 동시에 잘난 척하고 싶은 생각도 좀 있어서 그의 잘못을 지적하는 우를 범하고 말았다. 하지만 그는 자기주장을 고집했다.

"뭐라고요? 셰익스피어로부터 인용한 것이라고요? 있을 수 없는 일입니다. 천만의 말씀이죠. 성경에서 인용한 것입니다."

그는 그렇게 믿고 있었다. 이야기꾼은 내 오른편에 앉아 있었고, 나의 오랜 친구인 프랭크 가몬드는 내 왼편에 앉아 있었다. 가몬드는 오랫동안 셰익스피어를 연구해왔다. 그래서 이야기꾼과 나는 가몬드에게 이 문제의 판단을 내려달라고 요청했다. 이야기를 들은 가몬드는 식탁 밑으로 내 발을 툭 차면서 이렇게 말했다.

"데일, 자네가 틀렸네. 이분 말씀이 옳아. 성경에 있는 말씀이야."

그날 밤 집으로 돌아오는 길에 나는 가몬드에게 물었다.

"프랭크, 그 말은 셰익스피어에서 인용한 것임을 자네도 잘 알고 있을 텐데."

"암, 알고말고. 〈햄릿〉 제5막 제2장이지. 그러나 여보게, 우리는 경사스러운 날에 손님으로 간 것일세. 무엇 때문에 남이 옳지 않다는 것을 증명하려고 애쓰나? 그러면 그 사람이 자네를 좋아할 것 같나? 왜 그 사람의 체면을 살려주지 않나? 그 사람은 자네의 의견을 물은 적도 없고 또 그것을 바랐던 것도 아닐세. 그런데 무엇 때문에 그 사람과 언쟁을 해야 한다는 말인가? 항상 날카로운 대립은 피하게나.”

“항상 날카로운 대립은 피하게나.”라고 말해준 친구는 이제 죽었지만, 그가 나에게 가르쳐준 교훈은 아직도 살아 있다.

나는 습관적인 논쟁가였기 때문에 이것은 나에게 꼭 필요한 충고였다. 어릴 때 나는 형과 함께 이 세상 모든 것에 대해 논쟁을 벌이곤 했다. 대학에 들어가서는 논리학과 토론법을 공부했고, 토론 대회에도 여러 번 참가했다. 미주리 지역 사람들이 토론을 잘한다고 하는데, 맞다, 나는 미주리주 출신이다.

그 후 나는 뉴욕에서 토론과 논쟁하는 법에 관해 가르쳤다. 부끄러운 이야기지만 한때는 그 주제에 관한 책을 쓰려고 계획했다. 그때부터 수천 가지 논쟁에 대해 귀를 기울이고 비판도 해보고 실제로 실행해보기도 하면서, 논쟁의 영향을 지켜보았다. 그 결과 논쟁에서 이기는 방법은 이 세상에 단 하나밖에 없음을 깨달았다. 그것은 논쟁을 피하는 것이다. 방울뱀이나 지진을 피하듯이 논쟁을 피하는 것이다.

논쟁의 결말은 십중팔구 논쟁자로 하여금 그가 절대로 옳았다는 종래의 생각을 한층 굳게 만드는 것으로 끝난다. 논쟁으로는 이길 수 없다. 당신이 졌을 경우에는 물론이고 이겼다 해도 역시 진거나 마찬가지다. 왜 그런가? 만약 여러분이 상대방 논리의 허점을 지적해서 상대방을 여지없이 이겼다고 치자. 그래서 어떻다고? 여러분은 기분이 좋을 것이다. 그러나 상대방은 어떻겠는가? 당신은 그 사람에게 열등감을 느끼게 하고 그 사람의 자존심을 손상시켰다. 그는 당신의 승리에 반발할 것이다.

“자신의 의지와 다르게 승복한 사람은 여전히 자신의 생각을 바꾸지 않는다.”

펜 상호생명보험회사는 보험판 매원들에게 다음과 같은 명확한 정책 하나를 제시해 지키게 하고 있다. 즉, "논쟁하지 마라."라는 것이다. 판매 활동의 기본은 논쟁에 있지 않다. 논쟁은 하등의 도움도 되지 않는다. 사람의 마음이란 논쟁의 결과로 바뀌지 않기 때문이다.

예를 들어보자. 수년 전 패트릭 J. 오헤어라는 아일랜드 사람이 나의 강좌를 들으러 왔다. 그는 별반 교육을 받지 못했고, 다투기를 몹시 좋아했다. 한때 운전수로 일했던 그는 트럭을 판매하는 일로 직업을 바꿨는데, 별다른 성공을 거두지 못하자 내 강좌를 들으러 왔다. 몇 마디 이야기를 나눠보고 나는 그가 고객들과 늘 다투거나 상대를 화나게 하는 사람이라는 것을 알 수 있었다. 만일 고객이 그가 팔려는 트럭을 조금이라도 흠을 잡으면 그는 격노하여 그 사람의 멱살을 잡기 일쑤였다. 그는 여태껏 논쟁에서는 많이 이겨왔다. 그가 나중에 말한 바와 같이, 종종 고객의 사무실을 걸어 나오면서 '이 정도면 콧대가 납작해졌겠지.' 하고 생각했고 실제로 그들이 알아듣도록 해놓기는 했지만, 아무것도 팔지는 못 했다.

내가 맨 처음 할 일은 그에게 말하는 법을 가르쳐주는 것이 아니었다. 우선 과제는 그에게 말을 삼가고 언쟁을 피하도록 훈련하는 것이었다.

오헤어 씨는 현재 뉴욕의 화이트 자동차회사에서 가장 우수한 세일즈맨이다. 어떻게 하여 그렇게 되었을까? 여기서 그가 직접 이야기한 경험담을 들어보자.

요즘은 고객 사무실에 들어갔을 때 고객이 "어디라고요? 화이트 트럭요. 그거 안 좋아요. 거저 줘도 안 가져요. 나는 후제이트 트럭을 살 거요." 이러면 나는 이렇게 말합니다.

"좋은 생각입니다. 후제이트는 좋은 트럭입니다. 그 트럭 사시면 후회는 안 하실 거예요. 회사도 괜찮고 판매원들도 좋지요."

그러면 고객은 말문이 막히고 말죠. 논쟁할 여지가 없으니까요. 상대가 후제이트 트럭이 최고라고 할 때 제가 동의해버리면 그 사람은 말을 멈출 수밖에 없죠. 제가 동의하는데 계속 후제이트 트럭이 최고라고만 할 수는 없잖아요. 그러고 나면 후제이트 얘기는 넘어가고 우리 회사 트럭의 장점을 얘기할 수 있게 되죠.

한때 누가 그런 식으로 얘기하면 불같이 화를 내던 시절이 있었습니다. 그때는 우선 후제이트 트럭을 깎아내리는 얘기를 했죠. 하지만 얘기를 거듭할수록 잠재 고객은 후제이트 편이 되어버립니다. 논쟁을 할수록 고객이 경쟁 회사 쪽으로 기우는 거죠.

지금 그때를 돌이켜보면 내가 과연 그렇게 해서 무엇을 팔 수 있었나 하는 생각이 듭니다. 다투고 논쟁하면서 제 인생을 보내고 말았습니다. 지금은 입을 다물고 있죠. 그게 오히려 득이 됩니다.

지혜로운 벤저민 프랭클린은 늘 이렇게 말했다.

"논쟁하고 반박하고 괴롭히다 보면 승리할 때도 있을 것이다. 그러나 그것은 공허한 승리이다. 왜냐하면 결코 상대방의 호의를 끌어낼 수 없기 때문이다."

잘 생각해보라. 이론적이고 연극적인 승리를 택할 것인가, 아니면 상대방의 호의를 택할 것인가, 둘 다를 동시에 가질 수는 없기 때문이다.

언젠가 〈보스턴 트랜스크립트〉지에 다음과 같은 의미심장한 구절이 실린 적이 있다.

윌리엄 제이 이곳에 묻다.

죽을 때까지 자기가 옳다고 우기던 사람이.

그는 옳았다. 한 평생 늘 옳았다.

하지만 옳건 그르건 죽으면 그만인 것을.

논쟁할 때 여러분이 맞는 주장, 그것도 완벽히 옳은 주장을 할 수도 있다. 하지만 목적이 상대방의 마음을 돌리는 일이라면 여러분이 옳건 그르건 소용없기는 마찬가지다.

우드로 윌슨 대통령 아래서 재무장관을 지낸 윌리엄 G. 맥아두는 정계에서 오랜 시간 경험해본 결과 "무식한 사람과는 논쟁을 해서 이길 수 없다."는 사실을 깨달았다고 말한 적이 있다. 그는 '무식한 사람'이라고 부드럽게 표현했으나, 나의 경험에 따르면 지능지수에 상관없이 어떠한 사람도 논쟁을 통해서 그의 마음을 바꾸는 것은 절대로 불가능하다.

예를 들어보자. 소득세 신고 관련 상담을 해주는 프레드릭 S. 파슨스라는 사람이 어느 날 세무조사관과 1시간째 언쟁을 하고 있었다. 9천 달러가 좌우되는 어느 항목에 관한 문제였다. 파슨스 씨는 이 9천 달러가 실제적으로 받을 수 없는 채권이며, 따라서 이에 대한 과세는 있을 수 없는 일이라고 주장했다.

"악성 채권이라고요? 그럴 리가요. 과세 대상입니다."

세무조사관이 반박했다.

"세무조사관은 냉정하고 거만하고 완고한 사람이었습니다."

파슨스 씨가 내 강좌에 와서 이렇게 말했다.

"그에게 이유도 설명하고 사실도 들이댔지만 소용없었습니다. 논쟁을 할수록 더 고집을 부리더군요. 그래서 논쟁을 멈추고, 화제를 바꿔

그를 칭찬해야겠다고 마음먹었죠. 그래서 이렇게 말했습니다. '당신이 내려야 하는 진짜 중요하고 어려운 결정들에 비하면, 이런 건 사소한 문제일 것입니다. 나도 조세에 관해 공부했는데, 그저 책을 보고 지식을 얻는 정도였죠. 당신은 현장에서 직접 지식을 얻고 있는데 말입니다. 가끔씩 나도 그런 일을 했으면 하고 생각할 때가 있습니다. 그러면 정말 많이 배울 텐데 말입니다.' 나는 진심을 담아 이렇게 얘기했습니다.

그러자 조사관도 등을 의자에 기대어 편히 앉더니 교묘한 부정 신고를 적발한 일 등 자신의 업무에 관해서 오랫동안 이야기했습니다. 말투도 조금씩 친근해졌습니다. 결국은 아이들 얘기까지 나오게 되었죠. 그는 떠나면서 내 문제를 조금 더 자세히 재검토하고 수일 내로 그 결과를 알려주겠다고 말했습니다. 그는 사흘 후 사무실로 찾아와 세금을 부과하지 않기로 결정했다고 알려주었습니다."

이 세무조사관 이야기는 사람들이 흔히 갖고 있는 약점 중 하나를 보여주고 있다. 그는 자기가 인정받는 사람이라는 느낌을 받고 싶어 했다. 그가 파슨스 씨와 논쟁을 하는 동안 그의 권위를 큰소리로 주장함으로써 인정받고 싶은 욕구를 충족시켰던 것이다. 그러나 자신이 인정받고 있다고 느끼자마자 논쟁은 끝나고, 자신의 자부심을 회복한 조사관은 공감할 수 있고 친절한 인간으로 되돌아갔던 것이다.

나폴레옹 왕실의 수석시종으로 있던 콘스탄트는 가끔 나폴레옹의 부인 조세핀과 당구 경기를 했다. 콘스탄트는 자신의 저서 《나폴레옹의 사생활 회고록》 제1권 73페이지에서 이렇게 말했다.

"나는 상당한 당구 기술을 보유했지만, 항상 그녀가 나를 이기도록 만들었다. 그러면 그녀는 대단히 기뻐했다."

콘스탄트로부터 영원한 교훈을 하나 배우자. 사소한 논쟁이 벌어질 경우 고객과 애인, 남편과 아내로 하여금 우리를 이기게끔 만들어주자. 석가모니는 "증오는 증오로 해결할 수 없다. 사랑만이 그것을 해결할 수 있다."고 말했다.

오해 역시 논쟁으로는 결코 풀리지 않는다. 상대의 심정을 헤아려 적절히 대응하고 위로할 때, 그리고 상대방의 관점에서 보고자 할 때에야 풀리게 돼 있다.

한번은 링컨이 동료들과 과격한 언쟁을 일삼고 있던 젊은 장교에게 이렇게 야단을 친 적이 있다.

"가장 훌륭한 사람이 되고자 결심한 사람은 사사로운 언쟁에 시간을 낭비하지 않는다네. 더구나 논쟁을 하고 나면 성격이 모나거나 자제력을 잃는 결과가 생길 테니 더욱 문제 아닌가. 자네도 옳고 상대방의 주장도 옳은 점이 있다면 크게 양보하게. 자네가 전적으로 옳더라도 사소한 문제라면 조금은 양보하게. 시비를 가리느라고 개에게 물리기보다는 개에게 길을 양보하는 게 낫다네. 물리고 나면 개를 죽인들 상처가 남지 않겠나."

---

### 상대방을 설득하는 방법 1

논쟁에서 이기는 가장 좋은 방법은 논쟁을 피하는 것이다.

*The only way to get the best of an argument is to avoid it.*

---

**2**  *How to Win Friends & Influence People*

# 적을 만드는 확실한 방법과
# 그런 상황을 피하는 방법

### 시어도어 루스벨트는

대통령 재임 당시 자기 생각의 75퍼센트가 옳은 생각이라면 그것은 자신이 바라는 최고의 기대치라고 고백한 적이 있다. 20세기의 가장 뛰어난 인물 중 한 사람이 희망하는 최고치가 이 정도라면 여러분과 나는 어떤가? 여러분이 생각하는 것의 55퍼센트가 항상 옳다고 확신할 수 있다면, 그때는 월가에 진출해 매일 1백만 달러를 벌어들이고 요트를 즐기고 뛰어난 미인과 결혼할 수도 있을 것이다. 그러나 55퍼센트조차도 옳다고 확신할 수 없다면 어떻게 다른 사람에게 틀렸다고 말할 수 있단 말인가?

우리는 표정이나 억양, 동작 하나로도 말로 하는 것보다 확실하게 "당신이 틀렸소."라는 의미를 전달할 수 있다. "당신이 틀렸소."라고 할 때 상대방이 과연 동의하겠는가? 천만의 말씀이다. 왜냐하면 상대의 지적 능력, 판단력, 자부심, 자존심에 직격탄을 날렸기 때문이다. 이런 경우 그 사람은 오히려 반격하려고 할 뿐이지, 결코 그의 마음을 바꾸려 들지는 않을 것이다. 이렇게 되면 당신이 플라톤부터 이마누엘 칸트에 이르기까지 모든 논리를 동원하더라도 상대는 자신의 의견을 바꾸지 않는다. 이미 그의 감정이 상했기 때문이다.

절대로 "당신에게 이러저러한 것을 증명해 보이겠다."는 말로 시작하면 안 된다. 그것은 좋지 않은 설득 방법이다. 그건 "내가 당신보다 똑똑하니 내 이야기를 들어보고 당신 생각을 바꾸시오."라는 말과 같다.

이건 도전이다. 이것은 반발심을 일으켜서 상대방으로 하여금 전투 태세를 갖추게 한다. 아무리 우호적인 상황에서도 남의 마음을 바꾸도록 만들기는 어렵다. 그런데 무엇 때문에 일을 더 어렵게 만드는가? 왜 스스로를 불리하게 만드는가?

무언가를 증명하고 싶다면 교묘하고 재치 있게 처리해서 아무도 그것을 알아차리지 못하게 해라. 영국의 시인 알렉산더 포프는 이렇게 말했다.

"사람을 가르치는 척하지 말고 가르쳐주고, 상대방이 모르는 것은 잊어버렸던 것이 우연히 다시 생각난 것처럼 알려줘라."

체스터필드 경은 그의 아들에게 이렇게 말했다.

"될 수 있으면 남보다 현명한 사람이 되어라. 그러나 그것을 남들에게 말하지 마라."

나는 구구단 외에는 20년 전에 믿었던 것들 중 지금도 믿고 있는 것이 거의 없다. 하지만 아인슈타인을 읽고 난 뒤에는 구구단조차 의심하기 시작했다. 아마 앞으로 20년 후에는 내가 지금 이 책에서 말한 것을 나 스스로도 믿지 않게 될지도 모른다. 예전에 확신했던 모든 것에 대해 지금은 확신이 서지 않는다. 소크라테스는 아테네에서 제자들에게 되풀이해서 이렇게 말했다.

"내가 알고 있는 오직 한 가지는 내가 아무것도 모른다는 것이다."

내가 소크라테스보다 더 똑똑하기를 바란다는 것은 무리일 것이다. 그래서 나는 다른 사람들에게 그들이 틀렸다고 말하지 않는다. 그리고 그게 득이 된다는 것을 알게 되었다.

만약 누군가가 여러분이 보기에 틀린 말, 심지어는 틀렸다는 것을 확신할 수 있는 말을 하더라도 이렇게 말을 시작하는 것은 어떨까?

"그럴지도 모르겠습니다. 제 생각은 조금 다르긴 한데, 제가 틀릴 수도 있습니다. 종종 그러거든요. 만일 제가 틀린 얘기를 하면 바로잡아 주십시오. 우선 사실부터 살펴볼까요?"

"내가 틀릴 수도 있다. 종종 틀린다. 사실을 살펴보자." 이런 말에는 힘이 있다. 긍정적인 마력이 담겨 있다. 세상천지에 누구도 "내가 틀릴 수도 있다. 사실부터 살펴보자."라고 하는데 반대하지는 않을 것이다.

이것이 과학자들이 쓰는 방법이다. 예전에 스테판손이라는 과학자를 인터뷰한 적이 있다. 그는 북극에서 11년을 보내고 그중 6년 동안은 고기와 물만 먹으며 버티기도 한 유명한 탐험가이자 과학자였다. 그는 자신이 진행하는 어떤 실험에 관해 이야기했고, 나는 그 실험을 통해 무엇을 증명하려고 하느냐고 물었다. 그는 이렇게 말했다.

"과학자는 절대로 무엇을 증명하려고 하지 않습니다. 그저 사실을 찾아내려고 할 뿐이지요."

여러분도 과학적인 사고를 하고 싶지 않은가? 누구도 막지 않는다. 이것을 막는 것은 다름 아닌 당신이다.

여러분이 틀릴 수도 있다는 것을 인정하면 트러블이 생기는 것을 막아줄 것이다. 이렇게 함으로써 모든 논쟁이 그칠 것이고, 상대방도 여러분처럼 공정하고 대범해지기 위해 노력할 것이다. 상대방 역시 자신이 틀릴 수도 있다는 점을 인정하게 될 것이다. 만약 여러분이 상대가 확실히 틀렸다는 것을 알고서, 단도직입적으로 상대에게 틀렸다고 하면 어떤 일이 일어날까? 그 예로 어느 구체적인 사건을 하나 소개하겠다.

뉴욕의 젊은 변호사 S 씨는 얼마 전 미국 연방대법원에서 매우 중요한 사건의 변론을 맡고 있었다.(루스트가르텐 대 플리트 코퍼레이션 사건.) 이 사건은 거액의 금전과 중요한 법률문제가 관련된 것이었다. 변론이 진행되고 있을 때 대법원 판사 중 한 사람이 S 씨에게 물었다.

"해사법의 법정 기한이 6년 아니던가요?"

S 씨는 말을 멈추고 잠시 판사를 바라보더니 서슴지 않고 말했다.

"판사님, 해사법에는 법정 기한 규정이 없습니다."

S 씨는 나의 강좌에 참석해 당시 상황을 이렇게 설명했다.

"갑자기 법정이 조용해지면서 실내 온도가 0도까지 내려가는 것 같더군요. 내가 맞고 판사는 틀렸기 때문에 그렇게 얘기했던 거죠. 그런데 그를 내게 호의적으로 만들었겠습니까? 아닙니다. 나는 아직도 내가 법률적으로 옳았다고 생각합니다. 그 어느 때보다 변론도 잘했고요. 하지만 결과적으로 상대방을 설득할 수 없었습니다. 학식도 많고 이름도 있는 사람에게 '당신이 틀렸소.' 하고 말한 것이 나의 커다란 실수였던 것입니다."

논리적인 사람은 흔치 않다. 우리는 대부분 아집에 사로잡혀 있거나 편향된 생각을 갖고 있다. 거의 모든 사람이 선입견, 질투, 회의, 두려움, 시기, 자만 등으로 자신의 눈을 가리고 있다. 그리고 대다수 사람이 자신의 종교나 머리 스타일, 아니면 공산주의나 좋아하는 연예인에 대한 생각을 바꾸려 하지 않는다. 그러므로 만약 남이 옳지 않다고 말하고 싶어질 때는 다음 글을 경건한 마음으로 읽기 바란다. 이것은 제임스 하비 로빈슨 교수의 지혜가 담긴 책《정신의 형성》의 한 부분이다.

우리는 가끔 아무런 저항이나 감정의 동요 없이 생각을 바꾸기도 한다. 하지만 남에게서 틀렸다는 얘기를 들으면 그 지적에 반감을 품고 생각이 더 굳어진다. 우리는 신념의 형성 과정에는 믿을 수 없을 정도로 무신경하다가도 누군가 그 신념을 빼앗으려 하면 그 신념에 쓸데없이 집착하게 된다. 우리가 소중히 여기는 것은 분명 사고 그 자체가 아니라 위기에 처한 우리의 자존심이다. '나의 것'이라는 간단한 말이 인간 행동에서 가장 중요한 것이므로 이 점을 잘 헤아리는 것이 지혜의 출발점이다.

'나의' 식사, '나의' 개, '나의' 집, '나의' 부모, '나의' 조국, '나의' 종교, 어느 경우나 같은 위력을 지닌다. 우리는 시계가 정확하지 못하다거나 차가 털털이라고 구박받을 때만 화를 내는 것이 아니라 화성에 운하가 있느냐, 에픽테토스를 어떻게 발음하느냐, 살리신(해열진통제)이 의학적으로 효과가 있느냐, 사르곤 1세가 살던 시기는 언제냐 등과 같은 개념이 틀렸다는 말을 들을 때도 화를 낸다.

우리는 습관적으로 옳다고 믿었던 것을 계속 믿고 싶어 한다. 그래서 믿는 것에 의문을 던지면 분개하면서 예전의 믿음을 유지하기 위해 온갖 이유를 다 갖다 붙인다. 이런 결과, 이른바 논증이라는 것은 우리가 이미 믿고 있는 대로 계속 믿기 위한 논리를 찾는 과정일 뿐이라고 할 수 있다.

언젠가 나는 집 안에 커튼을 치기 위해 인테리어 업자에게 커튼을 주문한 적이 있다. 그 후 나는 청구된 금액을 보고 기겁을 하고 말았다. 며칠 후 친구 하나가 놀러 와서 그 커튼을 보았다. 내가 비용에 관해 이야기하자 그녀는 의기양양하게 말했다.

"뭐라고요? 대단합니다. 바가지를 쓰셨군요."

사실일까? 그렇다. 바가지를 쓴 것이 맞다. 하지만 자신의 판단과 다른 진실을 그냥 듣고 있을 사람은 별로 없다. 나 역시 사람인지라 자신을 변호하기 시작했다. 비싼 것이 결국 제 값어치를 한다, 싸구려는 질이나 예술적 취향을 만족시켜주지 못한다 등등을 지적했다.

다음 날 다른 친구가 또 찾아왔는데, 그녀는 오히려 이 커튼을 칭찬할 뿐만 아니라 감동해 마지않으면서 자신도 형편만 된다면 이렇게 우아한 커튼을 가지고 싶다고 했다. 그러나 이 말을 들은 내 반응은 정반대였다.

"솔직히 말하면 나도 형편이 되지 않아. 돈이 너무 많이 들었거든. 이것을 산 것을 후회하고 있어."

우리가 옳지 않을 때 자신에게는 그것을 인정시킬 수 있다. 그리고 우리가 점잖게 또 기술적으로 다루어질 경우에는 자기의 과오를 다른 사람에 대해서도 인정하는 수가 있고, 그럼으로써 자기의 솔직함과 도량 있는 마음에 대해 긍지를 느끼기까지 하는 수도 있다. 그러나 어느 누가 이 구미에 맞지 않는 사실을 우리 목구멍에 강제로 우겨 넣으려고 한다면 우리는 그렇게 할 수 없을 것이다.

남북 전쟁 당시 미국의 유명한 편집자이던 호레이스 그릴리는 링컨의 정책에 정면으로 반대했다. 그는 조롱과 비난, 논쟁을 통해 링컨이 자신의 의견에 동의하게 되리라 확신했다. 그는 몇 년 동안 시간이 갈

수록 더 혹독한 공격을 전개해나갔다. 그는 암살범 부스가 링컨을 저격한 날 밤에도 링컨을 비방하는 혹독한 조롱조의 글을 썼다. 그러나 이러한 혹독한 짓들이 링컨을 굴복시킬 수 있었을까? 천만의 말씀이다. 조롱과 비난은 결코 사람의 마음을 바꿀 수 없다.

여러분이 사람 다루는 법과 자기 관리, 자기 인격 계발에 대한 훌륭한 조언을 듣고 싶다면, 벤저민 프랭클린의 자서전을 읽어보기 바란다. 이 책에는 어떤 책보다 멋진 삶의 이야기가 담겨 있을 뿐만 아니라 미국 문학의 고전 중 하나이다. 이 자서전에서 벤저민 프랭클린은 그가 어떻게 쓸데없이 논쟁하는 나쁜 버릇을 극복했는지, 그리고 미국 역사상 가장 유능하고 온화하고 사교적인 사람으로 변모했는지 설명하고 있다.

벤저민 프랭클린이 혈기왕성하던 청년 시절, 어느 날 퀘이커 교도인 한 늙은 친구가 그를 한쪽으로 데리고 가서 가슴에 찔리는 몇 가지 진실을 이야기하며 다그쳤다. 그 이야기는 다음과 같다.

"벤, 자네는 구제불능이야. 자네의 의견은 자네와 다른 견해를 가진 모든 사람에게 큰 상처를 주고 있네. 그 상처가 너무 커서 이젠 누구도 자네 의견을 듣고 싶어 하질 않아. 이제 자네 친구들은 자네가 없을 때 더 즐겁다고 하더군. 자네가 너무 박식해서 누구도 자네에게 말을 걸지 못하고 있지. 사실 말하려고 애써봐야 불편하고 힘들어서 말을 걸려는 이가 없는 걸세. 그러니 이런 상태로는 자네가 지금 알고 있는 그 얕은 지식 말고는 뭔가를 더 알 수가 없을 걸세."

내가 알고 있는 벤저민 프랭클린의 장점 중 하나는 이런 통렬한 비판을 받아들이는 태도다. 그는 이 말이 진실이라는 것을 알 정도로 그릇이 크고 현명한 인물이었다. 또한 이것이 자신을 실패와 사회적 불행에 빠지게 하는 행동이라는 것을 자각할 수 있을 만큼 위대한 사람이었다. 그래서 그는 즉시 자신의 건방지고 독선적인 태도를 바꾸기 시작했다.

프랭클린은 이렇게 말하고 있다.

나는 사람들의 감정에 직접적으로 반하는 행동과 나 자신의 감정을 직접적으로 주장하는 것을 자제하기로 마음먹었다. 심지어 나는 고정된 의견을 나타내는 단어나 표현을 쓰는 것 또한 자제했다. 예를 들면, '확실히', '틀림없이'와 같은 표현이 그것이다. 대신에 나는 '내 생각에는', '내가 이해하기로는', '내가 추측하건대' 아니면 '현재로서는 내가 보기에' 같은 말을 썼다. 누군가 내가 생각하기에 틀린 점을 주장하면 나는 그 사람의 주장에 퉁명스럽게 반박하거나 그의 잘못을 즉시 입증해 보이며 즐거움을 찾으려고 하지 않았다. 대신 어떤 특별한 경우나 상황에 따라 그의 말이 옳을 수 있다고 보지만 이번 경우는 좀 달라 보인다 혹은 달라 보이는 것 같다고 말을 이어가기 시작했다.

나는 이런 태도의 변화가 가져오는 이점을 발견했다. 내가 하고 있던 대화가 더 유쾌하게 진행될 수 있었다. 겸손한 방법으로 나의 의견을 제출하자 반응은 기분 좋게 나오고 반대는 줄어들었다. 이 방법을 통해 내가 옳지 않다는 것이 나타났을 때 굴욕감을 덜 느껴도 되며, 내가 옳을 때는 이제 손쉽게 상대방이 자신의 실수를 인정하고 합의를 볼 수 있게 되었다.

사실 처음에 이 방식을 따르려면 성질을 죽여야 했지만 점점 익숙하고 편해졌다. 그래서 지난 50년간 내가 독선적인 말을 하는 것을 본 사람은 아마 없을 것이다. 내가 제안하는 새로운 제도나 새 개

정안에 대해 많은 시민의 지지를 얻은 것 그리고 내가 의회의 일원이 되어 영향력을 행사할 수 있었던 것은 이 습관이 완전히 자리 잡았기 때문이라고 생각한다. 나는 언변이 뛰어나지 않고 단어 선택에서도 우물쭈물하며 정확한 표현을 구사하지 못하지만 내가 말하려는 요지를 잘 전했기 때문이다.

벤저민 프랭클린의 이 방식을 사업에 적용해보면 어떨까? 2가지 예를 들어보기로 한다.

뉴욕에 사는 F. J. 마호니 씨는 정유회사에 특수 장비를 판매하고 있었다. 한번은 롱아일랜드에 사는 주요 고객에게서 주문이 들어왔다. 설계를 위한 청사진을 제출하고 고객의 승인을 받아 장비 제작에 들어갔다. 그때 문제가 생겼다. 고객이 주문한 설비에 대해 자신의 친구들과 상의를 했는데, 그의 친구들은 그가 엄청난 실수를 저지르고 있다고 지적했다. 이쪽은 너무 넓고 저쪽은 좁고, 이건 이래서 안 되고 저건 저래서 안 되고 등등의 지적을 받아야만 했다. 친구들의 우려 속에 결국 그는 화가 났다. 그래서 마호니 씨에게 전화를 걸어 이미 제작을 시작한 장비를 인수할 수 없다고 통보했다. 마호니 씨는 "나는 매우 세심하게 제작 설계도를 확인했고 우리가 옳다는 것을 확신할 수 있었습니다."라며 자신의 이야기를 들려줬다.

🖋 게다가 나는 그 고객과 친구들이 자신들이 말하는 것이 무엇인지도 모른다는 것을 알았습니다. 그러나 나는 고객에게 사실대로 말하는 것은 분명 위험 부담이 큰 일이라는 것 또한 알고 있었습니다. 그래서 그를 만나러 롱아일랜드까지 직접 가서 회사를 방문했습니

다. 그는 앉은 자리에서 벌떡 일어나 제 쪽으로 성큼성큼 다가오며 모욕적인 말을 내뱉었습니다. 어찌나 흥분해 있던지 얘기를 하면서 주먹을 휘두를 정도였습니다. 나와 우리 회사 장비에 대해 비난을 퍼붓더니 마침내 이렇게 말을 맺었습니다.

"자, 이제 어떻게 할 작정이요?"

나는 그가 말하는 대로 해주겠다고 아주 차분한 태도로 말했습니다.

"당신이 이 모든 설비에 대한 대금을 치르실 분이니까 분명 당신이 원하시는 대로 하실 수 있습니다. 그렇지만 누군가는 그 책임을 질 수밖에 없습니다. 만약 당신이 옳다는 생각이 들면 우리 측에 설계도를 돌려주십시오. 이미 시공한 2천 달러의 비용은 우리가 손해를 감수하겠습니다. 그러나 당신이 주장하는 대로 제작할 경우 그 책임은 온전히 당신이 지셔야 한다는 것입니다. 하지만 우리는 우리 쪽에서 설계한 것이 옳다는 생각에 변함이 없기 때문에 이대로 일을 진행할 경우 모든 책임은 우리 쪽에서 지겠습니다."

이쯤 되자 그가 진정하더니 이렇게 말했습니다.

"좋습니다. 그대로 진행하세요. 하지만 문제가 생기면 모든 책임을 지셔야 합니다."

결국 우리 판단이 정확해서 제작은 성공적으로 끝이 났습니다. 그는 이번 시즌에 전과 비슷한 장비 주문을 하겠다고 우리에게 약속했습니다. 그가 내 앞에서 나를 모욕하고 내 얼굴에 주먹을 휘두르며 일을 제대로 알고 하느냐는 심한 말을 늘어놓을 때, 나 역시 그 사람처럼 따져 묻고 내가 옳다고 말하고 싶은 것을 참기 위해 모든 자제력을 동원해야만 했습니다. 참느라고 많이 힘들었지만 충분한 대가를 보상받았습니다. 내가 만약 그 고객에게 당신이 틀렸다고 말하고 논쟁을 시작했다면, 아마 법적 소송까지 가서 서로 감정만 상하고, 재정 피해를 입고, 귀중한 고객을 잃는 사태까지 벌어졌을 것입니다. 그 덕분에 나는 상대방에게 틀렸다고 말하는 것은 결코 득이 되지 않는다는 것을 확실히 깨달았습니다.

그럼 이번에 또 다른 예를 들어보겠다. 지금 내가 전하고 있는 사례들은 수많은 사람의 경험에서 공통으로 나타나는 전형적인 경우임을 기억하기 바란다.

R.V. 크로울리 씨는 뉴욕에 있는 가드너 W. 목재회사의 판매사원이다. 그는 수년 동안 인정사정없는 목재 검사관들에게 그들의 판단이 잘못됐음을 지적하는 일을 해왔다. 대부분의 경우 그가 옳았다. 그러나 이 논쟁을 해서 득이 되는 것은 하나도 없었다. 크로울리 씨의 말을 빌리자면, 목재 검사관들은 마치 야구 심판 같아서 한번 결정하면 번복이라는 게 없었기 때문이다. 크로울리 씨는 자신이 논쟁에서 이기긴 하지만 그 때문에 회사는 수천 달러의 손해를 입는다는 것을 깨달았다. 그래서 내 강좌를 들으며 그는 자신이 쓰던 전략을 변경하고 논쟁을 그만두기로 결심했다. 어떤 결과가 나왔을까? 여기 그가 수업시간에 발표한 이야기를 소개하겠다.

어느 날 아침 일찍 사무실로 전화가 왔습니다. 전화기 반대편에서 매우 화가 난 데다 짜증까지 섞인 목소리로 거래처 직원이 말했습니다. 저희 쪽에서 거래처 공장으로 보낸 차 한 대 분량의 목재가 모두 불량이라 목재 운반을 중단했으니 목재를 즉각 회수 처리해달라는 통보였습니다. 그 차량에 있던 4분의 1가량의 목재를 하역시킨 후에야 목재 검사관이 목재의 55퍼센트가 등급 미달이라는 판단을 내린 것입니다. 상황이 그렇다 보니 그들은 목재 인수를 거부하기에 이른 것입니다. 즉시 거래처 공장으로 달려가며 저는 이 상황을 잘 처리할 수 있는 최고의 방법이 무엇인지 침착하게 생각해봤습니다. 예전의 나라면 보통 이런 상황에서 등급 판정 기준을 열거하고, 목재 검사관일 때의 경험과 지식을 바탕으로 담당 목재 검사관에게 이 목재의 실재 등급은 높게 책정되어야 하며 그가 검사 규정을 잘못 알고 있다고 설득하려 했을 것입니다. 그러나 저는 이 수업시간에 배운 규칙을 적용해보기로 마음먹었습니다.

현장에 도착했을 때 저는 구매 담당자와 목재 검사관이 이미 한바탕 논쟁을 벌일 준비를 하고 있다는 것을 알 수 있었습니다. 우리는 하역 중인 차량 쪽으로 걸어가 일이 어떻게 돌아가는지 보기 위해 계속해서 하역해달라고 요청했습니다. 검사관에게는 그가 하던 대로 합격품과 불합격품을 나누고, 합격품은 따로 쌓아달라고 부탁했습니다.

한동안 그가 작업하는 것을 보고 나니 그 검사관이 기준을 너무 엄격하게 적용하고, 그 기준마저 잘못 알고 있다는 것을 알 수 있었습니다. 문제의 목재는 백송이었는데, 그 검사관은 단단한 목재에 대해서는 심도 있게 배웠으나 백송에 대해서는 잘 알지 못할뿐더러 경험도 부족했습니다. 사실 백송은 제 전문 분야였습니다. 그렇다고 제가 그 검사관의 등급 평가를 용인할 수 없다고 했겠습니까? 전혀 아닙니다. 저는 계속해서 그 일을 지켜보며 왜 저희 제품이 미달이 되었느냐고 물었습니다. 저는 조금도 그 검사관이 틀렸다는 내색을 하지 않았습니다. 제가 이렇게 묻는 이유는 오로지 앞으로 거래처에서 원하는 정확한 품질의 목재를 제공하기 위해서라고 강조했습니다.

정말 우호적이고 협조적인 방식으로 질문하고, 목재 사용 용도에 부적합한 목재를 걸러내고 있는 방식이 옳다고 계속해서 말함으로써 검사관의 마음이 풀어지고, 저희 사이의 긴장 관계도 점차 완화되기 시작했습니다. 그리고 나서 이따금씩 이야기 중간에 제가 조심스럽게 꺼낸 이야기는 그 검사관이 부적격 처리한 목재가 실제로 등급에 부합할 수도 있고, 그들이 제시하는 기준으로는 좀 더 비싼 가격의 목재를 들여와야 할지도 모른다는 생각이 들게 만들었습니다. 그러나 이런 점을 부각시키려 한다는 것을 그가 눈치 채지 못하도록 아주 조심스럽게 행동했습니다.

그의 태도는 점차 변해갔습니다. 이윽고 그는 자신이 백송에 관한 경험이 없음을 인정하고 차에서 나오는 각각의 백송에 대해 제게 물어보기 시작했습니다. 저는 이 목재가 왜 등급 기준에 합당한지 설명하면서, 다른 한편으로 그들의 기준에 합당하지 않은 경우에는 굳이 이 목재를 취급하지 않아도 된다고 거듭 강조했습니다. 마침내 그는 자신이 매번 목재를 되돌려 보낼 때마다 뭔가 꺼림칙한 느낌을 받았던 이유를 알게 되었습니다. 그리고 그는 그들이 필요로 하는 좋은 목재에 대한 기준을 명확히 제시하지 못한 자신의 실수를 깨닫게 되었습니다.

최종적으로 제가 현장을 떠나고 난 뒤 화물 전체의 목재를 다시 검사해야 했습니다. 그리고 그 모든 물건에 합격 판정을 내렸습니다. 저희는 대금 전부를 수표로 받았습니다. 저는 상대방에게 틀렸다고 말하는 것을 참는 요령과 결단을 발휘해 회사 돈을 상당 부분 절약했고, 더나아가 값을 매길 수 없는 우호적인 관계를 얻었습니다.

참고로 지금 내가 여기서 전하고 있는 이야기는 모두 새로운 사실이 아니다. 20세기 전에 예수는 이렇게 말했다.

"너와 다투는 사람과 서둘러 화해하라."

다시 말해 당신의 고객, 당신의 남편, 당신의 적과 논쟁하지 말라는 뜻이다. 상대방에게 그가 틀렸다고 말하지 말고, 상대방의 화를 돋우지 마라. 다만 약간의 외교적인 수단을 사용해라.

기원전 2200년에 이집트의 악토이 왕은 그의 아들에게 몇 가지 현명한 가르침을 베풀었다. 어느 오후, 악토이 왕은 술을 마시다 이렇게 말했다.

"다른 사람의 감정을 상하게 하지 마라. 그러면 네가 바라는 대로 될 것이다."

오늘날에도 꼭 필요한 가르침이 아닐 수 없다.

그러므로 다른 사람을 설득하고 싶다면, 다음 방법과 같이 해보라!

## 상대방을 설득하는 방법 2

상대의 의견을 존중하라. 절대로 틀렸다고 말하지 마라.

*Show respect for the other man's opinions. Never tell a man he is wrong.*

## 3

*How to Win Friends & Influence People*

# 잘못을 했으면
# 솔직히 인정하라

나는 지도상으로 거의

뉴욕 한복판에 살고 있다. 그러나 집에서 1분쯤 걸어가면 원시림이 넓게 펼쳐져 있다. 봄에는 딸기 덤불이 흰 꽃을 피우고, 다람쥐는 보금자리에서 새끼들을 키우고, 그 후미에는 쥐꼬리망초가 어린아이 키만큼 자라 있다. 이 개척되지 않은 수목 지대는 포레스트 파크라고 불리는 숲인데 이것은 콜럼버스가 미국을 발견했을 때의 오후 정경과 조금도 다를 것이 없다.

나는 보스턴산 불독 랙스와 함께 가끔 이 공원을 산책한다. 랙스는 남에게 해를 끼치지 않는 친근한 성격의 사냥개이기 때문에 줄을 묶거나 입마개를 씌우지 않고 데리고 다녔다.

어느 날 우리는 공원에서 기마경찰과 마주쳤다. 그 경찰은 자기의 권위를 과시하고 싶어 안달이 난 모양이었다.

"입마개도 목 끈도 없는 개를 공원에서 제멋대로 뛰어다니게 놔두면 어떻게 하자는 말씀입니까? 이것이 법에 위반되는 것을 아시는지요?"

그가 나를 질책했다.

"네, 알고 있습니다."

나는 부드럽게 대답했다.

"하지만 여기서 이 개가 별다른 해를 끼칠 것이라고는 생각지 않는데요."

"아니, 생각지 않는다고요? 법은 댁에서 생각하는 것에 대해선 조금도 개의치 않습니다. 저 개는 다람쥐를 죽일 수도 있고, 애들을 물 수도 있지 않겠습니까? 이번만은 눈감아드리겠으나 다음에 또 저 개에게 입마개와 목 끈을 하지 않은 채 이곳에서 발견되면 그때는 재판을 받게 될 것이니 그리 아십시오."

나는 잘 알았다고 순순히 약속했다. 사실 몇 차례는 그 약속을 지켰다. 그러나 랙스는 입마개를 좋아하지 않았고 나도 그것을 싫어했다. 그래서 몰래 그냥 나가보기로 했고 한동안은 아무 일도 없었다. 그런데 뜻밖의 난관에 봉착했다. 랙스와 나는 어느 날 오후 언덕 꼭대기까지 달리기 시합을 했는데, 때마침 놀랍게도 말에 올라 탄 그 경찰관이 눈에 들어왔다. 랙스는 그 경찰관을 향해 앞쪽으로 달려가고 있었다.

나는 도저히 피할 방법이 없다는 것을 한눈에 알 수 있었다. 그래서 경찰관이 말을 꺼낼 때까지 기다리지 않고 선수를 쳐서 이렇게 말했다.

"경찰관님, 제가 법을 위반했습니다. 알리바이도 없고 변명의 여지도 없습니다. 당신은 지난주에 이 개에게 입마개를 씌우지 않고 이곳에 데리고 오면 벌금을 물리겠다고 미리 경고를 했으니까요."

그러자 경찰관은 부드러운 어조로 이렇게 말했다.

"좋습니다. 지금처럼 주변에 아무도 없을 때는 이 작은 개를 뛰놀게 하고 싶은 유혹을 느낄 만도 하겠습니다."

그의 음성은 부드러웠다.

"당연히 그런 유혹이 들지요. 하지만 위반은 위반이죠."

"글쎄요. 저렇게 작은 개라면 사람에게 위협이 될 것 같지는 않은데요?"

경찰관이 오히려 반박했다.

"아닙니다. 혹시 다람쥐를 죽일 수도 있지 않아요?"

내가 말했다.

"보십시오. 댁에서는 너무 심각하게 생각하고 계십니다. 자, 이렇게 하십시오. 내가 보지 않는 곳에서 그 개를 뛰어놀게 하란 말씀입니다. 그리고 이 문제는 그냥 잊어버립시다."

그 경찰관도 사람이었기 때문에 자기가 인정받고 있다는 느낌을 원했다. 그래서 내가 자책을 하고 나서자, 그가 자기 존재를 내세울 수 있는 길은 아량을 베푸는 관용적인 태도를 취하는 것밖에 없었다. 만일 내가 나를 보호하려고 했다면 어떻게 됐을까? 아마 경찰관과 다투어본 적이 있는 사람은 알 것이다.

그러나 경찰과 시시비비를 다투는 대신 나는 그가 절대적으로 옳고 내가 분명히 잘못을 저질렀다는 점을 인정했다. 그것도 빨리, 공개적으로, 분명하게 인정했다. 내가 경찰관의 입장이 되고 경찰관이 내 입장이 됨으로써 일은 원만히 해결되었다. 체스터필드 경이라 할지라도 이 기마경찰보다 더 원만하지는 못했을 것이다.

자신이 비난받아야 한다는 걸 알고 있다면, 다른 사람이 깎아내리기 전에 스스로 비판하는 것이 낫지 않을까? 다른 사람의 입에서 나오는 모욕을 견디는 것보다 자기비판에 귀를 기울이는 것이 오히려 마음 편할 것이다. 다른 사람이 생각하고 있다거나, 말하고 싶거나, 혹은 자신이 알고 있는 트집거리를 먼저 말하라. 그들이 말할 기회를 얻기 전에 그들에게 먼저 털어놓아라. 그러면 돛에 순풍을 맞이하는 것과 같을 것이다. 이렇게 되면 기마경찰이 나와 렉스에게 한 것과 같이 누구나 관용의 태도를 취하고 당신의 과오를 최소한도로 덜어주게 될 것이다.

상업 미술가인 페르디난드 E. 워렌은 까다롭고 신경질적인 어떤 미술품 구매자의 호감을 이끌어내는 데 이 방법을 이용했다.

"광고나 출판을 목적으로 한 그림을 그릴 때는 섬세하고 정확한 것이 무엇보다 중요합니다."

워렌 씨는 자신의 경험담을 이야기하면서 이렇게 말했다.

어떤 미술 편집자는 자신이 의뢰한 것에 대한 즉각적인 처리를 요구하기도 합니다. 이런 경우에는 사소한 실수가 생기기 쉽지요. 내가 알고 있는 한 편집장은 사소한 실수까지도 항상 잘 찾아내고야 맙니다. 나는 가끔 정 떨어지는 마음으로 그의 사무실을 나오곤 했는데, 그건 그의 비판 때문이 아니라 그의 비난 방식 때문이었습니다. 최근에 이 편집장에게 벼락치기로 끝낸 일거리 하나를 납품한 적이 있는데, 그는 내게 전화해서 즉시 회사로 오라고 했습니다. 잘못된 점이 있다는 것입니다. 그의 사무실에 당도해보니 과연 내가 예측하고 또한 근심하던 일이 나를 기다리고 있었습니다. 그는 비판할 수 있는 기회를 잡아 고소해하며 적대적인 태도를 보였습니다.

그는 이건 왜 이러느냐 저건 왜 그러냐고 열을 내며 따졌습니다. 내가 배우고 연구한 자기비판 규칙을 적용해볼 호기가 왔던 것입니다. 그래서 나는 이렇게 말했습니다.

"편집장님 말씀이 사실이라면 이쪽의 실수이며, 나의 큰 과오에 대해 변명할 말이 없습니다. 오랜 시간 동안 당신을 위해 그림 작업을 해서 이제는 잘할 때도 됐는데, 정말 부끄럽습니다."

이 말이 끝나자마자 그는 나를 감싸주기 시작했습니다.

"당신 말이 옳소. 그러나 좌우간 이 실수는 대수로운 것이 아니고 그저…."

나는 그의 말 도중에 끼어들었습니다.

"어떤 사소한 실수라도 대가를 치러야 하는 법이고, 사람들을 짜증나게 하는 법입니다."

그가 내 말을 중도에 잡아채려고 나섰는데 나는 또 그러지 못하게 말렸습니다. 그때 나는 참으로 근사했습니다. 내 생애 처음으로 나 자신을 비판하고 있었는데도 마음이 흡족했으니까요. 나는 계속해서 이렇게 말했습니다.

"내가 더 신중히 일을 했어야 했습니다. 일거리도 많이 주시는데, 당연히 내가 최선을 다했어야 하는 게 맞습니다. 처음부터 다시 그려오겠습니다."

그러자 그가 강하게 저지했습니다.

"아뇨, 아닙니다. 그렇게까지 수고를 끼칠 생각은 없습니다."

그는 내 작품을 칭찬하고 나서 그저 사소한 곳의 수정만 해주면 된다고 했습니다. 그까짓 정도의 실수는 회사에 별 영향을 주지 않을 뿐 아니라 따지고 보면 그까짓 것은 걱정거리도 안 된다는 것 등을 명백하게 말해주었습니다.

　나 자신에 대한 강한 비판 덕분에 나는 그와 싸울 일이 없게 됐습니다. 마지막에 그는 나와 점심을 함께했습니다. 그리고 헤어지기 전에 수표로 급여를 주고 또 다른 일을 맡겼습니다.


어떤 바보라도 자기 실수에 대한 변명은 할 줄 안다. 실제로 많은 바보가 그렇게 한다. 그러나 자신의 실수를 인정하면 많은 사람 중에서 자신이 부각될 뿐 아니라 고귀함과 뿌듯함을 느끼게 해준다. 로버트 E. 리에 관한 역사적 기록에 있는 아름다운 이야기를 예로 들어보자.

　리 장군은 게티즈버그 전투에서 피켓 장군이 진격 작전에 실패했을 때 모든 책임이 자신에게 있다고 말한 일화가 있다. 피켓 장군의 돌격 작전은 서양에서 유례없이 훌륭하고 멋진 공격이었다. 피켓은 원래 생기발랄한 사람이었다. 그의 머리털은 너무 길어서 갈색 두발이 거의 어깨에까지 내려왔으며, 이탈리아 전투 때의 나폴레옹처럼 싸움터에서 매일 열렬한 연애편지를 썼다.

　그 비극적인 7월의 오후, 피켓 장군의 충직한 부대는 오른쪽 귓가로 살짝 기울여 멋지게 모자를 쓴 장군이 북부군 전선 쪽으로 기세등등하게 진격하자 환호하며 그의 뒤를 따랐다. 병사들은 대열을 이루고 깃발은 펄럭였으며 총검은 태양 아래 빛났다. 실로 기백이 넘치고 웅장한 광경이었다. 그들이 전선에 이르자 감탄이 넘쳐났다.

　피켓의 부대는 과수원과 옥수수 밭을 지나고 목장을 넘어, 서서히 앞길을 휩쓸며 행군을 했다. 적의 대포가 그들의 대열에 죽음의 구멍을 파헤쳐놓았지만 그들은 계속 나아갔고, 단호한 결의로 진격을 멈추지 않았다.

그런데 매복해 있던 북군 보병대가 묘지 능선의 석벽 뒤에서 나타나 기습 공격을 개시했다. 그들은 무방비 상태의 피켓 부대에 무차별 사격을 가했다. 그 언덕 꼭대기에서 폭발하는 화산처럼 불꽃을 터뜨렸다. 거의 도살장이나 마찬가지였다. 몇 분 후 피켓의 연대에서 1명을 제외한 모든 지휘관이 쓰러졌고, 5천 명의 병사 중 4천 명에 달하는 병사가 전사했다. 최후의 돌격을 이끈 아미스테드 장군은 돌진하며 석벽을 뛰어넘고 그의 검 끝에 달린 모자를 흔들며 소리쳤다.

"착검하고 전원 앞으로!"

그들은 돌격했다. 석벽을 뛰어넘고 적을 찌르고 개머리판으로 적의 머리를 부수며 묘지능선 남쪽에 남군의 깃발을 꽂았다. 그러나 그 깃발은 아주 잠깐 휘날리고 말았다. 비록 짧은 시간이었지만 이 순간은 남부 연방 사상 가장 위대한 순간으로 기록되었다.

피켓의 돌격이 눈부시고 용감했음에도 돌격의 종말이 시작되었다. 리 장군은 실패했다. 그는 더 이상 북군 방어선을 돌파할 수 없었다. 리 장군 역시 이 사실을 알았다.

남부군의 운명은 결정되었다. 리 장군은 너무 비통하고 충격을 받은 나머지 남부 연방 대통령 제퍼스 데이비스에게 사의를 전하며 더욱 젊고 유능한 사람을 대신 임명해달라고 요청했다. 그가 만일 피켓 장군의 작전 실패에 대한 책임을 다른 사람에게 돌리려고 마음먹었다면 얼마든지 그만한 이유를 찾아낼 수 있었을 것이다. 그의 사단 사령관들 중 몇 사람은 그의 명령을 어기기도 했고, 기병대는 보병대의 공격을 돕기에는 너무 늦게 도착했기 때문이다. 기병대는 보병 공격을 지원할 적시에 당도하지 않았다. 이 일도 잘못되었고 저 일도 말썽을 피웠다.

그러나 고결한 성품을 지닌 리 장군은 다른 사람을 탓하지 않았다. 피켓 장군 휘하의 피 흘리는 병사들이 남부군 전선으로 간신히 돌아오자 리 장군은 홀로 말을 타고 나가 숭고한 말로 자기 잘못을 탓하며 그들을 맞이했다.

"모든 것이 나의 잘못 때문이었소. 이 전쟁에 패하도록 한 것은 다름 아닌 나 자신이오."

역사상 패배를 인정하는 인품이 뛰어나고 용기 있는 장군은 거의 없었다.


앨버트 허버드는 온 나라에 돌풍을 일으킨 창의적인 작가로 그의 신랄한 글은 독자들로 하여금 엄청난 분개를 불러일으키기도 했다. 그러나 허버드는 사람을 다루는 기술이 아주 탁월해 적을 친구로 잘 만들었다. 예를 하나 들면, 어느 격분한 독자가 허버드의 글에서 이런저런 부분은 동의할 수 없다는 편지를 보냈는데, 그는 허버드에 대해 이것저것 지적하는 내용으로 글을 마쳤다. 그러자 허버드는 이렇게 회답했다.

"다시 생각해보니 저 역시 당신처럼 그 점에 대해서 전적으로 찬동하고 있지는 않습니다. 제가 어제 쓴 모든 글이 오늘도 마음에 드는 것은 아니기 때문입니다. 이 주제에 대해 당신의 생각을 들을 수 있어서 기쁩니다. 다음에 기회가 닿아 이 근처에 놀러 오시면 저희 집에도 한번 오십시오. 그때 이 주제에 대해 마음껏 이야기해봅시다. 멀리 떨어져 계시지만, 이렇게 악수를 드립니다. 그럼 이만 줄이겠습니다."

여러분을 이렇게 대하는 사람에게 무슨 말을 하겠는가. 여러분이 옳을 경우에는 부드럽고 교묘한 방식으로 상대방이 우리 생각에 동의하게 만들어보자. 반대로 여러분이 틀리면 (사실 툭 터놓고 말해 틀리는 일이 더 자주 일어나겠지만) 실수를 빠르고 확실하게 인정하자. 이런 기술을 쓰면 놀라운 결과가 일어날 뿐만 아니라, 믿을지 모르겠지만 이런 당황스러운 상황에서 자신의 실수를 방어할 때보다 훨씬 더 즐거울 것이다. 이것을 단적으로 표현한 옛말이 있다.

"싸우면 충분하게 얻지 못하나, 양보하면 기대 이상의 것을 얻는다."

그러므로 다른 사람을 설득하고 싶다면, 다음 방법과 같이 해보라!

**상대방을 설득하는 방법 3**

잘못을 했을 때는 빨리 그리고 분명하게 이를 인정하라.

*If you are wrong, admit it quickly and emphatically.*

## 4

*How to Win Friends & Influence People*

# 상대를 이해시키는
# 확실한 길

누군가가 여러분을

화나게 했을 때, 아무 말이나 퍼붓고 나면 확실히 여러분의 속은 시원해질 것이다. 하지만 상대방은 어떻겠는가? 상대도 여러분처럼 속이시원해질까? 여러분의 도전적인 말투와 호전적인 태도를 보고도 상대가 편하게 여러분에게 동의할 수 있을까?

우드로 윌슨은 이렇게 말했다.

"당신이 두 주먹을 불끈 쥔 채 내게 온다면, 분명 나는 당신보다 두배 더 빠르게 쳐야겠다고 마음먹을 것입니다. 하지만 당신이 내게 와서 '자, 우리 한번 상의해봅시다. 서로 의견이 왜 다른지, 그 차이가 무엇인지에 대해 얘기해봅시다.'라고 말한다면, 의견이 크게 다르지 않고오히려 공통분모가 많아 화합하기 위한 의지와 솔직함, 인내만 있다면 우리가 화합할 수 있다는 것을 알게 될 것입니다."

우드로 윌슨이 한 이 말의 진가를 존 D. 록펠러 2세보다 더 잘 알아본 사람은 없을 것이다. 1915년으로 돌아가서, 그 당시 록펠러는 콜로라도에서 가장 멸시받는 인물이었다. 미국 산업 사상 가장 잔혹한 파업이 2년간 콜로라도주를 뒤흔들었다. 록펠러가 경영하는 회사에 임금 인상을 요구하는 종업원들은 살기가 등등했다. 회사의 건물이 파괴되고 군대까지 출동해 드디어 총을 쏘는 유혈 사태의 위기에까지 이르렀다. 록펠러는 들끓는 증오로 유혈 사태가 벌어지는 와중에 파업 참가자들을 설득하고자 했고, 그는 성공했다. 어떻게 했을까? 그 일화를 소개하겠다.

사람들을 사귀기 위해 몇 주를 할애한 록펠러는 파업 노동자 대표자들 앞에서 연설을 했다. 이 연설은 내용 전체가 완전한 걸작이었다. 그리고 이 연설은 놀라운 결과를 보여주었다. 이 연설은 록펠러에게 덮쳐오던 강한 증오의 파도를 잠재웠다. 심지어 그는 추종자까지 얻었다. 그는 이 연설에서 우호적인 태도로 사실을 표명했기 때문에 파업 참가자들은 그들이 그토록 강하게 밀어붙이던 임금 인상에 대해서는 한마디도 하지 않은 채 작업장으로 돌아갔다.

그 유명한 연설은 다음과 같이 시작된다. 얼마나 우호적인 태도가 묻어나는지를 주의해서 보자. 여기서 록펠러가 며칠 전까지만 해도 자신의 목을 사과나무에 매달려고 한 사람들 앞에서 연설했다는 점을 기억해야 한다. 그런데도 그는 의료 선교 단체 앞에서 하는 것보다 훨씬 더 자비롭고 우호적인 태도로 연설했다.

"오늘은 제 생애에서 매우 특별한 날입니다. 이 위대한 회사의 직원 대표, 관리자, 임원들 모두를 한자리에서 처음 만나는 행운을 가지는 날이기 때문입니다. 이 자리에 서게 되어 매우 영광이며 제 평생 이 모임을 영원히 잊지 못할 것입니다.

이 만남이 2주 전에 이루어졌더라면 저는 몇 사람 알지도 못한 채 여러분 대부분에게 낯선 사람으로 이 자리에 섰을지도 모릅니다. 다행히 저는 지난 한 주 동안 남부 탄광 지역에 있는 모든 현장을 방문해 자리를 비우신 몇 분을 제외하고는 사실상 모든 대표 위원과 개별적인 대화를 나눌 수 있었습니다. 여러분의 가정을 방문해서 여러분의 배우자와 자녀들을 만나보았습니다. 이제 우리는 낯선 사람으로가 아니라 친구로서 이 자리에 모였고, 이런 상호 우호의 정신이 있기 때문에 여러분과 함께 우리의 공동 이익을 토론하기 위한 기회를 갖게 된 것이 무척 흐뭇합니다.

이 모임은 회사 관리자와 직원 대표들의 모임이기 때문에 어디에도 속하지 않는 제가 이 자리에 서게 된 것은 순전히 여러분의 덕이라고 할 수 있습니다. 그럼에도 불구하고 제가 여러분과 긴밀히 연관되어 있다고 느끼는 것은, 어떤 의미로 저는 주주와 중역들을 대표하기 때문입니다."

이것이야말로 적을 친구로 만드는 훌륭한 기술의 멋진 본보기가 아닐까? 만약 록펠러가 전혀 다른 전략을 썼다고 생각해보자. 그가 광부들과 언쟁을 벌이고 충격적인 사실들을 바로 앞에서 퍼붓고, 그들이 잘못했다는 어조를 내비쳤다고 하자. 그리고 온갖 논리적 수단을 동원해 그들이 잘못했음을 입증했다면 다음에 무슨 일이 벌어지겠는가? 분명히 더 큰 화, 증오, 저항을 불러일으켰을 것이다.

누군가의 마음에 당신에 대한 반감과 증오가 맺혀 있다면, 당신은 세상의 모든 논리를 갖다 대도 그를 설득할 수 없다. 야단치는 부모, 권위적인 상사와 남편, 잔소리하는 아내는 사람들이 마음을 바꾸고 싶어 하지 않는다는 점을 깨달을 필요가 있다. 억지로 몰고 가거나 강제한다 해서 그들의 의견이 당신이나 내 의견과 같아지지 않는다. 오히려 우리가 언제까지고 상냥하고 다정하게 대할 때 그들의 의견이 바뀔 가능성이 더 높다.

링컨도 이미 1백여 년 전에 이런 요지의 얘기를 한 적이 있다. "꿀 한 방울이 한 통의 쓸개즙보다 더 많은 파리를 잡는다."는 오래된 금언에는 진리가 담겨 있다. 사람도 마찬가지다. 상대를 설득하고자 한다면 먼저 당신이 그의 진정한 친구라는 점을 확신시켜야 한다. 상대의 마음을 사로잡는 꿀은 바로 거기에 있다. 그렇게만 하면 당신이 무슨 말을 하든 그는 아주 쉽게 납득할 것이다.

사업가들은 파업 참가자들에게 우호적으로 대하는 것이 이득이라는 것을 몸소 배운다. 예를 들어, 화이트 모터사의 공장 근로자 2천5백 명이 임금 인상과 유니온 숍(신규 직원 채용 후 노동자에게 의무적으로 노동조합에 가입하게 하는 제도, 조합원 자격을 상실한 사람도 해고되는 협정)을 요구하며 파업을 단행했을 때, 사장 로버트 F. 블랙은 화를 내거나 비난이나 협박을 하면서 독재와 공산주의를 들먹이지 않았다. 그는 오히려 파업자들을 칭찬했다. 그는 지역 신문에 "근로자들이 평화적으로 파업에 돌입"한 것에 대해 찬사를 보내는 광고를 냈다. 파업 시위 중간에 시간이 남는 것을 본 그는 수십 개의 야구 방망이와 글러브를 사다 주고 공터에서 야구를 하도록 권유했다. 볼링을 선호하는 사람들을 위해서는 볼링장을 임대해주기도 했다.

이런 블랙 사장의 친절한 행동은 늘 그렇듯 상대방도 그에게 친절을 베풀게 만들었다. 그래서 파업 노동자는 빗자루, 삽, 쓰레기차를 빌려와 공장 주변에 버려진 성냥개비, 신문, 쓰레기, 담배꽁초를 주웠다. 상상해봐라. 파업참가자가 임금 인상과 노조 승인을 위해 파업을 하는 와중에 자신이 일하는 공장 주변을 치우는 모습을 말이다. 이것은 이때까지 미국 파업 사상 한 번도 들어본 적 없는 사건이었다. 그 파업은 일주일 만에 타협을 통해 끝이 났다. 물론 어떤 반감이나 악의도 없었다.

신과 같은 외모를 갖추고 여호와와 같은 어조로 말하던 대니얼 웹스터는 소송에 대한 변호로 큰 성공을 거둔 인물이다. 그는 우호적인 언변으로 자신의 강력한 변론을 시작했다.

"배심원들께서는 이런 점을 고려해주시기 바랍니다. 아마 생각해볼 만한 가치가 있을 것입니다. 배심원 여러분께서 잊지 않으셨을 거라 생각하는 사실을 보여드리겠습니다. 인간 본성에 대한 지식을 갖춘 배심원 여러분께서는 이 사실의 중요성을 보실 수 있을 것입니다."

그는 변론을 할 때 밀어붙이는 일이 없었다. 물론 고압적인 방식도 택하지 않았으며 자신의 의견을 상대방에게 강요하려고 하지도 않았다. 웹스터는 부드러운 어조로 차분하고 친근하게 다가가곤 했다. 그가 유명해진 데는 이런 점이 한몫했다.

여러분에게 파업을 해결하거나 배심원 앞에서 주장을 펼쳐야 하는 일은 생기지 않을지 모른다. 하지만 집세를 깎는 일은 생길 수 있다. 그때도 우호적인 접근법이 유효할까? 사례를 보자.

기술자인 O. L. 스트라우브는 집세를 깎고 싶었다. 그는 집주인이 깐깐한 사람이란 것을 알고 있었다. 내 강의에서 스트라우브 씨가 자신의 경험을 발표했다.

✒️ 저는 집주인에게 임대 기간이 만료되면 바로 집을 비우겠다고 알리는 편지를 썼습니다. 사실 저는 이사 갈 마음이 없었습니다. 방세만 좀 낮춰주면 계속 살고 싶었습니다. 하지만 그럴 수 있는 가능성은 그리 많지 않았습니다. 다른 임차인들이 세를 깎으려 해봤지만 다들 실패했으니까요. 모든 사람이 집주인을 상대하는 것이 정말 어렵다고 말했습니다. 그러나 저는 속으로 '내가 사람 상대하는 법을 배우고 있으니까 한번 배운 대로 해보자. 그리고 어떻게 되는지 지켜보자.' 하고 생각했습니다.

저의 편지를 받은 집주인이 비서를 데리고 찾아왔더군요. 저는 문간에서부터 슈왑식의 반가운 인사로 그를 맞이했습니다. 호의와 활기가 넘쳤다고나 할까요. 집세가 비싸다는 얘기는 꺼내지도 않았습니다. 대신 집이 정말 마음에 든다는 얘기부터 시작했죠. 저는 정말 진심으로 찬사를 하고 칭찬을 아끼지 않았습니다. 그가 이 건물을 운영하는 방식에 대해서도 칭찬했습니다. 그리고 나서 1년 더 살고 싶지만 형편이 안 된다고 털어놓았습니다. 그는 세입자를 만나면 환영을 받은 적이 없어 어떻게 해야 할지 모르는 것 같았습니다.

마침내 그가 고민을 털어놓았습니다. 임차인들이 불평만 늘어놓는다는 거죠. 어떤 사람은 자신에게 편지 14통을 보냈는데, 그중에는 명백히 모욕적인 내용도 있었고, 어떤 사람은 위층 사람이 코 고는 소리를 멈춰주지 않으면 계약을 파기하겠다고 위협했다 뭐 이런 얘기였습니다. 그리고 나서 "당신처럼 만족스러워하는 세입자들만 있으면 얼마나 마음이 놓일까요."라고 말했습니다. 그러더니 제가 부탁하지도 않았는데 그가 임대료를 내려주겠다고 하더군요. 저는 좀 더 깎아줬으면 하는 마음에 제가 지불할 수 있는 정확한 금액을 말했고, 그는 아무 말도 하지 않고 제 말을 받아들였습니다. 그는 자리를 떠나면서 저를 한번 돌아보고는 이렇게 물었습니다.

"집을 꾸미는 데 제가 뭘 도와드리면 될까요?"

만일 내가 다른 임차인들의 방식으로 집세를 깎으려고 했다면 분명 저 역시 그 사람들처럼 실패했겠지요. 내가 성공한 건 우호적으로 공감하며 칭찬하는 방식 때문이었습니다.

그럼 이번에는 다른 사례로 여성과 관련된 것을 살펴보자. 사교계의 유명 인사로 롱아일랜드 해변에 있는 가든 시티에 사는 도로시 데이 부인의 경우다.

며칠 전에 나는 몇 사람을 초대해 조촐한 오찬회를 가졌습니다. 나한테는 모두가 귀한 손님이었으므로 접대에 소홀함이 없도록 세심한 주의를 했습니다. 나는 이런 파티를 열 때면 으레 에밀이라는 솜씨 좋은 수석 웨이터에게 모든 일을 맡기곤 했는데, 그 모임에서 저를 실망시켰고 오찬은 실패하고 말았습니다. 에밀은 어디서도 모습을 드러내지 않았습니다. 대신 그는 우리를 담당할 웨이터 한 사람만 보냈습니다. 그 웨이터는 1등급 서비스가 뭔지 전혀 모르는 사람이었습니다. 주빈에게 음식을 나중에 갖다 드리는가 하면 큰 접시에 조그마한 샐러드를 덜렁 내놓기도 했습니다. 고기는 질기고 감자는 기름 범벅이며 음식이 엉망이었습니다. 나는 화가 치밀어서 견딜 수 없었습니다. 그것을 꾹 참고 웃는 얼굴을 보여주는 일의 괴로

움은 고문이나 마찬가지였습니다. 다음에 에밀을 만나면 단단히 따지겠다고 속으로 별렀습니다.

이 일이 벌어진 건 수요일인데, 그다음 날 저녁 인간관계에 대한 강의를 듣게 되었습니다. 강의를 들으면서 에밀을 혼내봤자 아무런 소용이 없다는 것을 깨달았습니다. 그를 화나게 하고 반감만 가지게 할 뿐이니까요. 그러면 또 에밀은 앞으로는 저를 돕고 싶은 생각이 달아나버릴 테고요. 그래서 나는 에밀의 입장에서 한번 생각해보았습니다. '요리의 재료를 사온 것도, 그것을 조리한 것도 에밀이 아닐 거야. 그의 부하 중에는 좀 시원치 않은 사람도 있기 십상이지. 내가 화를 내는 게 너무 엄한 건 아닌가, 너무 성급한 건 아닌가.'라는 생각이 들었습니다. 그래서 질책하는 대신 우호적인 방식으로 시작해야겠다고 마음먹었죠. 즉, 그를 칭찬하는 걸로 시작하겠다고 마음먹은 거죠. 이런 접근 시도는 멋지게 들어맞았습니다.

그다음 날 에밀을 만났는데 그는 자신을 방어하려는 기세였습니다. 제가 먼저 말했습니다.

"에밀, 제가 손님 접대를 할 때 당신이 뒤에 있다는 사실은 제게 큰 힘이 돼요. 당신은 뉴욕 최고의 급사장이잖아요. 물론 저는 당신이 식재료를 사거나 요리하지 않았다는 것을 잘 알고 있어요. 당신도 수요일에 일어난 일에 대해선 어쩔 수 없었겠죠."

그러자 에밀의 얼굴에 드리워진 먹구름이 사라지고 웃으며 이렇게 말했습니다.

"부인, 사실 그건 부엌에서 초래된 일입니다. 제 잘못이 아닙니다."

그래서 제가 말을 계속 이었습니다.

"제가 다른 모임을 계획하고 있어서 말인데요. 에밀, 당신 조언을 좀 듣고 싶어요. 다음번에는 부엌 사정이 한결 나아질 것 같나요?"

"물론입니다, 부인. 그런 일은 두 번 다시 없을 겁니다."

그다음 주에 저는 다시 오찬 모임을 열었습니다. 에밀과 상의해서 메뉴를 정했죠. 저는 그에게 주는 팁을 절반으로 깎는 것으로 끝내고, 전에 지지른 실수에 관한 이야기는 한마디도 꺼내지 않았습니다. 저희가 도착했을 때 식탁은 수십 송이의 붉은 장미로 장식되어 있었습니다. 그리고 에밀이 항상 옆에서 시중을 들었습니다. 메리 여왕을 모시는 자리라 할지라도 더 잘할 수 없을 정도로 에밀은 이번 모임에 신경을 써주었습니다. 음식도 너무 맛있었고 또 식기 전에 나왔습니다. 완벽한 서비스였습니다. 메인 요리 위에 마지막으로 달콤한 민트를 뿌릴 때는 에밀이 직접 시중을 들었습니다.

모임을 마치고 떠나면서 그날의 주빈이 제게 묻더군요.

"저 수석 웨이터에게 마법이라도 거셨나요? 이렇게 훌륭한 서비스와 이런 정성은 여태 본 적이 없네요."

그 말은 사실이었습니다. 우호적인 접근과 진정한 감사가 그러한 요술을 부렸던 것입니다.


내가 미주리주 서북부에서 맨발로 숲을 가로질러 시골 학교를 다니던 어린 시절 일이다. 어느 날 나는 태양과 바람에 관한 우화를 읽었다. 그들은 누구 힘이 더 센지 겨루고 있었다. 바람은 이렇게 얘기했다.

"내가 더 세다는 것을 보여주지. 저기 외투를 걸치고 걸어가는 나이든 나그네 보이지? 나는 너보다 그 외투를 빨리 벗길 자신이 있어."

그리하여 태양은 구름 뒤에 숨고 바람은 돌풍을 일으킬 정도로 불어

댔다. 바람이 강해질수록 노인은 외투를 꼭 끌어안았다. 마침내 바람이 포기하고는 잠잠해졌다. 이번에는 태양이 구름 뒤에서 모습을 드러내 노인에게 활짝 웃어 보였다. 곧바로 노인은 이마에 맺힌 땀을 닦고 코트를 벗었다. 태양은 바람에게 "온화함과 친절함은 분노와 힘보다 강하다."고 말했다.

아주 멀리 떨어져서 살아생전엔 가볼 수 있으리라고 감히 꿈도 꾸지 못한 교육과 문화의 역사적 중심지 보스턴에서는, 어린 시절에 읽었던 우화 속에 담긴 진리가 입증되고 있었다. 이 우화 속 진리는 의사인 B. 박사가 보스턴에서 증명했고, 그 일이 있고 30년 후 나의 수강생이 되어 우리에게 그 일화를 들려주었다.

당시 보스턴의 신문사들은 허위 의학 광고로 떠들썩했다. 예를 들면, 낙태 전문가나 남성 질환을 치료한다는 돌팔이 의사들의 광고였다. 사실 그들은 '남성성의 상징'이라는 말로 순진한 환자들에게 겁을 주고 속이는 끔찍한 상황을 만들고 있었다. 그들의 치료라는 게 사실은 피해자들에게 끊임없이 겁을 주는 것일 뿐 실제 치료는 전혀 없었다. 낙태 전문가들에 의한 사망 사고도 끊이지 않았는데, 처벌되는 경우는 많지 않았다. 약간의 벌금을 물거나 정치적 영향력을 행사해 풀려나는 게 대부분이었다.

상황이 너무 악화되자 보스턴의 양식 있는 사람들이 분노를 참지 못하고 분연히 일어섰다. 성직자들은 설교를 통해 신문의 광고 행태를 비난하고, 이런 광고가 더 이상 실리지 않도록 하느님께 기도했다. 시민 단체, 기업, 여성 단체, 교회, 청년 단체가 신문에 대해 강한 비판을 가했지만 모든 것이 허사였다. 의회에서도 이 몰상식한 광고가 불법임을 명시하는 법안을 통과시키고자 논쟁을 벌였지만 뇌물과 정치적 압력으로 다 어물어물 묵살되고 말았다. 당시 B. 박사는 보스턴 열성 기독인 모임의 모범시민위원회 위원장이었다. 그 위원회에서도 할 수 있는 것은 다 했다. 하지만 모두 실패했다. 의료 관련 범죄를 상대로 하는 싸움에 희망은 보이지 않았다.

그러던 어느 날 자정이 지난 시각, B 박사는 보스턴 시민들이 여태껏 생각해보지도 못한 것을 시도하고 있었다. 그는 친절, 공감, 찬사를 보내 신문 편집장이 광고를 내고 싶지 않도록 만들려고 한 것이었다. 그는 〈보스턴 헤럴드〉지의 편집장에게 편지를 보내 그 신문을 마음으로부터 칭찬했다. 기사 소재가 명료하고 선정적이지 않으며 특히 사설란이 훌륭해 늘 구독하고 있고, 가족들이 다 같이 읽을 수 있는 정말 훌륭한 신문이라고도 했다. B 박사는 자신이 보기에 〈보스턴 헤럴드〉지는 뉴잉글랜드주에서 가장 좋은 신문일 뿐 아니라, 미국 전체로 보더라도 일류에 속하는 신문임에 틀림없다고 단언했다. 그는 계속해서 이렇게 썼다.

"그런데 어린 딸이 있는 제 친구가 이런 말을 하더군요. 어느 날 밤 자기 딸이 신문에 실린 낙태 전문가의 광고를 읽더니 무슨 뜻이냐고 묻더랍니다. 솔직히 제 친구는 당황해서 무슨 말을 해야 할지 모르겠더랍니다. 〈보스턴 헤럴드〉지는 보스턴의 상류 가정에는 다 배달되는데, 제 친구 집에서 이런 일이 있었다면 그 집 말고도 수많은 집에서 이런 일이 일어나고 있다고 봐야 하지 않을까요. 선생님에게도 딸이 있다면 이런 광고를 보게 두실 건가요? 딸아이가 이 광고를 읽고 내용에 대해 물어온다면 어떻게 설명하시겠습니까? 〈보스턴 헤럴드〉 같은 멋진 신문이, 모든 면에서 거의 완벽한 신문이 이런 오점 때문에 몇몇 아빠의 경우 딸이 신문을 들고 오는 것조차 무서워하게 되다니 정말 유감입니다. 수천의 독자가 저처럼 생각하지 않을까요?"

이틀 후 〈보스턴 헤럴드〉의 편집장이 B 박사에게 답장을 보냈다. B 박사는 그 답장을 서류함에 넣어 30년간 보관했고, 수업시간에 나에게 주었다. 지금 집필 중인 내 앞에 그 답장이 있다. 날짜는 10월 13일로 적혀 있다.

 B 박사님께

이번 달 11일에 신문사 편집장 앞으로 보내주신 편지에 대해 진심으로 감사하다는 말씀을 드리지 않을 수 없습니다. 그 편지가 제가 편집장이 된 이래 지속적으로 고민해오던 조치를 취하는 데 결정적인 역할을 했기 때문입니다. 이번 월요일부터 〈보스턴 헤럴드〉지는 가능한 한 모든 혐오스런 내용이 들어간 광고를 추방하기로 결정했습니다. 허위 의료 광고나 낙태용 세척기 광고, 혹은 이와 비슷한 광고는 모두 삭제될 것입니다. 또한 부득이 게재해야 할 의료 광고에 대해서는 절대로 불미스러운 점이 없도록 주의를 기울여 편집하겠습니다. 이런 점에서 도움을 주신 박사님과 보내주신 편지에 진심으로 감사드리며 이만 줄이겠습니다.

　　W. E. 하스켈 편집장 올림


수많은 우화를 지어낸 이솝은 그리스 크로이소스 궁전에서 노예로 생활했다. 그가 쓴 불후의 명작 〈이솝 이야기〉가 주는 교훈은 2천5백 년 전의 아테네에서나 현대의 보스턴에서나 똑같이 진리인 것이다. 태양은 북풍보다 더 빨리 노인의 코트를 벗길 수 있었다. 친절과 우호적 접근, 그리고 칭찬은 세상 어떤 비난과 질책보다도 쉽게 사람들의 마음을 바꾸어놓을 수 있다. 링컨의 말을 명심하자.

"꿀 한 방울이 한 통의 쓸개즙보다 더 많은 파리를 잡는다."

그러므로 다른 사람을 설득하고 싶다면, 다음 방법과 같이 해보라!

## 상대방을 설득하는 방법 4

우호적인 태도에서 출발하라.

*Begin in a friendly way.*

# 5

# 소크라테스의
# 비밀

### 사람과 이야기를 할 때

처음부터 서로 의견을 달리하는 문제를 화제로 삼아서는 안 된다. 쌍방
의 의견이 일치하는 문제부터 시작해 그것을 부단히 강조하면서 이야
기를 진행시켜나가야 한다. 서로 동일한 목적을 향해 노력하고 있다는
점을 상대방이 이해하도록 노력하며, 의견 차이는 단지 방법에 관한 것
뿐이라는 점을 역설해야 하는 것이다. 또한 상대방이 처음에 "네."라고
말하도록 대화를 이끌어라. 가능하다면 그 상대가 "아니오."라고 말하
지 않게 하라.

오버스트리트 교수는 자신의 책《인간행동에 영향을 미치는 법》에
서 이런 이야기를 하고 있다.

"아니오."라는 반응은 가장 극복하기 어려운 장애물이다. 누구든 일단 "아니오."라고 말하고 나면 자신의 모든 자존심이 일관성을 지키도록 요구하게 된다. 후에 자신의 "아니오."라는 대답이 옳지 못한 행동이었다고 느끼더라도 자존심 때문에 계속해서 그 입장을 고수하게 된다. 그러므로 상대방이 긍정적인 방향으로 시작하게 하는 것이 가장 중요하다.

말을 잘하는 사람은 처음에 "네."라는 대답을 몇 번 이끌어낸다. 그럼으로써 듣는 사람의 심리가 긍정적인 방향으로 순환하도록 만든다. 그것은 마치 당구공의 움직임과 같다. 당구공을 한 방향으로 나아가게 친 뒤 공을 다른 방향으로 보내려면 힘이 든다. 반대 방향으로 공을 보내는 것은 더욱 힘들다.

이와 관련한 심리적 패턴은 아주 분명하다. 누군가 "아니오."라고 대답하고 실제 의미가 그러했다면 그는 단 세 글자를 말하는 것보다 훨씬 많은 일을 한 것이다. 그의 모든 신체 기관인 편도선, 신경, 근육이 똘똘 뭉쳐 거부 상태를 이룬다. 그래서 어떤 때는 육안으로 보이기도 하지만, 대체로 보이지 않는 정도의 아주 작은 신체적인 수축이 일어나거나 수축 준비 상태가 일어나는 경우가 있다. 다시 말해 전체 신경과 근육 체계가 수용을 거부하는 상태가 된다. 그 반대로 "네."라고 대답하면 위축 반응이 나타나지 않는다. 유기체는 전향적이고 수용적이며 개방적인 자세를 취하게 된다. 그러므로 시작하면서 "네."라는 대답을 많이 끌어낼수록 최종적인 제안으로 상대의 관심을 유도하는 데 성공할 가능성이 높아진다.

이 "네." 반응은 굉장히 손쉬운 기술이다. 그러나 우리는 이런 기술들을 얼마나 무시하고 산단 말인가! 사람들은 적대적인 발언을 통해 자신의 존재감을 확인하려는 것처럼 보일 때가 많다. 개혁적인 사람이 보수적인 사람과 토의를 하면 이내 보수적인 사람들을 화나게 하고 만다. 그런데 그럼으로써 실제적으로 얻는 게 무엇인가? 만일 상대를 화나게 하는 것 자체가 즐거움이라면 그럴 수도 있다고 하겠다. 하지만 상대를 설득하고자 했다면 그는 심리적으로 무지하다는 것을 드러내고 있을 뿐이다.

학생이나 고객, 어린이, 남편, 아내에게 처음부터 "아니오."라고 말하게 한 뒤 부정을 긍정으로 바꾸기 위해서는 천사의 지혜와 인내가 필요할 것이다.

제임스 애버슨 씨는 뉴욕시에 있는 그리니치 저축은행에서 일하는데, 한번은 이 "네." 기술을 사용해 놓칠 수도 있었던 잠재 고객을 잡았다. 그의 이야기를 들어보자.

고객 한 분이 계좌를 개설하기 위해 은행에 오셨습니다. 그래서 저희가 일반적으로 사용하는 양식을 주고 내용을 채워달라고 했습니다. 그는 몇 가지 질문에는 정확히 대답했지만 다른 질문에는 완강히 대답을 거부했습니다. 제가 인간관계 수업을 배우기 전이라면 저는 그분께 고객이 정보를 제공하지 않을 경우 저희 은행에서는 계좌를 개설해드리지 않는다고 말했을 겁니다. 부끄럽게도 예전에는 그런 식으로 처리했습니다. 그렇게 최후통첩을 하고 나면 기분은 한결 좋아졌습니다. 은행에 오면 은행의 규칙을 따라야지, 은행의 규칙이나 규정을 함부로 할 수 없다는 것을 보여준 것이니까요. 하지만 이런 식의 태도는 고객이 되기 위해 저희 은행을 찾아온 사람에게 환영받는다거나 존중받는다고 느끼게 하지는 못했을 것이 분명하죠.

저는 그날 아침에 양식 있게 행동하기로 했습니다. 저는 은행에서 원하는 것에 대해 말하지 않고, 고객이 원하는 것에 대해 말하기로 했습니다. 그리고 무엇보다 처음부터 고객이 "네."라는 대답을 하게 만들기로 했습니다. 저는 그분의 말에 동의했습니다. 그리고 그가 거부한 답변은 사실 절대적으로 필요한 정보는 아니라고 말한 다음 이렇게 덧붙였습니다.

"만약 손님이 사망하셨을 경우 저희 은행에 예치된 손님 예금이 있다면 법적 절차에 따라 다음 상속자에게 예금이 전달되어야 하지 않나요?"

그러자 그는 "네, 그렇습니다."라고 답했습니다. 제가 계속해서 "손님이 사망하셨을 경우 저희가 손님이 바라시는 대로 지체 없이 정확하게 이행하기 위해서는 가장 가까운 친척의 이름을 알려주시는 게 좋지 않을까요?"라고 하자 그가 다시 "네."라고 대답했습니다.

은행을 위해서가 아니라 자신을 위해서 정보를 요구한다는 사실을 알고는 태도가 부드러워졌습니다. 은행에서 나가기 전 그는 자신에 대한 모든 정보를 제공해줬을 뿐만 아니라 제 권유로 어머니를 수혜자로 하는 신탁 계좌를 개설했습니다. 그리고 어머니에 관한 정보도 모두 기꺼이 알려주었습니다.

처음에 "네."라는 대답을 이끌어내고 나니까 그가 문제 삼던 일은 모두 잊고 제가 권유하는 것은 무엇이든 기꺼이 하려 한다는 것을 알게 되었습니다.

이번에는 웨스팅하우스의 세일즈맨인 조셉 앨리슨 씨 이야기를 들어보자.

🖋 제 담당 구역에는 우리 회사가 꼭 거래하고 싶어 하는 고객이 있었습니다. 전임자가 10년간 그 고객을 상대로 온갖 노력을 다했지만 아무것도 판매하지 못했습니다. 저 역시 그 고객을 열심히 쫓아다녔지만 3년간 아무런 주문도 따내지 못했습니다. 전화하고 방문한 지 13년이 되어서야 우리 회사는 마침내 그에게 모터 몇 대를 팔았습니다. 저는 그 모터들이 괜찮다는 사실이 입증되면 수백 대를 더 팔 수 있을 것이라고 확신했습니다.

저는 우리 회사 모터의 성능에 대해 자신감이 있었습니다. 그래서 3주 후에 기세 좋게 그를 찾아갔습니다. 그러나 그 기세는 오래가지 못했습니다. 엔지니어 담당자를 만난 저는 충격적인 말을 들었습니다.

"엘리슨 씨, 아무래도 당신 회사 모터를 더 구매하긴 힘들 것 같네요."

"아니 왜요?"

제가 놀라서 되물었습니다.

"당신네 회사 모터는 너무 뜨거워요. 도저히 만질 수가 없습니다."

저는 오랜 경험으로 논쟁을 해봐야 좋을 게 없다는 것을 알고 있었습니다. 그래서 "네." 반응을 이끌어내야겠다고 생각했습니다.

"스미스 씨, 저도 당신 말에 100퍼센트 동의합니다. 만약 모터가 너무 뜨거워진다면 그런 제품은 더 이상 구매해서는 안 됩니다. 당신은 전기제조협회의 규정에 명시된 표준치보다 더 뜨거워지는 제품을 구매해서는 안 됩니다. 그렇지 않습니까?"

그는 그렇다고 대답했습니다. 이렇게 첫 번째 "네."를 얻어냈습니다. 그러고 난 뒤 저는 "전국 전기제조협회 규정에 따르면 정격 모터는 실내 온도보다 40도 이상 뜨거워지면 안 된다고 되어 있죠?"라고 물었습니다. 그는 "맞습니다. 그런데 당신네 모터는 그보다 훨씬 뜨거워요."라고 대답했습니다.

저는 그의 말에 대꾸하지 않고 "공장 실내 온도가 어떻게 되죠?"라고 물었습니다. "아마 24도 정도일 겁니다."라고 그가 대답했습니다. 그래서 "만일 공장 실내 온도가 24도인데 그보다 40도 높다면 64도가 됩니다. 64도나 되는 뜨거운 물이 나오는 수도꼭지 아래 손을 갖다 대면 화상을 입지 않을까요?"라고 묻자, 그는 다시 그렇다고 대답했습니다. "그렇다면 모터에 손이 닿지 않도록 조심하는 것이 낫지 않을까요?"라고 하자 그는 "그래요. 당신 말이 맞네요."라며 제 말을 받아들이더군요. 대화를 조금 더 나누다가 그가 비서를 부르더니 다음 달에 약 3만 5천 달러에 해당하는 물량의 상품을 주문하도록 지시하더군요.

논쟁을 하면 결국 손해지요. 상대방의 입장에서 사물을 생각하는 것이 논쟁을 하는 것보다 더 재미있으며 또 비교할 수도 없을 만큼 이익이 옵니다. 생각해보면 나는 오랜 세월 동안 논쟁으로 막대한 손해를 보아온 셈이지요.


'아테네의 성가신' 소크라테스는 맨발로 다니고 나이 사십에 대머리가 되고 나서야 열아홉 살 소녀와 결혼을 했지만, 청년처럼 원기 왕성하게 자신의 능력을 발휘했다. 그는 인류 역사상 오직 몇 명밖에 이루지 못한 일, 즉 인간의 사고방식을 통째로 바꾸는 일을 해냈다. 그리고 그가 죽고 2천3백 년이 지난 지금도 이 세상에 영향을 끼친 현명한 설득자 중 한 사람으로 존경받고 있다.

그의 방법은 무엇이었을까? 그는 사람들에게 그들이 틀렸다고 말했을까? 아니다. 소크라테스는 그러지 않았다. 그는 노련했다. 오늘날 '소크라테스의 문답법'이라고 불리는 그의 방식은 "네." 반응을 유도하는 데 바탕을 두고 있다. 그는 상대에게 동의하지 않을 수 없는 질문을 던졌다. 그는 상대의 동의가 충분히 쌓일 때까지 동의를 얻는 질문을 하나씩 해나갔다. 상대가 깨닫지 못하는 사이, 조금 전까지만 하더라도 극구 반대하던 결론에 도달할 때까지 계속해서 질문을 했다.

상대에게 "당신이 틀렸다."고 말하고 싶어 좀이 쑤실 때가 오면 맨발의 나이 든 소크라테스를 떠올려라. 그리고 상대에게 부드러운 질문, 즉 상대가 "네, 네." 하고 대답할 수밖에 없는 질문을 던져라.

중국에는 변치 않는 오랜 지혜를 간직한 속담이 있다. "사뿐히 걷는 사람이 멀리 간다."라는 말이다. 지혜로운 중국인들은 인간 본성 연구에 5천 년의 시간을 들였고, 수많은 통찰력을 얻었다.

그러므로 다른 사람을 설득하고 싶다면, 다음 방법과 같이 해보라!

## 상대방을 설득하는 방법 5
상대가 선뜻 "네, 네."라고 대답할 수 있게 이끌어라.
*Get the other person saying "yes, yes" immediately.*

**6**

*How to Win Friends & Influence People*

# 불만을 해소하는
# 안전밸브

상대방을 설득하려고 할 때
혼자만 말하는 경우가 많다. 특히 세일즈맨들 중에 이런 치명적 실수를
저지르는 사람이 많다. 상대방이 말을 하게 만들어라. 그는 자신이 하
고 있는 일이나 문제에 대해 당신이 아는 것보다 훨씬 더 많은 것을 알
고 있다. 그러니까 그에게 질문을 던져 당신에게 많은 것을 말하게 유
도해라.

여러분이 상대의 이야기에 동의하지 않는다면 중간에 반론을 제기
하고 싶은 유혹을 느낄 것이다. 하지만 그러면 안 된다. 그건 위험하다.
상대가 밖으로 표현해달라고 아우성치는 많은 생각을 마음에 담고 있
는 한, 여러분에게 조금도 관심을 기울이지 않을 것이다. 그러니 마음
을 열고 참을성 있게 들어라. 진지한 태도로 경청해라. 상대방이 자신

195

의 많은 생각을 이야기하도록 유도해라.

이런 방법이 사업에도 적용될까? 어쩔 수 없이 그렇게 할 수밖에 없었던 사람의 이야기를 들어보면서 한번 살펴보자.

몇 년 전 미국의 최대 자동차 회사에서 자동차 시트용 직물 구매 협상이 진행되고 있었다. 세 곳의 이름 있는 회사가 직물 견본을 제출했다. 자동차 회사의 중역들은 견본을 면밀히 검토한 뒤 각 후보 업체에 계약을 위한 마지막 발표 기회를 줄 테니 발표자를 회사로 보내라는 연락을 했다. 이 가운데 한 후보 업체의 발표를 맡은 R 씨는 심한 후두염을 앓고 있는 상태로 그곳에 도착했다. 그때의 일을 R 씨는 이렇게 얘기했다.

제가 중역들 앞에서 발표할 차례가 되었을 때, 제 목소리는 후두염으로 완전히 못쓰게 되어 있었습니다. 속삭이지도 못할 정도였습니다. 방에 들어가니 직물 담당 엔지니어, 구매 담당자, 판매 담당자 그리고 회사 사장님의 얼굴이 보였습니다. 저는 허리를 펴고 일어서서 말을 하려고 애써보았지만 끅끅거리는 소리밖에 나오지 않았습니다. 저는 종이에 "여러분, 제가 목소리가 나오지 않아 말을 할 수가 없습니다."라고 써서 원탁 주변에 앉아 있는 사람들에게 보여주었습니다.

"그럼 제가 대신 말씀드리죠."

그 회사 사장님이 저 대신 발표를 시작했습니다. 그는 견본품을 꺼내 보여주고 그 직물의 장점을 설명했습니다. 우리 제품의 장단점에 대한 토론이 활발하게 이루어졌습니다. 그리고 그 사장님은 제 역할을 맡아주었기 때문에 토의가 이뤄지는 동안에도 제 편을 들어주었습니다. 내가 할 수 있는 일이라고는 입가에 미소를 띠고, 고개를 끄덕이면서, 가끔씩 몸짓으로 의사를 표현하는 정도뿐이었지요.

이 세상에 둘도 없는 진기한 회의 덕택에 저희 회사가 계약을 따냈습니다. 50만 야드 이상의 시트용 직물이어서 계약금만 1백60만 달러에 달했습니다. 지금까지 제가 따낸 가장 규모가 큰 계약이었습니다. 제가 목소리를 잃지 않았더라면 오히려 계약을 따내지 못했을 것입니다. 저는 그 건에 대해 잘못 알고 있었기 때문입니다. 아주 우연한 계기로 저는 다른 사람이 말하게 하는 것이 때로는 큰 이득이 된다는 것을 알았습니다.


필라델피아 전기회사의 조셉 S. 웹 씨도 이와 똑같은 발견을 했다. 웹 씨가 부유한 네덜란드 농부들이 사는 펜실베이니아 지역을 시찰하던 때의 일이다.

"왜 저 사람들은 전기를 쓰지 않죠?"

깨끗하게 손질된 농가 앞을 지나면서 웹 씨가 지역 담당자에게 물었다.

"구두쇠라서 그렇습니다. 어떤 것도 사려 하지 않습니다."

지역 담당자는 신물 난다는 투로 대답했다.

"더군다나 저 사람들은 회사 입장에서는 골치 아픈 존재들이죠. 저도 시도해봤지만 전혀 가망이 없었습니다."

정말 그럴 수도 있었다. 하지만 웹 씨는 한번 시도해봐야겠다고 결심하고 한 농가의 문을 두드렸다. 문이 아주 조금 열리더니 나이가 지긋한 부인이 밖을 내다보았다. 그 다음은 웹 씨의 이야기를 직접 들어보자.

내가 전기회사 직원이라는 것을 알자마자 문을 찰칵 닫아버리더군요. 나는 또 한 번 노크를 했습니다. 그러자 그 부인이 다시 문을 열더니, 이번에는 자기가 우리 회사에 대해서 어떻게 생각하고 있는지를 털어놓더군요. 우리 회사를 날강도라고 표현했지요.

"드러켄브로드 부인, 부인을 괴롭혀서 대단히 미안하게 생각합니다. 그러나 오늘은 전기를 팔자는 것이 아니고 달걀을 좀 사려고 온 것입니다." 이렇게 말하자 그 부인은 문을 조금 더 열고는 못 믿겠다는 듯한 표정으로 우리를 바라보았습니다.

"훌륭한 도미니크종을 기르는 것을 보았는데, 신선한 달걀 열두 개만 샀으면 합니다."

내가 이렇게 말하자 문이 조금 열리더니 궁금한 듯 "우리 집 암탉들이 도미니크종이란 것을 어떻게 아셨죠?"라고 묻더군요. 저는 "실은 나도 닭을 키우고 있는데, 댁의 닭보다 더 훌륭한 도미니크종은 일찍이 본 적이 없습니다." 하고 대답했습니다.

"그럼 왜 집에서 낳는 달걀은 쓰시지 않나요?" 부인은 이렇게 물으면서 아직도 의심이 풀리지 않는 표정이었습니다.

"우리 집 닭은 레그혼종이어서 흰 달걀만 낳는데, 부인께서도 손수 요리를 하시니까 잘 아시겠지만, 과자를 만드는 데는 노란 달걀을 따라갈 수가 없거든요. 더군다나 제 집사람이 케이크를 잘 만든다고 자부하는 편이라서요."

이런 말들이 오고갈 때쯤 되자 그 부인은 현저하게 부드러운 태도로 현관까지 나와 있었습니다. 그러는 사이 나는 주변을 살피고 있었고, 농장에 굉장히 좋은 농장 설비가 갖춰져 있는 것을 발견했습니다. 나는 계속 말을 이어나갔습니다.

"사실 바깥주인께서 기르는 암소보다 부인의 양계 수입이 훨씬 더 클 것 같은데 어떻습니까?"

이 말이 부인의 마음에 쏙 들었습니다. 분명 그랬습니다. 그녀는 내가 한 말을 굉장히 좋아했습니다. 알고 보니 사실이 그런데도 구두쇠 남편이 좀처럼 이 사실을 인정하려 들지 않는다는 것이었습니다.

부인이 우리를 양계장으로 안내해 구경을 시켜주더군요. 둘러보는 중에 부인이 직접 고안한 여러 가지 작은 시설들을 발견하고 그것을 '진심으로 인정해주고 아낌없이 칭찬'했습니다. 좋은 사료와 사육 온도에 대해서도 조언을 했습니다. 내가 알고 싶은 것 몇 가지를 부인에게 물어보기도 하고요. 이렇게 우리들은 서로의 경험을 교환하는 유익한 시간을 갖게 되었던 것입니다. 그러다가 부인이 양계장에 전등을 가설한 이웃들 중 더 많은 수확을 얻는 사람이 있는데, 자신도 이 방법을 쓰면 과연 그런 성과를 낼 수 있겠는지 나의 솔직한 의견을 말해달라고 부탁하더군요.

두 주일이 지난 뒤, 드러켄브로드 부인의 도미니크종 암탉들은 휘황찬란한 전등 불빛 아래서 꼬꼬댁거리며 활개를 치게 되었습니다. 물론 그 전에 전기를 설치하라는 주문을 받았고, 그 후 부인은 더 많은 달걀을 수확하게 되었습니다. 모두가 만족스런 이득을 보게 된 것입니다.

나의 이야기의 요점은 내가 그 부인에게 먼저 자기의 이야기를 털어놓도록 만들지 않았더라면, 나는 결코 네덜란드 출신 농부네 집에 전기를 팔 수 없었을 것이라는 점입니다. 그런 사람들에게는 뭐든 팔기가 어렵기 때문입니다. 그들이 스스로 사도록 만들어야 합니다.

〈뉴욕 헤럴드 트리븐〉지의 금융 면에 뛰어난 능력과 오랜 경험을 가진 사람을 구한다는 큼직한 광고가 실린 적이 있다. 그 광고를 본 찰스 T. 큐벨리스 씨는 해당 회사 사서함으로 이력서를 보냈다. 며칠 후 그는 면접을 보자는 서신 통고를 받았다. 그는 출두하기에 앞서 월가를 돌아다니며, 광고를 낸 회사의 창립자에 관한 일들을 샅샅이 알아두었다. 그리고 면접이 진행되는 도중 이런 말을 꺼냈다.

"이 회사처럼 엄청난 성과를 거둔 기업의 일원이 된다면 그 이상 자랑스러운 일이 없을 것으로 생각합니다. 사장님께서는 28년 전에 한 개의 사무실과 한 사람의 속기사만을 가지고 출발하셨다는 이야기를 알고 있습니다. 그렇지 않습니까?"

성공한 사람이란 누구나 지난날 힘들고 고생한 시절을 더듬어보고 싶어 하는 법이다. 이 사장도 예외는 아니었다. 그는 자신이 현금 4백 50달러와 기발한 아이디어만 가지고 어떻게 사업의 첫발을 내디뎠는지를 장황하게 이야기했다. 자신이 어떻게 좌절을 극복하고 남의 조소를 견뎌냈는지에 대한 이야기, 일요일과 공휴일은 물론 하루에 12시간 내지 16시간을 일해가며 모든 역경을 이겨낸 이야기, 현재는 월가의 거물급 인사들이 정보와 조언을 구하러 자기를 찾아온다는 이야기까지 늘어놓았다. 그는 그런 역사가 자랑스러웠다. 그는 자랑할 만했고 또 자랑을 늘어놓으며 기분이 좋아졌다. 마지막으로 그는 큐벨리스 씨 경력을 간단히 물어보고는 부사장을 불러 이렇게 말했다.

"이 사람이 바로 우리가 구하고 있던 사람이라고 생각하네."

큐벨리스 씨는 지원한 회사 사장의 업적에 관해 조사하는 노력을 했고, 상대와 상대 문제에 대해 관심을 보였다. 그는 또한 다른 사람이 대부분을 이야기할 수 있게끔 기분을 돋우어줌으로써 좋은 인상을 주었던 것이다.

실제로 우리의 친구들은 우리의 자랑거리에 귀를 기울이는 것보다는 그들의 업적에 대해 늘어놓고 싶어 한다.

프랑스의 철학자 라 로슈푸코는 이렇게 말한 적이 있다.

"적을 만들려면 친구에게 이겨라. 벗을 만들려면 친구가 이기게 하라."

왜 이 말이 진실일까? 그 이유는 친구가 우리보다 뛰어나면 그들은 우월감을 갖게 되지만, 그와 반대로 우리들이 그들보다 뛰어나면 그들에게 열등감을 주어 시기와 질투심을 일으키게 하기 때문이다.

독일 속담 중에 이런 말이 있다.

"가장 진실한 즐거움이란 우리가 시기하던 사람의 불행을 통해 맛보는 악의에 찬 즐거움이다."

이것을 다른 말로 표현하면, 진정한 즐거움이란 다른 사람의 고난을 통해 맛보는 즐거움이라는 것이다. 당신 친구 중에도 당신의 성공보다 당신의 고난에 더 큰 만족을 느끼는 사람이 있을지도 모를 일이다. 그렇기 때문에 자신의 업적은 최소로 드러내야 한다. 겸손해야 한다. 이 말은 언제나 유용하다.

어빈 코브는 이런 면에서 탁월했다. 한번은 법정에 증인으로 나선 코브에게 변호사가 "코브 씨, 나는 선생이 미국에서 가장 유명한 작가 중 한 사람이라고 알고 있는데요, 틀림없습니까?"라고 물었다. 그러자 코브는 "저는 분에 넘치도록 운이 좋았죠."라고 대답했다.

우리는 겸손 또 겸손해야 한다. 당신이나 나나 대단한 사람이 아니므로 우리는 겸손해야 한다. 우리는 어느 땐가는 죽어 없어질 것이고, 1백 년 후에는 완전히 사람들의 뇌리에서 사라져버릴 것이다. 인생이란 우리들의 하찮은 업적을 자랑하느라 남을 지루하게 만들기에는 너무나 짧다. 대신 상대방이 말하게 하자. 생각해보면, 사실 우리에게 자랑할 만한 것도 별로 없다. 여러분을 바보가 되지 않게 해주는 것이 무엇인지 아는가? 별거 아니다. 여러분의 갑상선 안에 들어 있는 소량의 요오드다. 5센트짜리 동전 하나면 그 정도 요오드는 살 수 있다. 어느 누구건 목에 있는 갑상선에서 약간의 요오드만 제거해내면 바로 백치가 될 것이다. 길거리 어떤 약국에서건 값싸게 살 수 있는 약간의 요오드가 여러분과 정신병원 사이에 있는 전부다. 5센트짜리 요오드. 이것이 무슨 큰 자랑거리가 되겠는가?

그러므로 다른 사람을 설득하고 싶다면, 다음 방법과 같이 해보라!

~~~~~~~~~~~~~~~~~~~~~~~~~~~~~~~~~~~~~~~~~~~~~~~~~~~~~~~~~~~

## 상대방을 설득하는 방법 6
본인보다 상대가 더 많이 얘기하게 하라.
*Let the other man do a great deal of the talking.*

~~~~~~~~~~~~~~~~~~~~~~~~~~~~~~~~~~~~~~~~~~~~~~~~~~~~~~~~~~~

# 협력을
# 얻어내는 방법

여러분은 다른 사람이
은쟁반에 담아 건네준 아이디어보다 여러분이 직접 찾아낸 아이디어
를 더 신뢰하지 않는가? 만약 그렇다면 여러분의 의견을 다른 사람의
목구멍으로 억지로 밀어 넣으려는 것은 잘못된 일이 아닐까? 당신은
단지 몇 가지 제안만 하고, 상대방이 스스로 결론에 도달하게 하는 방
법이 더 현명한 생각 아닐까?

예를 들어보자. 필라델피아에 사는 아돌프 셀츠 씨는 갑자기 의욕이
없고 체계조차 잡히지 않은 자동차 영업사원들에게 열정을 불어넣어
야 하는 상황에 놓였다. 그는 판매 전략 회의를 열어 영업사원들이 자
신에게 정확히 어떤 것을 바라는지 발표하게 했다. 사원들이 얘기하는
동안 그는 그 요구사항들을 칠판에 적어나갔다. 그리고 나서 이렇게 얘

기했다.

"여러분이 제게 바라는 이 모든 조건을 다 들어드리겠습니다. 그러면 이제 제가 여러분에게 기대해도 될 만한 것들을 말씀해주십시오."

그러자 순식간에 대답이 쏟아져 나왔다. 충성, 정직, 솔선수범, 낙관주의, 팀워크, 하루 8시간의 일과 동안 열성적으로 일하기 등이었다. 하루 14시간을 일하겠다는 사람도 있었다. 그 회의는 새로운 용기와 자극을 제공하는 결과를 낳았다. 셀츠 씨는 나에게 판매 실적이 놀라울 정도로 늘었다고 말했다.

"그 사람들은 나하고 일종의 도덕적 거래를 한 셈이지요."

셀츠 씨는 이렇게 말했다.

"이쪽에서 약속을 이행하는 한 그들도 자신들의 약속에 충실하기로 결심했던 것입니다. 그들의 희망사항과 바라는 것을 이야기한 것이 그들에게 절실히 필요했던 활력소였습니다."

타인의 강요로 물건을 사거나 일을 하라는 명령을 좋아하는 사람은 없다. 우리는 자신의 의사로 물건을 사거나 자신의 생각에 따라 행동하는 것을 더 좋아한다. 우리는 우리 자신이 원하고 바라고 생각하는 것에 대해 말하고 싶어 한다.

실제 사례로 유진 웨슨 씨의 경우를 보자. 이런 진리를 깨닫기까지 그가 놓친 수수료 수입만 해도 수만 달러가 넘을 것이다. 웨슨 씨는 스타일리스트와 직물 제조업자에게 스튜디오에서 제작한 디자인 스케치를 판매하는 일을 한다. 웨슨 씨는 3년 동안 매주 한 번씩 뉴욕의 유명 스타일리스트 중 한 사람을 찾아갔다. 웨슨 씨에 따르면 그는 언제나 이런 식이었다고 한다.

"그 사람은 내가 찾아가는 것을 한 번도 거절한 적이 없었으나 그렇다고 내 물건을 산 적도 없습니다. 매번 내가 가지고 간 스케치를 주의 깊게 들여다보고는 '이번 것도 안 되겠습니다. 웨슨 씨, 오늘 보여주신 건 저희와는 잘 어울리지 않는 것 같습니다.'라고 했지요."

이렇게 1백50번의 실패를 거듭한 뒤에야 비로소 웨슨 씨는 자신이 너무 판에 박힌 생각을 하고 있다는 것을 깨달았다. 그래서 일주일에 한 번, 저녁 시간을 이용해 사람 다루는 방법을 배우는 강의를 들으면서 새로운 아이디어도 개발하고 새로운 열정을 불러일으킬 결심을 했다. 이러는 동안 그는 새로운 접근 방법을 시도해보고자 했다. 그래서 미완성 스케치 몇 장을 가지고 그 스타일리스트의 사무실로 찾아가 이렇게 말했다.

"한 가지 부탁드릴 일이 있는데요. 오늘은 아직 완성되지 않은 스케치 몇 장을 가지고 왔는데, 어떤 식으로 마무리해야 당신에게 도움이 될 수 있을지 알려주시면 고맙겠습니다."

그는 이들 스케치를 아무런 말도 없이 얼마 동안 쳐다보더니 이렇게 대답했다.

"이 스케치들은 두고 가시고, 며칠 후에 다시 오십시오."

웨슨 씨는 사흘 후에 다시 찾아가 그의 제안사항을 들은 다음 스케치를 들고 스튜디오로 돌아왔다. 그리고 그의 요구대로 스케치를 완성했다. 결과가 어떻게 되었을까? 모든 스케치가 팔렸다.

이건 9개월 전의 일이다. 그 이후 그는 자신의 아이디어를 바탕으로 한 스케치 수십 장을 구매했고, 거기서 웨슨 씨가 거둔 수수료 수입은 상당한 액수였다.

"내가 그토록 오랜 기간 그에게 하나도 팔지 못한 이유를 알았습니다. 내 입장에서 생각한 것을 그 사람에게 사라고 강요한 셈이었죠. 지금은 정반대의 방법을 씁니다. 나는 그에게 자신의 생각을 알려달라고 요청합니다. 지금 그는 자신이 디자인을 하고 있다고 느끼고 있습니다. 실제로도 그렇습니다. 이제 그에게 물건을 팔 필요가 없습니다. 그가 사고 있으니까요."

시어도어 루스벨트는 뉴욕 주지사로 일하는 동안 대단한 업적을 이룩했다. 그는 정치 지도자들과의 친선을 유지해가면서 한편으로는 그들이 강력히 반대하는 여러 가지 개혁을 성공적으로 이루어냈다. 그때 그가 사용한 방법은 다음과 같다.

🖋 어떤 중요한 직책에 누군가를 임명해야 할 때, 나는 정치 지도자들을 불러 적당한 인물을 추천해달라고 요청했다. 그러면 그들은 먼저 자기 당에서 '신경을 써줘야 할' 별 볼 일 없는 정치꾼들을 제안하곤 했다. 이런 경우 나는 이 사람을 임명하면 여론이 용납하지 않을 것이니 정책상 현명한 처사가 아닌 것 같다고 말했다. 그다음에 그들은 자기 당의 당직자 중 일을 열심히 하는 인물을 거론하는데, 그 인물들은 자신에게 유리하지도 불리하지도 않은 그런 인물이다. 나는 그들에게 이 사람도 역시 여론의 기대에 합당한 사람이 못 된다는 것을 말해주고는 그 직책에 좀 더 적당한 인물을 물색해달라고 부탁했다. 세 번째로 추천된 인물은 이만하면 괜찮은 정도이기는 하나, 그렇다고 완전히 만족스럽지는 못한 경우가 많았다. 나는 감사의 뜻을 표한 다음 한 번 더 찾아보기를 부탁했다. 그들이 네 번째로 추천해서 오는 인물은 과연 받아들일 만

한 적임자였는데, 이쯤 되면 그들은 내가 선임하고 싶어 하는 그런 종류의 인물이었다. 나는 그들의 협조에 감사를 표명하고 그 사람을 임명했다. 그리고 나는 그들에게 이 인재 임명은 모두 그들 덕분이라고 말했다. 그러고는 그들에게 내가 여러분을 기쁘게 했으니 반대로 이제 여러분이 나를 기쁘게 해줄 순서라고 말을 이었다.

실제로 그들은 보답을 했다. 그들은 루스벨트의 개혁 법안인 공무원 법안이나 프랜차이즈 과세 법안을 지지하는 것으로 보답했다. 우리가 기억해야 할 것은 루스벨트가 상대의 의견을 듣기 위해 상당히 많은 양보를 했고, 또 그들의 조언을 존중했다는 점이다. 루스벨트는 정계 지도자들로 하여금 자신들이 후보를 선출했으며, 선출 기준 또한 자신들의 것이었다고 느끼도록 만들었다.

롱아일랜드의 한 자동차 중계업자는 어느 스코틀랜드 부부에게 중고차를 판매하면서 이와 꼭 같은 기술을 사용했다. 그는 스코틀랜드에서 온 고객에게 차를 보여주고 또 보여주었지만 번번이 퇴짜를 맞았다. 이것은 마음에 안 든다, 저것은 기계가 신통치 않다, 값이 비싸다 등의 이유를 댔는데 언제나 너무 비싼 게 문제였다. 내 강좌를 수강하던 그 업자는 강좌 수강생들에게 이럴 때는 어떻게 하는 게 좋겠냐고 도움을 청했다.

우리는 그에게 '샌디(스코틀랜드인을 뜻하는 별명)'에게 차를 팔려고 하지 말고 그가 사도록 만들어야 한다고 말해주었다. 고객에게 어떤 것을 사라고 말하지 말고, 고객이 어떤 것을 사겠다고 말하게 하라는 뜻이었다. 고객이 직접 선택한 것처럼 느끼게 만들어야 하는 것이다.

우리 얘기가 그럴듯하다고 생각한 그 상인은 며칠 후 어느 단골손님이 자기의 중고차를 팔아달라고 의뢰해오자 이 방법을 시험해보았다. 이 중고차가 틀림없이 샌디 마음에 들 것임을 알고 있는 그 상인은 즉시 그에게 전화를 걸어, 잠깐만 시간을 내서 자신에게 조언을 해주면 좋겠다고 부탁했다. 그가 도착하자 그 상인은 이렇게 말했다.

"선생은 물건 사시는 데 빈틈없으실 뿐 아니라 찻값을 매기는 데도 틀림없으시니, 이 차를 한번 검사해보시고 내가 얼마 정도에 거래하면 좋을지 말씀해주시겠습니까?"

샌디는 아주 커다란 웃음을 지어 보였다. 마침내 그의 의견이 존중되고 있고, 그의 능력이 인정되었다는 기쁨의 미소였다. 그는 차를 끌고 나가 자메이카에서 포리스트 힐스까지 퀸스 거리를 한 바퀴 달려보고 돌아와 이렇게 말했다.

"3백 달러면 적당합니다. 그 값이면 잘 흥정이 될 것 같군요."

그러자 상인은 이렇게 말했다.

"내가 그 값으로 이 차를 사면 그 가격에 손님께서 사실 의향이 있으신가요?"

3백 달러? 물론이다. 3백 달러는 그의 의견이었으며, 그의 평가에서 나온 말이다. 따라서 거래는 당장 성립되었다.


어느 엑스레이 제조업자도 이와 동일한 심리를 이용해 브루클린에 있는 가장 큰 병원에 자신의 물건을 팔았다. 그 병원은 신관을 증축하면서 미국에서 가장 좋은 엑스레이 장비를 갖추려 하고 있었다. 엑스레이 파트를 총괄하는 L 박사는 자신의 제품들 자랑을 늘어놓는 영업사원들에 둘러싸여 정신이 없었다.

그러나 한 제조업자만은 이들보다 머리가 좋았다. 그는 다른 사람들보다 사람의 마음을 다루는 방법을 잘 알고 있었다. 그는 다음과 같은 내용의 편지를 썼다.

"우리 회사에서는 최근에 최신형 엑스레이 장비를 제작했습니다. 이 기계의 첫 번째 출하품이 지금 막 저희 사무실에 도착했습니다. 이들은 아직 완전한 것이 못 됩니다. 이 사실을 우리는 알고 있기 때문에 좀 더 개선하려고 노력하고 있습니다. 따라서 박사님께서 시간을 내서 장비를 살펴보시고 개선점을 알려주시면 고맙겠습니다. 박사님께서 바쁘시다는 건 알고 있으므로 편리하신 시간에 차를 보내드리도록 하겠습니다."

L 박사는 그때의 경험담을 이렇게 말했다.

"그 편지를 받고 나는 경탄했습니다. 놀라기도 했지만 기분이 좋았습니다. 이와 같이 내 조언을 기대하는 엑스레이 제작자를 일찍이 본 적이 없었기 때문입니다. 이 편지는 나 자신이 훌륭해진 것처럼 느끼게 만들었습니다. 사실 그 주에 밤마다 약속이 있었습니다. 그러나 그 장비를 보기 위해 저녁 약속 하나를 취소했습니다. 장비를 살펴보면 볼수록 나는 그 장비가 더욱 마음에 들었습니다. 아무도 제게 그 장비를 팔려고 하지 않았습니다. 그렇지만 나 스스로 그 장비를 사서 병원에 설치해야겠다는 생각이 들었습니다. 그래서 장비를 병원에 설치해달라고 했습니다."

에드워드 M. 하우스 대령은 우드로 윌슨 대통령 집권 당시 대내외적으로 대단한 영향력을 발휘한 사람이다. 윌슨 대통령은 그의 각료들보다 하우스 대령과의 비밀스런 토론과 그의 조언에 더 의지했다. 대령은 도대체 무슨 방법으로 대통령을 좌지우지했던 것일까? 다행히 우리는 그 답을 알고 있다. 아서 스미스가 〈더 새터데이 이브닝 포스트〉에 쓴 글에 하우스 대령이 털어놓은 이야기가 들어 있기 때문이다.

"내가 대통령과 알게 된 뒤, 그의 생각을 바꾸게 하는 가장 좋은 방법을 알았다. 그것은 대통령에게 슬쩍 아이디어를 흘려주고 대통령 스스로 거기에 관심을 갖고 심사숙고하게 만드는 것이었다. 나는 우연한 기회에 처음으로 이러한 효과를 발견했다. 어느 날 나는 백악관을 방문해 어떤 정책을 건의했는데, 그는 이것을 마음에 들어 하지 않는 눈치였다. 그러나 며칠 후 저녁 식사 자리에서 나는 깜짝 놀라고 말았다. 내가 건의한 정책을 마치 자신이 생각한 것처럼 말하고 있었다."

여기서 하우스가 말 중간에 끼어들어 "그건 대통령께서 하신 생각이 아니라 제 생각이 아닙니까?"라고 말했을까? 천만의 말씀. 그것은 하우스 대령이 할 행동이 아니다. 그는 노련한 사람이었다. 그는 그런 것으로 인정받고자 하는 사람이 아니었다. 그는 결과를 원했다. 그래서 그는 대통령이 자신의 아이디어라고 생각하도록 놔두었다. 거기서 한 걸음 더 나아가 하우스 대령은 그 아이디어는 대통령이 생각해낸 것이라고 공식화시켰다.

우리가 만나는 사람은 누구나 우드로 윌슨 대통령과 마찬가지로 인간일 수밖에 없음을 잊으면 안 된다. 그러므로 하우스 대령이 사용한 이 기술을 사용하도록 하자.

수년 전 캐나다 뉴브런즈윅에서 숙박업을 하는 한 남성은 이 방법을 써서 나를 그의 단골로 만들었다. 당시 나는 뉴브런즈윅 지방에서 낚시와 카누를 하며 시간을 보낼 계획이었다. 그래서 여행 안내소에 정보 요청을 위한 편지를 보냈다. 그런데 내 이름과 연락처가 어딘가에 공개

된 것이 분명했다. 왜냐하면 그 편지를 보낸 뒤 캠프와 여행 가이드로부터 수십 통의 편지와 책자, 인쇄된 추천서가 쏟아져 들어왔기 때문이다. 너무 정신이 없어 나는 당황하고 말았다. 이때 한 캠프의 소유자가 아주 현명한 방법을 사용했다.

그는 자신의 캠프를 방문했던 뉴욕 사람 몇 명의 이름과 전화번호를 알려주며, 내가 직접 전화를 걸어 그들이 권유하는 것이 무엇인지 들어보고 어떤 서비스를 원하는지 알려달라고 부탁했다. 신기하게도 그 이름 중에는 내가 아는 사람도 있었다. 나는 그에게 전화로 그의 경험담을 듣고 즉시 그 캠프에 내 도착 일자를 전보로 통지했다. 다른 사람들은 자신들의 서비스를 팔기 위해 노력했지만 그 친구만은 내 스스로 사게끔 만들었다. 결국 그만이 성공했다.

2천5백 년 전, 중국의 현인 노자는 오늘날에도 배울 만한 다음과 같은 말을 남겼다.

"강과 바다가 수백 개의 골짜기를 흐르는 물줄기의 복종을 받는 이유는 그것들이 항상 낮은 곳에 있기 때문이다. 따라서 사람들보다 높은 곳에 있기를 바란다면 그들보다 아래 위치하고, 그들보다 앞서기를 바란다면 그들 뒤에 위치하라. 이와 같이 하여 사람들의 뒤에 있을지라도 그의 무게는 느끼지 않게 하며, 그들보다 앞에 있을지라도 그들 마음을 상하게 하지 않느니라."

그러므로 다른 사람을 설득하고 싶다면, 다음 방법과 같이 해보라!

## 상대방을 설득하는 방법 7

# 그 의견이 상대방에게서 나온 것처럼 느끼게 만들어라

*Let the other fellow feel that the idea is his.*

# 8

*How to Win Friends & Influence People*

# 기적의
# 공식

다른 사람의 생각이
완전히 틀릴지도 모른다. 하지만 상대는 자신이 틀렸다고 생각하지 않는다는 점을 기억해야 한다. 그들을 비난하지 마라. 어떤 바보라도 그런 일은 할 수 있다. 그들을 이해하려고 노력해라. 오로지 현명하고 참을성 있고 뛰어난 사람들만이 그렇게 하려고 노력한다.

다른 사람들이 그들의 방식대로 생각하고 행동하는 데는 나름대로 이유가 있다. 그 숨겨진 이유를 찾아내면 그의 행동도 이해할 수 있고, 어쩌면 그 사람의 성격까지 이해할 수 있는 열쇠를 얻게 될 것이다.

진심으로 상대의 입장에서 사물을 보려고 노력해라. 만약 스스로에게 '내가 만약 그의 입장이었다면 어떻게 느끼고 행동했을까?' 하고 묻는다면, 당신은 시간도 아끼고 짜증나는 일도 줄일 수 있을 것이다. '그

원인에 대해서 관심을 갖게 되면 그 결과에 대한 반감이 줄어들기' 때문이다.

케네스 M. 구드는 자신의 저서 《사람을 황금처럼 빛나게 하는 법》에서 다음과 같이 말했다.

"잠시 멈춰 스스로의 문제를 대할 때 갖는 강렬한 관심과 다른 사람들에게 갖는 하찮은 관심을 서로 비교해보십시오. 세상 사람 누구나 다 그러함을 깨달아야 합니다. 그러면 링컨과 루스벨트처럼 당신도 어떤 일을 하건 성공할 수 있는 튼튼한 기반을 갖게 될 것입니다. 즉, 인간관계에서의 성공은 다른 사람의 입장에서 그를 이해하려는 마음에 달려 있다는 사실을 깨닫게 될 것입니다."

몇 년 동안 나는 집 근처 공원에서 걷거나 말을 타면서 기분 전환을 하고 있다. 나는 고대 골 지역에서 살던 드루이드족처럼 떡갈나무를 거의 숭배하다시피 할 정도다. 그래서 매년 수많은 어린 나무들과 관목들이 공연한 화재로 타 죽는 것이 안타까웠다. 이 불은 부주의한 흡연가에 의해 발생하는 것이 아니었다. 주로 자연으로 가겠다고 공원에 와서는 나무 아래에서 소시지나 달걀을 요리해 먹는 아이들에 의해 일어났다. 때로는 이 불이 너무 크게 번져 소방서에서 화재를 진압하기 위해 출동해야 했다.

공원 한쪽 구석에는 불을 낸 사람은 벌금이나 구류형에 처할 수 있다는 표지판이 서 있다. 그러나 그 표지판은 사람들이 잘 가지 않는 외진 곳에 있어 그걸 본 아이들이 거의 없었다. 공원을 관리하는 기마경찰도 있지만 임무에 소홀한지 화재가 일어나지 않은 해가 없었다. 한번은 내가 경찰관에게 급히 뛰어가 공원에 불이 크게 번지고 있으니 소방서에 전화를 하라고 하자 그는 냉담한 태도로 자신의 관할 구역이 아니라는 대답만 했다.

이 말에 기가 막혀버린 나는 말을 타고 공원에 갈 때면 내가 공공 재산 보호위원이 된 것처럼 자처하게 되었다. 처음에는 나 역시 아이들의 입장에서 생각해보려는 시도를 하지 않았다. 나무 아래에서 불길이 피어오르는 것을 보면서 나는 그 자체가 불쾌해서, 그것을 바로잡겠다는 마음에 사로잡혀 잘못된 행동을 했다. 나는 말을 타고 아이들에게 다가가서는 불을 피우면 감옥에 갈 수 있다고 경고하고, 위엄 있는 목소리로 불을 끄라고 명령했다. 그리고 아이들이 말을 듣지 않으면 체포하겠다고 위협까지 했다. 아이들 입장에서 생각하는 일은 전혀 하지 않고 그저 내 감정을 쏟아냈을 뿐이다.

결과는 어떻게 나왔을까? 아이들은 내 말에 따랐다. 마땅치 않은 표정으로 투덜거리며 말이다. 하지만 내가 말을 몰고 언덕을 넘은 후 아마 그들은 다시 불을 피웠을 것이다.

몇 년이 더 지나고, 나는 인간관계에 대해 지식이나 요령, 타인의 입장에서 생각하는 경향이 조금 더 생겼다고 생각한다. 때문에 이제 명령하는 대신 아이들 옆으로 말을 몰고 가 이런 식으로 말을 하게 됐다.

"애들아, 참 재미있어 보이는구나. 저녁 식사로 무엇을 요리하니? 나도 어렸을 때는 불장난을 즐겼지. 지금도 마찬가지지만 말이야. 그러나 이런 공원에서는 대단히 위험하다는 것을 잊어서는 안 돼. 너희들은 나쁜 마음이 없다는 건 알지만 다른 애들은 부주의한 짓을 가끔 하니까. 너희들이 불 피운 것을 보고 자기들도 한번 해본다고 불을 피워놓고는 집으로 돌아갈 때는 잘 끄지 않고 가거든. 그 불이 마른 잎에 붙고 나무에 타올라 큰 불이 난단 말이야. 다 같이 서로 조심하지 않으면 이 공원에는 나무 하나도 성하지 못할 거야. 불을 피운 죄로 감옥까지 갈 수 있단다. 그렇다고 너희들에게 호통을 치거나 즐겁게 노는 것을 간섭하고 싶지는 않아. 나는 너희가 즐겁게 노는 걸 보는 게 좋거든.

하지만 이 불 근처에 있는 낙엽들은 불 곁에서 멀리 치우렴. 그리고 다 논 뒤에는 모래흙을 불 위에 덮어주면 좋겠는데, 그래 줄 수 있겠니? 그리고 다음에 이런 놀이를 할 때는 저 언덕 위에 있는 모래구덩이 속에서 불을 피우는 것이 좋겠다. 거기라면 안전하니까 말이야. 고마워 얘들아. 그럼 즐거운 시간 보내렴."

이 말의 효과는 어떠할까? 이 말은 소년들로 하여금 협조하고 싶은 마음을 갖도록 만들었다. 불만이나 반발의 태도를 전혀 보이지 않았다. 그들은 복종하도록 강요받지 않았다. 그리고 아이들은 자신의 체면을 손상시키지 않았다. 내가 그들의 입장에 서서 상황을 처리했기 때문에, 나 자신이나 그들이나 기분이 좋았다.

내일부터 다른 사람에게 불을 끄라고 하거나, 세제를 사오라고 심부름을 보내거나, 적십자에 50달러 기부를 요청할 때는 잠깐 멈춰 서서 눈을 감고 다른 사람의 입장에서 생각해보려고 노력하는 게 좋다. 그리고 이렇게 자문해보라. '어떻게 하면 저 일을 하고 싶도록 만들 수 있을까?' 물론 이렇게 하려면 시간이 걸린다. 그러나 이렇게 하면 당신은 마찰을 줄이고 고생을 덜하면서 친구도 만들고 더 좋은 결과를 얻을 수 있다.

하버드 경영대학원 학장 던햄은 이렇게 말했다.

"누군가와 면담을 하러 가면서 내가 무엇을 말할 것이며, 이에 대해 상대방의 관심사와 상대가 뭐라고 대답할지 그 진의 여부도 잘 알지 못한 채 사무실을 찾아가지 않겠다. 그러느니 차라리 그의 사무실 앞 골목길에서 2시간이라도 서성이며 생각을 정리할 것이다.”

이 말은 대단히 의미심장하기 때문에 강조하는 뜻에서 되풀이해서 적어둔다.

“누군가와 면담을 하러 가면서 내가 무엇을 말할 것이며, 이에 대해 상대방의 관심사와 상대가 뭐라고 대답할지 그 진의 여부도 잘 알지 못한 채 사무실을 찾아가지 않겠다. 그러느니 차라리 그의 사무실 앞 골목길에서 2시간이라도 서성이며 생각을 정리할 것이다.”

이 책을 읽고 여러분이 한 가지 결실을 얻는다면, 즉 언제나 상대방의 입장에서 생각하고 여러분 자신과 상대의 관점 둘 다를 가지고 사물을 보려는 경향이 늘어나기만 한다면, 그것은 여러분의 앞날에 커다란 이정표가 될 것임에 틀림없다.

따라서 상대방이 불쾌감을 느끼거나 적개심을 갖지 않게 하면서 상대를 변화시키고 싶다면, 다음 방법과 같이 해보라.

## 상대방을 설득하는 방법 8

진정으로 다른 사람의 입장에서 사물을 보려고 노력하라.

*The honestly to see things from the other person's point of view.*

## 9

*How to Win Friends & Influence People*

# 모두가
# 원하는 것

논쟁을 멈추고,

좋지 못한 감정을 없애주고, 선의를 유발하고, 다른 사람으로 하여금
자신의 말에 귀를 기울이도록 만들고 싶지 않은가? 좋다. 여기에 그 주
문이 있다. 그 말은 이렇게 시작한다.

"그렇게 생각하시는 것이 당연합니다. 내가 당신이라도 틀림없이 그
렇게 생각했을 테니까요."

이런 대답은 정말 고질적인 시비꾼이라 할지라도 마음을 풀게 만들
것이다. 그리고 당신이 상대의 입장이라면 당신도 그 사람처럼 할 것이
기 때문에 여러분은 1백 퍼센트 진심으로 이 말을 할 수 있다.

여기서 알 카포네를 예로 들어 설명해보겠다. 당신이 만약 알 카포
네와 똑같은 몸과 성질을 타고났다고 가정해보자. 또한 당신이 그와 똑

같은 환경과 경험을 가졌다고 가정해보자. 당신은 다를 것 하나 없이 그처럼 될 것이고, 그가 있는 곳에 있게 될 것이다. 현재의 그를 만든 것은 바로 앞에서 말한 것들이지 다른 어떤 것도 아니기 때문이다.

당신이 방울뱀이 아닌 단 한 가지 이유는 어머니와 아버지가 방울뱀이 아니기 때문이다. 당신이 소와 입을 맞추지 않는 것이나 뱀을 신성시 여기지 않는 유일한 이유는 여러분이 인도의 브라마푸트라 강가에 사는 힌두교 가정에서 태어나지 않았기 때문이다.

당신은 잘나서 지금의 당신이 된 게 아니다. 그리고 당신에게 화를 내고 말도 통하지 않으며 고집불통인 사람들도 그렇게 된 데는 다 이유가 있다. 불쌍한 영혼을 가엾게 여기고 동정하라. 그의 마음을 이해하라. 존 B. 거프가 술에 취해 거리를 헤매는 부랑자를 보고 한 말을 스스로에게 하기 바란다.

"하느님의 은총이 아니라면 저기 가는 사람이 바로 나야."

당신이 만난 사람 중 4분의 3은 공감하는 마음에 굶주리고 목말라한다. 그들에게 공감하면 그들은 자연히 당신을 사랑하게 된다.

나는 언젠가 《작은 아씨들》의 작가인 루이자 메이 올컷에 대한 방송을 한 적이 있다. 나는 그녀가 매사추세츠주의 콩코드에 살면서 불후의 작품을 저술한 사실을 잘 알고 있었다. 그런데 무의식중에 그만 뉴햄프셔주의 콩코드에 있는 자택으로 방문했다고 말해버렸다. 뉴햄프셔라는 말을 단 한 번 했더라면 아마 용서받았을지도 모른다. 그런데 나는 두 번이나 그렇게 이야기하고 말았다. 낭패였다.

당장에 날카로운 비난을 퍼붓는 편지와 전보가 빗발치듯 날아들었다. 신랄한 공격이 변명의 여지가 없는 내 머리의 둘레에서 벌떼와 같이 휘몰아쳤다. 그중 대부분은 분개한 내용들이었다. 어떤 편지는 모욕적이었다. 매사추세츠주에서 자라 이제는 필라델피아에 산다는 한 부인은 보통 화를 내는 것이 아니었다. 만약 내가 올콧 여사를 뉴기니에서 온 식인종이라고 했어도 이토록 혹독하지는 않을 듯했다.

그 부인이 보낸 편지를 읽으면서, "주여, 이런 여자와 결혼하지 않게 해주셔서 감사합니다."라는 말이 저절로 나왔다. 나는 그녀에게 답장을 써서 비록 내가 지명에 대한 잘못된 발언을 했지만 당신이야말로 예의를 지키지 않는 더 큰 실수를 저질렀다고 말해주고 싶었다. 이 정도 이야기는 서두에 불과하고, 소매를 걷어 올리고 정말 마음먹은 것들을 쏟아내고 싶었다. 그러나 나는 그렇게 하지 않았다. 스스로 자제했다. 성급한 바보나 이런 짓을 하는 것이라고 마음을 다독였다. 대개 바보들은 그런 행동을 저지른다.

나는 바보가 되고 싶지 않았다. 그래서 그녀의 적개심을 호감으로 바꿔놓기로 작정했다. 이것은 도전인 동시에 내가 할 수 있는 게임의 한 가지였다. 나는 스스로에게 "결국 내가 그녀였더라도 아마 그녀와 마찬가지로 느꼈을 것이다."라고 말한 뒤 그녀의 견해를 이해하기로 마음먹었다. 그 후 나는 필라델피아에 들를 기회가 있어 그녀에게 전화를 걸었다. 대화는 이런 식으로 진행되었다.

나 : 안녕하세요. 아무개 부인이시죠. 몇 주 전에 저에게 편지를 주셨는데 참으로 고맙게 생각합니다.

그녀 : (날카롭지만 교양 있고 세련된 목소리로) 전화 거신 분은 누구시지요?

나 : 저를 잘 모르실 겁니다. 제 이름은 데일 카네기라고 합니다. 부인은 제가 전에 루이자 메이 올콧에 관해서 언급한 방송을 보셨지요?

저는 그때 그녀가 뉴햄프셔의 콩코드에 산다고 말한 엄청난 실수를 저질렀습니다. 너무 큰 실수였기에 사과를 드리고자 합니다. 바쁘신 가운데도 그토록 편지를 해주셔서 감사합니다.

그녀 : 아닙니다, 카네기 씨. 그런 편지를 드려서 미안합니다. 그때는 그만 참지를 못하고 이성을 잃었나 봅니다. 사과드립니다.

나 : 천만의 말씀입니다. 사과드려야 할 쪽은 부인이 아니라 접니다. 어린 학생이라도 알고 있을 일을 제가 실언해버렸지요. 그다음 방송에서 사과의 뜻을 전하긴 했지만 부인께는 여기에서 따로 사과를 드리고 싶습니다.

그녀 : 저는 매사추세츠주의 콩코드 출신이지요. 그리고 저의 집안은 매사추세츠주 일대에서 2백 년 동안 알아주는 집안이었습니다. 저는 제 고향에 대해 자부심을 가지고 있습니다. 그런데 선생님께서 올콧 여사가 뉴햄프셔 출신이라고 말씀하셨을 때, 정말 화를 참을 수 없었습니다. 그러나 지금은 그 편지를 몹시 부끄럽게 생각해요.

나 : 확실히 말씀드리겠는데 부인의 실망은 저에 비하면 10분의 1도 안 될 것입니다. 제 실수는 매사추세츠주를 손상시켰을 뿐만 아니라 제 자신까지도 상처받게 했습니다. 실상 부인처럼 지위와 교양을 가지신 분이 라디오에서 말하는 사람들에게 편지를 쓰시는 경우가 얼마나 되겠습니까. 다음에도 제 말에서 실수가 발견되면 또 편지를 보내주시기를 바랍니다.

그녀 : 제 비판을 그런 식으로 이해해주시니 정말 기쁩니다. 선생님은 틀림없이 훌륭한 분일 거예요. 앞으로 기회가 있으면 만나뵐 수 있기를 바랍니다.

이렇게 사과하고 그녀의 입장에 공감하자 상대도 내게 사과하고 내 입장에 공감했다. 나는 화를 자제한 것에 만족했는데 모욕을 친절로 돌려주었다는 성취감도 얻었다. 나는 그 부인이 내게 호감을 갖도록 만듦으로써 그녀를 강에 가서 뛰어내리라고 말하는 것보다 훨씬 더 큰 즐거움을 맛볼 수 있었다.

백악관의 주인이 되는 모든 사람은 거의 매일같이 인간관계에서 곤란한 문제들과 당면한다. 태프트 대통령도 예외는 아니었다. 그는 경험을 통해 악감정의 산성을 중화시키는 데는 공감만큼 가치를 갖는 화학물질이 없다는 것을 알았다. 태프트 대통령은 자신의 저서 《공직 윤리》에서 한 야심적인 어머니의 노여움과 그 아들의 실망을 어떻게 풀어주었는지를 재미있게 보여주고 있다.

워싱턴에서 정치적 영향력이 있는 남편을 갖고 있는 한 부인이 그녀의 아들을 어느 자리에 임명시켜달라고 수주일 동안 나에게 졸라댔다. 그녀는 상당수의 상원의원과 하원의원들도 데리고 와서 특별히 부탁하도록 만들었다. 그 직책은 기술적인 전문성이 필요한 자리이기 때문에 나는 그 부처 주무장관의 추천을 통해 다른 사람을 임명했다. 그랬더니 그 부인은 나에게 편지를 보내 내가 배은망덕한 사람이라고 했다. 자기 주 출신 의원을 설득해 내가 특별히 관심을 가지고 있던 법안을 통과시켰는데 이런 모양으로 보답했다고 불만이 여간 아니었다.

이러한 편지를 받으면 우선 적절치도 않을뿐더러 무례하다고 볼 수도 있는 행동을 한 이 사람을 어떻게 혼내줄 수 있을까 하고 궁리하게 된다. 그리고 답장을 쓸 것이다. 당신이 현명한 사람이라면 이 회답을 책상 서랍에 처넣고 자물쇠를 채워버릴 것이다. 그리고 한 이틀 경과한 뒤에 편지를 다시 꺼내 보라. 어느 정도 시간의 간격을 두면 그 회답은 영영 발송하지 않게 될 것이다. 이것이 내가 항상 취하는 방법이다.

이렇게 한 뒤 나는 조용히 앉아서 최대한 정중한 답장을 썼다. 이런 때 어머니로서 실망하시는 게 당연하지만, 내 개인적 판단으로 할 수 있는 게 아니고 기술적 전문성이 필요한 자리인지라 주무 부처 장관의 추천을 따라야 한다는 요지의 편지를 썼다. 또한 부인의 기대하는 바를 아드님은 지금의 자리에서도 충분히 이룰 수 있으리라 생각한다는 말도 적었다. 그러자 화가 누그러진 부인이 자기가 보낸 편지의 내용에 대해 미안하게 생각한다는 뜻을 전해왔다.

하지만 그 자리에 대한 임명안이 승인되지 않고 시간을 끄는 사이 다시 편지를 한 통 받았다. 필적은 이전 편지와 같았지만 보낸 이는 부인의 남편이라고 돼 있었다. 그 편지에 따르면 그녀는 이 사건이 원인이 되어 신경쇠약으로 병상에 누웠고, 마침내 심각한 위암으로 발전했다는 내용이 적혀 있었다. 그러니 부인이 건강을 되찾을 수 있도록 임명을 철회하고 자신의 아들을 임명해줄 수 없겠냐는 내용이었다.

나는 부인의 남편을 수신인으로 해서 다시 한번 편지를 써야 했다. 진단이 오진이기를 바라며, 부인의 건강 때문에 심려가 크신 것은 알지만 그렇다고 이미 지시한 임명을 취소하는 것은 불가능하다는 말을 전했다. 결국 임명 건은 원안대로 승인됐다.

내가 그 편지를 받은 지 이틀 후에 백악관에서 작은 음악회가 열렸다. 거기에서 나와 내 아내에게 가장 먼저 인사를 건넨 두 사람은 다름 아닌 최근 위암으로 사경을 헤매고 있다는 그녀 내외였다.

S. 휴록은 미국에서 첫손에 꼽히는 공연 기획자일 것이다. 그는 20년에 걸쳐 샬리아핀, 이사도라 던컨, 파블로바와 같은 세계적인 유명 예술가들과 함께 작업했다. 휴록은 자신이 개성 강한 스타들과 일하면서 가장 먼저 배운 교훈은 그들의 독특한 개성을 이해하고, 이해하고, 또 이해해야 한다는 점이었다고 털어놓았다. 그는 메트로폴리탄 오페라 극장에서 3년간 표도르 샬리아핀의 감독을 맡았다. 샬리아핀은 오페라 극장을 찾은 상류층 청중들에게 전율을 선사하던 세계적인 베이스 가수였다. 그러나 샬리아핀은 늘 문제였다. 그의 행동은 마치 버릇없는 어린아이와 같았다. 휴록의 표현을 빌리면 "그는 모든 면에서 구제 불능인 친구"였다.

예를 들어, 샬리아핀은 공연이 있는 날 정오쯤 휴록에게 전화를 걸어 이렇게 말하곤 했다.

"솔, 나 몸이 안 좋아. 목이 굽지 않은 햄버거처럼 꺼칠꺼칠해. 그래서 오늘밤에는 노래를 부르기는 힘들겠어."

휴록은 이럴 때 그와 언쟁을 했을까? 천만에. 그는 흥행 주가 연예인을 이 방법으로 다루어서는 안 된다는 것을 잘 알고 있었다. 그는 우선 샬리아핀의 호텔로 달려가서는 마구 동정심을 표시했다.

"아이고, 이 불쌍한 친구야. 오늘 노래를 못 하는 것은 당연하지. 당장 출연을 취소하겠어. 몇천 달러 손해야 보겠지만 자네의 명성이 떨어지는 것에 비하면 아무것도 아니지."

그렇게 되면 샬리아핀은 한숨을 내쉬고 이렇게 말했다.

"오후 느지막이 또 들려주지 않겠어요? 5시쯤에 오셔서 그때 상태가 어떤지 한번 보는 게 좋겠습니다."

휴록은 5시에 다시 그의 호텔로 달려가 또 마구 동정심을 표시했다. 그리고 다시 한번 공연 취소를 피력하면 샬리아핀은 한숨을 내쉬고 이렇게 말했다.

"조금 후에 다시 와 보시죠. 그때는 조금 더 나아질지 모르니까요."

7시 30분이 되면 샬리아핀은 마침내 출연에 동의한다. 다만 휴록이 청중들에게 샬리아핀이 심한 감기에 걸려서 목소리가 몹시 좋지 않은 상태라는 것을 사전에 알려야 한다는 조건하에서 동의하는 것이다. 휴록은 빈말이라도 그렇게 하겠노라고 약속하는데, 그 베이스 가수를 무대로 끌어내는 길은 그 도리밖에 없다는 것을 알고 있었기 때문이다.

아서 I. 게이츠 박사는 그의 훌륭한 저서 《교육 심리학》에서 이렇게 말했다.

"인간이라면 누구나 공감을 갈망한다. 아이들은 자신의 상처를 보여주려고 애쓰기도 하고, 심지어는 더 많은 동정심을 얻기 위해 자해를 하기도 한다. 이와 같은 목적으로 성인들 역시 그들의 멍든 부분을 보여주고 싶어 하고 그들의 사고, 병, 특히 외과 수술에 대한 상세한 이야기를 하고 싶어 한다. 현실이건 상상이건, 불행한 일에 대한 '자기 연민'은 누구에게나 어느 정도 있는 법이다."

그러므로 상대를 설득하고 싶다면, 다음과 같이 해보라!

## 상대방을 설득하는 방법 9
다른 사람의 생각과 욕구에 공감하라.

*Be sympathetic with the other person's ideas and desires.*

# 10

# 모든 사람이
# 좋아하는 호소법

나는 미주리주 변두리에서 자랐다. 제시 제임스(미국 서부 역사상 가장 악명 높은 갱)의 고향에서 가까운 곳이라, 제시 제임스의 아들이 사는 미주리주 커나 지역의 제임스 농장을 방문한 적이 있다.

그의 아내는 제시가 어떻게 기차를 습격하고 은행을 털었으며, 왜 그 돈을 이웃 농민들에게 나눠주어 은행 빚을 청산케 했는지에 대해 자세히 얘기해주었다. 제시 제임스는 다음 세대에 출현한 더치 슐츠, 쌍권총 크로울리, 알 카포네 등과 마찬가지로 내심 자신을 이상주의자라고 생각한 것 같다. 여러분을 포함해 우리가 만나는 모든 사람은 스스로를 괜찮은 사람으로 여기고 있으며, 자신이 훌륭하며 이기적이지 않은 사람이기를 바란다.

미국의 은행가 J. P. 모건은 자신의 경험을 이야기하면서, 사람들이 어떤 행동을 하는 데는 대개 2가지 이유가 있다고 말했다. 즉, 그럴듯해 보이는 이유와 진짜 이유다. 사람들은 머릿속에 진짜 이유를 생각하고 있다. 구태여 이 사실을 강조할 필요는 없다. 그러나 대부분은 마음으로부터 이상주의자로서 그럴싸하게 보이는 동기를 찾아내려고 한다. 그래서 다른 사람을 변화시키기 위해서는 더 숭고한 동기에 호소해야 한다.

이런 사실을 사업에 적용하기에는 너무 이상적이라고 할 것인가? 예를 들어 살펴보자. 펜실베이니아주의 글레놀덴에 위치한 파렐 미첼 회사의 해밀턴 J. 파렐의 경우다. 파렐 씨는 임대사업을 하는데 세입자 중한 사람이 무슨 일로 화가 났는지 이사를 가겠다고 통보해왔다. 월세는 55불이었고 입주 계약은 아직 4개월이 남았지만, 계약과 관계없이 당장 집을 비우겠다고 한 것이다.

이 사람들은 겨울 동안 우리 집에서 살았습니다. 사실 1년 중월세가 가장 비쌀 때지요. 그리고 지금 방이 비면 가을 전에 또 임대하기는 힘들다는 것을 잘 알고 있었습니다. 2백20달러가 날아가는게 눈에 보이더군요. 정말 너무나 화가 났습니다.

다른 때 같으면 버럭 화를 내며 계약서를 다시 한번 읽어보라고 했을 겁니다. 만일 기어코 이사를 간다면 전체 계약 기간 임대료를 한꺼번에 지불해야 한다는 점을 명확히 알려주며, 이를 회수하고 말겠다고 호통을 쳤을 것입니다.

그러나 자제심을 잃고 험한 상황을 만드는 대신 다른 방법을 사용해보는 것도 좋겠다고 생각했지요. 그래서 이렇게 말을 건넸습니다.

"선생님께서 하시는 말씀은 잘 들었습니다. 하지만 아직도 당신이 이사하려는 사실을 믿을 수가 없습니다. 오랫동안 임대사업을 해봐서 사람 보는 눈이 좀 생겼습니다. 선생님은 한눈에 약속을 잘 지키는 분으로 보였습니다. 아직도 그 생각은 변함이 없기 때문에 내기를 걸어도 좋을 정도입니다. 한 가지 제안을 하겠습니다. 며칠 동안 좀 더 생각해보시지요. 다음 달 1일이 임대료 납입일이니까 그때도 여전히 이사하실 생각이라면 최종 결정으로 알겠습니다. 그리고 이사하도록 해드리고 제가 사람을 보는 판단이 잘못되었다는 점을 인정하겠습니다. 그러나 여전히 당신이 약속을 지키고 계약 사항을 지키실 분이라는 믿음을 가지고 있습니다. 우리가 사람이 되느냐 원숭이가 되느냐는 결국 우리 자신의 선택에 달려 있지 않겠습니까?"

다음 달이 되자 그분은 직접 찾아와 임대료를 지불했습니다. 그의 얘기로는 부인과 상의해보았는데 계속 있기로 결정했다더군요. 그들은 자신들의 명예를 지키는 유일한 길은 계약기간을 지키는 것뿐이라고 결론을 내린 것이죠.

고인이 된 노스클리프 경은 공개를 원치 않았던 사진이 신문에 실린 것을 보고 편집장에게 편지를 보냈다. "더 이상 그 사진을 게재하지 말기를 바랍니다. 나는 그 사진들이 실리는 것을 좋아하지 않으니까요."라고 쓰지는 않았다. 그 대신 그는 더 숭고한 동기에 호소했다. 그는 모든 사람이 어머니에게 가지고 있는 존경과 사랑에 호소하고 다음과 같이 써 보냈다.

"그 사진은 더 이상 사용하지 말아주세요. 어머니께서 그 사진을 싫어하십니다."

존 D. 록펠러 2세도 자신의 아이들을 따라다니는 파파라치들을 막기 위해 이런 숭고한 동기에 호소했다. 그는 "애들의 사진이 게재되는 것을 원치 않습니다."라고 말하지 않았다. 그는 모든 사람의 마음속에 있는, 아이에게 해를 입히는 일을 막고 싶은 한결같이 존재하는 욕구에 호소했다. 그는 이렇게 말했다.

"여러분도 잘 아실 겁니다. 여러분 중 몇 사람은 아이들을 가졌을 것인데, 아이들을 너무 많이 광고하는 것은 그들을 위해 좋지 않은 것 같습니다."

〈새터데이 이브닝 포스트〉와 〈레이디스 홈 저널〉 등을 소유한 백만장자 사이러스 H. K. 커티스 씨도 처음에는 메인주의 가난한 소년이었다. 그가 처음 일을 시작했을 때는 다른 잡지사가 주는 만큼의 원고료를 지불할 수 없었다. 또 돈을 주어야만 글을 써주던 1급 작가들을 고용할 수도 없었다. 그래서 부득이 숭고한 동기에 호소하는 방법을 사용했다. 예를 들어, 그는 《작은 아씨들》로 당시 최고의 명성을 날리던 작가 루이자 메이 올콧 여사에게 단지 1백 달러만 들이고 글을 받아내는 데 성공했다. 그는 그녀가 아니라 그녀가 가장 소중히 생각하는 자선단체 앞으로 수표를 써주겠다고 함으로써 원고 청탁에 성공했다.

이에 대해 어떤 회의론자는 이렇게 말할 것이다.

"그래. 그런 일은 노스클리프 경이나 록펠러나 감상적 소설가에게는 통하는 이야기지. 내가 돈을 받아내야 하는 억척같은 사람들한테 그런 방법이 통할 것 같아?"

그 말이 맞을지도 모른다. 모든 경우, 특히 모든 사람에게 다 같이 적용되는 것은 있을 수 없다. 만일 지금 얻고 있는 결과에 대해 만족하고 있다면 바꿀 이유가 없다. 그러나 만족하지 못한다면 시도해보는 것이 어떤가?

아무튼 과거 나의 수강생이었던 제임스 L. 토머스 씨가 들려주는 실제 경험담을 편안한 마음으로 읽어보기 바란다.

어떤 자동차 회사에 6명의 고객이 서비스 비용을 내지 않겠다고 했다. 청구서 전부를 거부한 사람은 하나도 없고, 각각 세부 항목에서 어떤 항목이 잘못 계산되었다고 주장했다. 모든 항목의 처리된 사항에 대해 고객들이 서명을 했기 때문에 회사 측에서는 이것을 정당한 것으로 알고 그렇게 반박했는데, 이것이 첫 번째 실수였다. 여기에 채권 파트 직원이 그 미수금 회수를 위해 취한 조치가 있는데, 과연 이 조치로 소기의 목적을 달성할 수 있었을까?

1. 고객 하나하나를 방문하고 무뚝뚝하게 오래 묵은 미수금을 회수하기 위해 왔다고 설명했다.
2. 청구서는 완벽하며, 조금도 의심할 여지가 없으니 결과적으로 고객이 명백히 틀렸다는 점을 밝혔다.
3. 회사는 그들이 알고 있는 것보다 자동차에 관해 더 많이 알고 있다는 사실을 시사했다. 그래서 생기는 논쟁이 무슨 의미가 있겠는가?
4. 결과 : 그들은 논쟁으로 넘어갔다.

이 방법으로 고객을 만족시키고 미수금 문제를 해결할 수 있었을까? 당신은 이미 그 대답을 알 것이다.

상황이 이렇게 흐르자 채권 파트 과장은 법적 조치를 취하려고 했다. 그런데 운 좋게도 이 문제를 채권 파트 부장이 알게 되었다. 부장이 이 미납 고객들을 조사해보니 그들은 평소에 대금 납입을 잘 이행한 사람들이었다. 어딘가 잘못된 곳이 있는 게 분명했다. 즉, 수금 방법에 커다란 과오가 있었던 것이다. 그래서 부장은 제임스 L. 토머스를 불러 그에게 이 '악성채권'을 받아오라고 말했다.

토머스 씨는 다음과 같은 방법을 썼다고 나중에 설명했다.

1. 납기일이 한참 지난 미수금을 받기 위해 고객 개개인을 직접 방문 했습니다. 그러나 그 말은 한마디도 하지 않고 다만 여태껏 회사가 어떤 서비스를 했고 어떤 점이 부족했는지를 확인하고자 왔다고 설명했습니다.

2. 나는 고객이 말하는 경위를 들어보기 전에는 어떤 판단도 내리지 않겠다는 점을 분명히 밝혔습니다. 그리고 우리 회사가 절대 실수했을 리가 없다는 주장을 하려는 것이 아니라고 말했습니다.

3. 나는 고객에게 내 관심은 오직 고객의 차이며, 고객이야말로 세상에서 누구보다 자신의 차에 대해 잘 아는 사람이라고 말하면서 그 차에 대한 최고의 권위자는 고객이라고 덧붙였습니다.

4. 나는 그로 하여금 말을 하게 하면서, 관심과 공감을 표시하며 경청했습니다.

5. 마침내 고객이 이성적인 태도가 되었을 때 그의 페어플레이 정신에 호소했습니다. 나는 이렇게 얘기했습니다. "먼저 이 문제가 잘못 다루어져 왔다는 사실을 저도 잘 알고 있다는 점을 이해해주시기 바랍니다. 당신은 우리 회사의 한 직원으로 인하여 여태껏 불쾌한 감정을 경험하셨습니다. 그런 일은 절대로 있어서는 안 됩니

다. 대단히 미안합니다. 회사 대표의 한 사람으로서 사과드립니다. 여기에 앉아서 고객님의 이야기를 듣고 고객님은 공정하고 참을성 있는 분이라는 것을 알게 되었습니다. 이 자리에서 한 가지 부탁드릴 일이 있습니다. 이것은 고객님만이 할 수 있고, 누구보다 잘 알고 계시는 일입니다. 여기에 그 문제의 청구서가 있습니다. 고객님께서 우리 회사의 사장이라 생각하시고 이 청구액을 조정해주시기 바랍니다. 모든 것을 고객님께 맡기겠습니다. 말씀하신 그대로 하겠습니다."

"그 고객이 청구서를 수정했냐고요? 물론 그렇게 했습니다. 그리고 그 일을 재미있어 하는 것 같았습니다. 청구 금액은 각각 1백50~4백 달러까지 있었는데 고객이 자기에게 유리하게만 했을까요? 맞습니다. 한 사람은 그렇게 했습니다. 그 사람은 논란이 된 부분에 대해서는 한 푼도 지급할 수 없다고 거절했습니다. 그러나 나머지 5명은 모두 회사가 청구한 금액을 지불했습니다. 이 이야기의 가장 흥미로운 대목은 그 일이 있고 나서 2년 안에 고객 6명이 모두 새로 차를 주문했다는 점입니다."

토머스 씨는 말했다.

"고객에 관한 정확한 정보가 없을 경우에는, 고객은 정직하고 양심적이며 믿을 만하고 계산이 정확하다는 확신이 들기만 하면 언제든 대금을 지급하고자 하는 사람이라고 전제하는 게 일을 해나가는 데 가장 중요한 출발점이라는 사실을 이러한 경험을 통해 배웠습니다. 이것을 조금 다르게 표현하자면, 사람들은 정직하고 자신의 의무를 다하고자 한다는 것입니다. 이 점에 대해 예외적인 사람은 상대적으로 적습니다.

여러분을 속이려 드는 사람도 여러분이 그를 정직하고 똑바르며 공정한 사람으로 봐주면 대부분 호의적으로 반응할 거라 확신합니다."

그러므로 상대를 설득하고 싶다면, 다음과 같이 해보라!

## 상대방을 설득하는 방법 10
상대의 고상한 동기에 호소하라.

*Appeal to the nobler motives.*

# 11

# 극적인 표현으로
# 관심을 유도하라

수년 전 〈필라델피아 이브닝 블리튼〉지는
위험한 뜬소문 때문에 비난을 받고 있었다. 이 신문은 기사보다 광고를
더 많이 게재하기 때문에 구독자들에게 더 이상 인기가 없다는 말이 광
고주들의 귀에 들어갔다. 즉각적인 조치가 필요했다. 어떻게 대응해야
할까? 신문은 다음과 같이 일을 처리했다.

〈블리튼〉지는 그간의 모든 기사를 분류한 뒤 한 권의 책으로 발간했
다. 이 책의 제목은《하루》라고 지었다. 3백70페이지에 달하는 이 책은
2달러를 받아도 충분했으나 〈블리튼〉지는 이 책을 단돈 2센트에 팔았
다. 이 책의 발간은 〈블리튼〉지가 실상 대단한 양의 흥미 있는 기사를
게재하고 있다는 사실을 극적으로 보여주었다. 이 방법은 단순한 숫자
의 나열이나 설명보다 더 생생하고, 더 흥미 있게, 그리고 더 인상적으

로 사실을 전했다.

　케네스 구드와 젠 카우프만은 그들이 함께 쓴《사업에서의 쇼맨십》이라는 책에서 연출을 통해 매출을 신장한 기업들의 다양한 사례를 생생하게 보여주고 있다.

　예를 들면, 일렉트로룩스사가 냉장고를 판매할 때 소음이 없음을 극적으로 보여주려고 고객의 귀에 성냥 긋는 소리를 들려준 사례, 1.95달러짜리 모자에 유명 배우 앤 소든의 자필 서명을 넣음으로써 유명인을 활용한 마케팅 사례가 된 시어스 로벅사의 카탈로그, 움직이던 쇼윈도 상품이 멈추면 보던 사람의 80퍼센트가 흥미를 잃는다는 것을 보여준 조지 웰바움, 퍼시 파이팅이 두 개의 증권 관련 목록을 보여주고 유가 증권을 판매한 일, 어떻게 미키 마우스가 백과사전에 이름을 올리게 되었는지 그리고 장난감에 미키 마우스 이름을 붙임으로써 망해가던 회사가 기사회생한 이야기, 이스턴 항공사가 더글러스 항공사의 실제 조종석처럼 창을 다시 제작해 통로 쪽에 몰리는 고객들을 창가 쪽으로 유도한 이야기, 해리 알렉산더가 자사 제품과 경쟁사 제품 간의 가상 권투시합을 방송해 자사 영업사원들의 사기를 북돋워주었던 일, 우연히 사탕 진열대에 조명을 놓자 매출이 두 배 증가한 사례, 크라이슬러가 자사 차의 견고함을 증명하기 위해 코끼리를 차 위에 올라가게 한 일 등을 소개하고 있다.

　뉴욕 대학의 리처드 보든과 앨빈 부스는 1만 5천 건에 달하는 매출 상담을 분석했다. 그리고 그들은《토론에 이기는 방법》이라는 제목으로 책을 썼고, 책에 실린 내용을 '영업의 6가지 원칙'이라는 제목으로 강의를 했다. 또 후에 이 내용이 영화로 만들어져 대기업의 수백만 영업사원 앞에서 상영되었다. 그들은 연구를 통해 밝혀낸 원칙을 설명할 뿐만 아니라 실제로 그 원칙을 적용해 보인다. 그들은 관중 앞에서 논쟁을 벌이고 판매를 하는 좋은 방법과 나쁜 방법을 보여주는 것이다.

오늘날은 극적인 표현이 필요한 시대다. 단순히 사실만을 설명해서는 부족하다. 그 사실이 생생하고 재미있고 극적으로 연출되어야만 한다. 쇼맨십을 사용하지 않으면 안 된다. 영화, 라디오, TV에서도 그렇게 하고 있다. 관심을 끌고 싶으면 그렇게 해야 한다.

쇼윈도 디스플레이 전문가들은 극적 표현의 강력한 힘에 대해 알고 있다. 한 예로 새로 쥐약을 개발한 어느 업체는 대리점 진열대에 살아 있는 쥐 두 마리를 놓게 했다. 그러자 그 주 매출이 평소보다 다섯 배 증가했다.

〈아메리칸 위클리〉지의 제임스 B. 보이튼은 상세한 시장 조사 보고서를 발표해야 했다. 그의 회사는 가장 잘 팔리고 있는 콜드크림 브랜드에 관한 철저한 조사를 막 마친 상태였다. 당장 경쟁업체의 가격 할인 위협에 대한 자료가 필요했다. 자료를 요청한 사람은 광고업계의 거물급으로 영향력이 막강했다. 더구나 보이튼의 첫 번째 브리핑은 이미 실패를 맛본 상황이었다. 보이튼의 말을 들어보자.

첫 번째 브리핑을 할 때는 조사 방법에 관해 쓸데없는 토론을 하느라 탈선하고 말았습니다. 그도 따지고 나도 따지며 서로가 자기 주장을 내세웠죠. 결국 내 주장을 입증해 만족스러웠지만 시간이 다 지나가 회의를 끝내야 했습니다. 본론은 시작도 하지 않았는데 말입니다.

두 번째 방문에서는 숫자나 자료를 도식화하는 일에는 신경도 쓰지 않았습니다. 나는 그 사람을 찾아가서 사실을 극적으로 연출했습니다. 그의 사무실에 들어갔을 때, 그는 전화하느라고 바빴습니다. 그가 전화를 막 끝마쳤을 때, 나는 들고 간 가방을 열어 그의 책상 위에 32통의 콜드크림을 쌓아 올렸습니다. 그가 잘 알고 있는 경쟁사의 제품이었습니다. 콜드크림 통마다 시장 조사 결과가 적힌 메모지를 붙여놓았습니다. 각각의 메모지가 간단하면서도 극적으로 자신의 이야기를 하고 있었습니다.

이렇게 하자 아무런 논쟁도 필요 없었습니다. 새롭고 기존과는 다른 방식이었으니까요. 그는 크림 통을 하나씩 집어 들더니 쪽지에 적힌 내용을 읽어갔습니다. 그 뒤로는 친근한 대화가 오가고, 또 그가 알고 싶은 것들을 물었습니다. 그는 대단한 관심을 보였습니다. 처음에는 설명 시간을 10분만 허락했는데, 10분은 이미 지나버리고 20분, 40분, 결국 1시간이 지나도록 우리들의 이야기는 계속되었습니다.

이번에도 지난번과 똑같은 사실을 브리핑하고 있었습니다. 다만 지난번과 다른 것은 극적인 표현과 쇼맨십을 사용한 것뿐인데도 그 결과는 이토록 달랐습니다.

그러므로 상대를 설득하고 싶다면, 다음과 같이 해보라!

## 상대방을 설득하는 방법 11
생각한 바를 극적으로 연출하라.
*Dramatize your ideas.*

# 12

# 모든 것이 효과가 없을 때는
# 이렇게 하라

찰스 슈왑이 경영하는 공장에
생산량이 제대로 나오지 않는 직원들을 거느린 담당자가 하나 있었다.
슈왑은 그 담당자를 불러 물었다.

"당신처럼 유능한 사람이 있는데 왜 실적이 오르지 않는 거죠?"

"글쎄요, 모르겠습니다. 구슬러보기도 하고, 압력을 가하기도 하고,
욕설을 퍼붓고, 해고할 거라고 위협까지 했는데 다 소용없는 일이었습
니다. 직원들이 일을 하려고 하질 않아요."

이런 이야기는 그날 야간 근무조가 바뀌기 전에 오갔다. 슈왑은 분
필을 하나 달라고 하더니 근처에 있는 종업원에게 물었다.

"오늘 용해 작업을 몇 번이나 했습니까?"

"여섯 번입니다."

슈왑은 아무 말 없이 바닥에 큼지막하게 '6'이라는 숫자를 쓰고는 나가버렸다.

야간 근무조 직원들이 들어와 보니 커다랗게 쓴 '6'자가 눈에 띄었다. 그들은 이게 무슨 뜻이냐고 물었다.

"오늘 사장님이 왔었는데, 오늘 용해 작업을 몇 번 했느냐고 물어보지 않겠나. 그래서 여섯 번이라고 대답했더니 마루에다 이렇게 써놓더군."

주간 근무조 직원이 대답했다.

다음 날 아침에도 슈왑은 그 공장을 돌아보았다. 그날 밤 야간 근무자들은 '6'자를 지워버리고 대신 '7'자를 큼지막하게 마루에 써놓았다. 그날 출근한 주간 근무자들은 백묵으로 '7'자가 쓰여 있는 것을 보았다. '그럼 야간 근무조가 주간 근무조보다 일을 더 많이 했단 말인가?' 이렇게 생각한 주간 근무조는 뭔가 보여주겠다며 열심히 일한 끝에 그날 작업이 끝나자 자랑스럽게 '10'자를 남기고 돌아갔다. 이렇게 해서 불과 얼마 전까지만 해도 다른 공장에 비해 생산량이 한참 떨어지던 이 공장은 순식간에 다른 공장보다 더 많은 생산량을 보이기 시작했다.

그 비결은 무엇이었을까? 슈왑은 이렇게 말했다.

"비결은 경쟁심을 자극하는 것입니다. 탐욕스럽고 돈에 눈먼 경쟁이 아니라 남보다 뛰어나고 싶어 하는 경쟁심 말입니다."

남보다 뛰어나려는 욕구! 도전! 용감히 도전하는 것! 이러한 것은 기개 있는 사람들에게 호소하는 절대적인 방법이다.

이러한 도전정신 없이는 시어도어 루스벨트도 결코 미국의 대통령이 되지 못했을 것이다. 쿠바에서 막 귀국한 러프 라이더(스페인전에 참전했던 루스벨트의 연대)의 루스벨트는 뉴욕 주지사로 선출됐다. 그의 반대파들은 그가 더 이상 미국의 합법적 거주자가 아니라는 것을 알아내고 이를 문제 삼기 시작했다. 지레 겁을 먹은 루스벨트는 사퇴를 하려고 했다. 그러자 당시 뉴욕 출신의 상원의원이던 토머스 콜리어 플래트가 그의 도전의식을 고취했다. 그는 루스벨트에게 달려와 우렁찬 목소리로 소리쳤다.

"산후안 언덕의 영웅이 겁쟁이가 된 것인가?"

루스벨트는 마음을 돌려 싸우기로 했고, 그 나머지 이야기는 역사에 남겨졌다. 도전은 그의 생애를 바꾸어놓았을 뿐만 아니라 국가의 역사에도 지대한 영향을 끼쳤다. 찰스 슈왑은 도전의 놀라운 힘을 알고 있었다. 플래트 상원의원이나 알 스미스 역시 잘 알고 있었다.

알 스미스가 뉴욕 주지사로 일할 때 어려운 문제에 직면한 적이 있다. 데블스 아일랜드 서쪽에 자리한 싱싱 교도소에는 교도소장이 없었다. 더럽고 좋지 못한 소문이 형무소의 담을 넘어와 떠돌아다녔다. 알 스미스 주지사는 이 싱싱을 관리할 수 있는 강력한 사람이 필요했다. 강철과 같은 사람 말이다. 누가 적임자일까? 그는 뉴 햄프턴에 있는 루이스 E. 로스를 부르기 위해 사람을 보냈다.

"싱싱을 한번 맡아보는 게 어때?"

로스를 앞에 두고 알 스미스가 밝은 어조로 말을 꺼냈다.

"거기는 경험이 풍부한 사람이 맡아야지."

로스는 난감했다. 그는 싱싱 교도소의 위험을 잘 알고 있었다. 그것은 정치적 인사였고, 쉽게 변하는 정치 상황에 따라 흔들리는 자리였다. 교도소장은 수시로 바뀌었다. 3주 만에 떠난 사람도 있었다. 그는 자신의 경력도 고려해야 했다. 과연 위험을 무릅쓰고 나서볼 가치가 있는 일일까?

이렇게 망설이고 있는 그를 보고 알 스미스는 뒤로 몸을 젖히더니 웃으며 말했다.

"아직 젊은 친구이니 자네가 겁먹는 것을 나무랄 수가 없네. 위험한 자리니까 말이야. 그 자리를 맡을 수 있는 사람은 그야말로 거물이어야 하거든."

알 스미스 주지사는 도전 의식을 불어넣고 있었다. 로스는 거물급 인사를 필요로 하는 자리에 도전한다는 생각에 마음이 움직였다. 그는 이를 수락하고 그곳에 취임했다. 그는 오래도록 재임하며 현존하는 교도소장 중에서 가장 유명한 사람이 되었다. 그가 저술한 《싱싱에서의 2만 년》이라는 책은 수십만 부가 팔렸다. 그는 라디오 방송에도 나가고, 그의 형무소 경험담은 영화로도 제작됐다. 죄수를 '인간적으로 대하는' 그의 태도는 교도소 개혁에서 많은 기적을 낳게 했다.

파이어스톤 타이어·고무 회사의 창업자인 하이 S. 파이어스톤은 이렇게 말했다.

"나는 보수의 많고 적음에 따라 인재를 불러 모으거나 붙잡아두는 것을 본 적이 없습니다. 게임 그 자체가 그렇게 만든다고 생각합니다."

이 말은 모든 성공한 사람이 좋아한다. 게임, 즉 자기 표현의 기회. 자기 가치를 증명하고 남보다 앞서고 경쟁에서 승리하는 기회. 이것이 바로 도보 경주나 고함지르기 시합, 파이 먹기 대회 등이 열리는 이유다. 남을 능가하고 싶은 욕망, 남에게 인정받고자 하는 욕망인 것이다.

그러므로 다른 사람, 특히나 용기 있고 열정적인 사람을 설득하고 싶다면, 다음과 같이 해보라!

## 상대방을 설득하는 방법 12

도전 정신을 불러일으켜라.

*Throw down a challenge.*

### 사람을 설득하는 12가지 방법

**1** 논쟁에서 이기는 가장 좋은 방법은 논쟁을 피하는 것이다.

**2** 상대의 의견을 존중하라. 절대로 틀렸다고 말하지 마라.

**3** 잘못을 했을 때는 빨리 그리고 분명하게 이를 인정하라.

**4** 우호적인 태도에서 출발하라

**5** 상대가 선뜻 "네, 네." 라고 대답할 수 있게 이끌어라.

**6** 본인보다 상대가 더 많이 얘기하게 하라.

**7** 그 의견이 상대방에게서 나온 것처럼 느끼게 만들어라

**8** 진정으로 다른 사람의 입장에서 사물을 보려고 노력하라

**9** 다른 사람의 생각과 욕구에 공감하라.

**10** 상대의 고상한 동기에 호소하라.

**11** 생각한 바를 극적으로 연출하라.

**12** 도전 정신을 불러일으켜라.

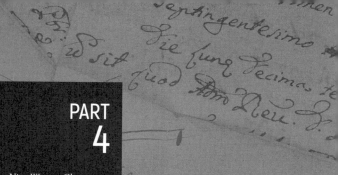

# PART
# 4

*Nine Ways to Change
People
Without Giving Offense or
Arousing Resentment*

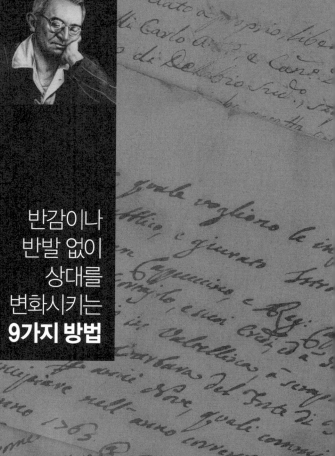

반감이나
반발 없이
상대를
변화시키는
**9가지 방법**

# 1

*How to Win Friends & Influence People*

# 실수를 지적해야 한다면
# 이것부터 시작하라

　　　　　　　　　　　　캘빈 쿨리지 대통령 재임 시절에
친구 중 한 명이 백악관에서 주말을 보내게 되었다. 친구는 대통령 개
인 집무실로 들어서다가 대통령이 자신의 비서에게 이렇게 말하는 것
을 들었다.

"오늘 아침에 입은 옷이 참 예쁘군. 자네는 역시 매력적인 아가씨
야."

비서에게 이 말은 '침묵의 캘빈'이라고 불리던 대통령이 해준 가장
멋진 칭찬이었을 것이다. 이는 너무 생소하고 뜻밖의 일이었기 때문에
비서는 당황한 나머지 얼굴을 붉혔다. 그러자 쿨리지가 이렇게 말했다.

"너무 우쭐해하지는 말게나. 기분 좋아지라고 일부러 한 소릴세. 그
나저나 이제부터는 문장부호에 좀 더 주의를 기울이면 좋겠네."

쿨리지 대통령의 방식은 다소 노골적이기는 하지만, 그래도 인간 심리에 대한 그의 이해는 훌륭했다. 사람은 장점에 대한 칭찬을 들은 뒤에는 언짢은 이야기 듣는 것을 좀 더 수월하게 느끼기 때문이다.

이발사는 손님의 면도를 하기 전에 비누칠을 한다. 그리고 이 방식은 1896년 매킨리가 대통령 출마 당시에 사용한 방법이다. 당시 공화당의 열혈 당원 한 사람이 선거 연설문을 써왔다. 그 사람은 키케로, 패트릭 헨리, 그리고 다니엘 웹스터를 한데 모은 것보다 자신의 글이 더 뛰어나다고 생각했다. 뿌듯해진 그 친구는 자신의 불멸의 연설문을 매킨리 앞에서 큰 소리로 낭독했다. 그 연설문은 몇 가지 좋은 점이 있었지만 그대로 낭독할 수 없는 수준이었다. 비판의 화살이 쏟아질 게 뻔했다.

매킨리는 그 당원의 감정을 상하게 하고 싶지 않았다. 그의 훌륭한 열정을 죽이지 않으면서도 이 연설문은 안 된다는 말을 해야만 했다. 어떻게 그가 솜씨 좋게 해냈는지 알아보자.

매킨리는 그에게 이렇게 말했다.

"이봐 친구, 이거 정말 멋지고 훌륭한 연설이네. 아마 어떤 사람도 이보다 나은 연설을 준비할 수는 없을 거야. 아주 정확한 지적을 많이 했군. 그런데 이번과 같은 대선에서 그런 말이 적당할지 잘 모르겠군. 개인의 관점에서 보면 합리적이고 건전한 발언이지만, 나는 정당의 입장에서 연설의 효과를 고려해야 한다네. 자, 그럼 집에 가서 내가 말한 것을 염두에 두고 다시 한번 연설문을 써서 보내주게나."

그 당원은 그의 말대로 했다. 매킨리는 그의 두 번째 연설문의 수정 및 작성을 도와주었다. 그리고 그는 그 선거운동 기간 동안 훌륭한 연설가로 활약했다.

다음에 볼 것은 에이브러햄 링컨이 쓴 편지 중 두 번째로 유명한 편지다.(그의 가장 유명한 편지는 빅스비 여사에게 쓴 것으로, 전쟁에서 죽은 그녀의 다섯 아들에 대한 조의를 표한 편지였다.) 링컨은 아마 5분 만에 이 편지를 다 작성했을 것이다. 그러나 이 편지는 1926년 경매에 붙여졌을 때 1만 2천 달러에 낙찰되었다. 이는 링컨이 50년간 열심히 일해서 모을 수 있는 돈보다 더 큰 액수였다.

이 편지는 1863년 3월 26일, 남북 전쟁 중 가장 힘든 시기에 링컨이 쓴 것이다. 무려 1년 6개월 동안 링컨이 임명한 북군 사령관들은 패배에 패배를 거듭하고 있었다. 쓸데없고 바보 같은 인간 학살일 뿐이었다. 국민들은 공포에 떨었고 수천 명의 병사가 탈영했다. 심지어 자신이 소속된 공화당 의원들까지 반발해 링컨의 퇴진을 요구하기에 이르렀다.

당시 링컨은 "우리는 이제 파멸 위기에 처해 있습니다. 심지어 하느님께서도 우리를 버리신 것 같습니다. 저는 희망의 빛 한 줄기조차 볼 수 없습니다."라고 말했다.

이렇듯 이 편지는 어두운 슬픔과 혼란이 가득한 시기에 쓰였다. 내가 여기에 이 편지를 인용하는 이유는, 국가의 운명이 장군 한 사람의 행동에 의해 결정될 수 있었던 시기에 제멋대로 행동하는 장군을 바꿔 놓기 위해 링컨 대통령이 어떻게 노력했는지 알아보기 위해서이다.

이 편지의 내용은 아마 링컨이 대통령이 된 뒤에 쓴 편지 중 가장 신랄할 것이다. 그러나 당신은 링컨이 후커 장군에게 그가 저지른 심각한 수준의 잘못을 말하기 전에 먼저 칭찬을 했다는 것을 알아차릴 것이다.

그렇다. 후커 장군이 저지른 잘못은 정말 심각한 것이었다. 하지만 링컨은 그렇게 표현하지 않았다. 링컨은 좀 더 신중하고, 좀 더 외교적이었다. 그는 이렇게 썼다.

"제가 장군께 완벽하게 만족하지 못하는 부분이 몇 가지 있습니다."

은근하거나 외교적인 말이란 바로 이런 것이다. 후커 장군에게 보낸 링컨의 편지는 다음과 같다.

나는 장군을 포토맥 부대의 지휘관으로 임명했습니다. 물론 나름의 충분한 이유가 있었기 때문에 장군을 임명한 것입니다. 하지만 장군께 완벽하게 만족하지 못하는 몇 가지가 있다는 것을 아셨으면 합니다. 나는 장군이 용감하고 능력 있는 군인이라고 믿고 있고, 물론 그런 부분을 좋아합니다. 또한 장군께서 자신의 임무와 정치를 혼동하지 않는 분이라 믿고 있습니다. 이 점에서 장군께서는 정확한 분이십니다. 장군께서는 자신에 대한 확신을 갖고 계시고, 그런 점은 필수적이지는 않을지 몰라도 소중한 자질입니다.

장군은 야심이 있는 분이신데 적당한 선에서는 야심이라는 것도 해보다는 득이 되는 것입니다. 그러나 내가 생각하기에 번사이드 장군이 지휘하는 군대에 계신 동안 장군께서는 자신의 야심에 휩싸인 나머지 번사이드 장군의 명령에 불복종함으로써 혁혁한 전공을 쌓은 명예로운 동료와 국가에 중대한 잘못을 범했습니다. 믿을 만한 소식에 따르면, 최근에 장군께서 군대와 정부에 독재자가 필요하다는 말씀을 하셨다고 알고 있습니다. 물론 이런 말씀을 했기 때문이 아니라 이런 말씀을 했음에도 불구하고 나는 장군께 지휘를 맡겼습니다.

성공한 장군만이 독재자로 나설 수 있는 법입니다. 내가 장군께 바라는 것은 군사적 성공입니다. 그래서 나는 그 성공을 위해 독재의 위험도 감수할 것입니다. 정부는 최선을 다해 장군을 지원해드릴 것입니다. 지금까지도 그렇게 해왔고, 어떤 지휘관에게라도 그렇게 할 것입니다. 장군께서는 부대 내에 자신의 지휘관을 비난하고 지휘관을 신뢰하지 않는 풍조가 생기게 만들었습니다. 이제 그 결과가 결국 장군에게 되돌아가지 않을까 걱정입니다. 나는 그러한 사태를 방지하기 위해 내가 할 수 있는 한 최선을 다해 장군을 도울 것입니다.

군 내부에 그러한 정신이 만연한 상태라면, 장군이든 나폴레옹이 살아오든 간에 그런 부대를 이끌고 좋은 결과를 낼 수는 없을 것입니다. 그러니 이제 경솔한 언동에 주의하시기 바랍니다. 경솔한 언동은 삼가고, 전심전력으로 전투에 임함으로써 우리에게 승리를 안겨주시기 바랍니다.

여러분은 쿨리지도 아니고 매킨리나 링컨도 아니다. 여러분은 과연 이러한 철학이 일상생활 속 사업 관계에서도 효과가 있는지 알고 싶을 것이다. 과연 효과가 있을까?

필라델피아에 위치한 와크 컴퍼니의 W. P. 가우 씨의 사례를 들어 살펴보자. 가우 씨는 당신과 나처럼 평범한 시민이다. 그는 필라델피아에서 내가 강의하는 강좌의 학생이었고, 강의시간에 이 일에 대해 발표했다.

와크 컴퍼니는 정해진 날짜에 필라델피아에 대규모 사무실 건물 시공을 마치기로 계약했다. 모든 일이 착착 진행되어 완공이 되어가고 있었다. 그런데 갑자기 건물 외벽에 붙일 청동 장식을 납품하기로 한 업체에서 정해진 날까지 납품할 수 없다고 알려왔다. 큰일이었다. 공사가 전면 중단될 위기였다. 만약 공사가 중단될 경우 막대한 배상금을 포함한 손해가 이만저만이 아니었다. 모든 게 단 한 사람 때문이었다. 장거리 통화를 몇 번씩이나 하고 논쟁을 벌이며 열띤 대화를 나누었지만 소용없었다. 그래서 하청업체와 단판을 벌이기 위해 가우 씨가 뉴욕으로 갔다.

"브루클린에 사장님 성함을 가진 사람이 딱 한 사람뿐이란 사실을 알고 계신가요?"

가우 씨는 하청업체의 사장실로 들어서면서 이렇게 말했다.

사장은 깜짝 놀란 표정이었다.

"아뇨, 전혀 몰랐습니다."

"오늘 아침 기차에서 내려 사장님 회사 주소를 알기 위해 전화번호부를 펼쳐보았는데, 브루클린 지역에 사장님 성함을 가진 사람은 사장님 딱 한 분밖에 없더군요."

"전혀 몰랐네요."

사장은 이렇게 대답하고는 흥미로운 듯 전화번호부를 뒤져보았다.

"정말 흔하지 않은 이름이네요."

사장은 자랑스럽게 말했다.

그는 "우리 집안이 네덜란드를 떠나 여기 뉴욕에 정착한 지 거의 2백 년이 지났습니다."라고 하면서 자신의 집안과 조상들에 대해 몇 분간 더 얘기를 들려주었다. 그가 얘기를 마치자 가우 씨는 공장이 정말 크다는 칭찬을 하면서 그가 가본 여타 공장들과 비교해봤을 때 훨씬 더 좋다고 말했다.

"정말 제가 본 공장 중에서 가장 깨끗하고 정돈이 잘되어 있는 공장입니다."

그러자 사장은 "이 사업을 이렇게 일으키는 데 평생을 바쳤습니다.

지금은 무척 자랑스럽답니다. 공장을 좀 둘러보시겠습니까?"라고 말했다.

공장을 둘러보면서 가우 씨는 제작 시스템을 칭찬하면서 경쟁 업체들의 시스템에 비해 어떤 점에서 더 뛰어나 보이는지 말했다. 가우 씨가 몇 가지 처음 보는 기계들에 대해 언급하자, 사장은 자신이 직접 그 기계들을 발명했노라고 자랑하면서 상당한 시간 동안 그 기계들이 어떻게 작동하는지, 그리고 얼마나 좋은 결과가 나오는지 설명했다. 그러고는 자기와 점심 식사를 같이하자고 권했다.

지금까지 가우 씨가 방문한 진짜 목적에 대해서는 한마디도 나오지 않았다는 점을 유의하기 바란다.

점심 식사 후 사장은 이렇게 말했다.

"자, 이제 사업 이야기를 해봅시다. 당연히 저도 당신이 여기 온 이유를 알고 있습니다. 그렇지만 이 만남이 이렇게 즐거우리라고는 예상하지 못했습니다. 다른 주문이 늦춰지더라도 당신 회사 물건은 제 날짜까지 제작해서 보내겠다고 약속하겠습니다."

가우 씨는 요구하는 일 없이 자신이 원하는 바를 모두 얻었다. 물건은 제 날짜에 도착했고 건물은 완공 계약이 만료되는 그 날짜에 완성되었다. 가우 씨가 그런 상황에서 고압적인 방법을 썼더라면 이런 결과가 나올 수 있었을까?

그러므로 반감이나 반발을 사지 않으면서 다른 사람을 변화시키고 싶다면, 다음 방법을 기억하라!

칭찬과 솔직한 감사의 말로 시작하라.

*Begin with praise and honest appreciation.*

## 2

*How to Win Friends & Influence People*

# 미움받지 않고
# 비판하는 방법

어느 점심 무렵, 찰스 슈왑은
자신의 제철 공장 한 곳을 돌아보다 담배를 피우고 있는 직원들을 보았
다. 직원들 머리 바로 위에는 '금연' 표시가 붙어 있었다. 슈왑이 그 표
시를 가리키며 "글 읽을 줄 모르나?"라고 말했을까? 절대 그러지 않았
다. 그건 슈왑의 방식이 아니었다.

그는 직원들에게 다가가 담배를 하나씩 건네주며 이렇게 말했다.

"자네들 말이야, 밖에서 이 담배를 피워준다면 내가 정말 고맙겠는
걸."

자신들이 규칙을 어겼음을 슈왑이 알고 있다는 것을 직원들도 알았
다. 하지만 거기에 대해서는 일언반구도 없이 오히려 담배를 나눠주며
자신들이 인정받고 있다고 느끼도록 해주었기 때문에 직원들은 이런

슈왑을 존경하게 되었다. 어찌 이런 사람을 존경하지 않을 수 있겠는가?

존 워너메이커도 이와 똑같은 방법을 사용했다. 워너메이커는 필라델피아에 있던 자신의 대형 매장을 매일 돌아보았다. 그러던 어느 날 그는 고객이 계산대에서 기다리고 있는 모습을 보았다. 하지만 어느 누구도 그 여자 손님에게 신경을 쓰지 않고 있었다. 그럼 판매 사원들은 무엇을 했을까? 그들은 계산대 한쪽 구석에 모여 자기들끼리 잡담을 하며 웃고 떠드느라 바빴다. 워너메이커는 아무 말도 하지 않았다. 그는 조용히 계산대로 들어가 자신이 직접 고객의 계산을 처리한 뒤, 판매 사원에게 손님이 구입하신 상품을 포장하라고 건네주고는 그 자리를 떠났다.

1887년 3월 8일, 설교를 잘하기로 소문난 헨리 워드 비처가 사망했다. 일본식 표현을 빌리자면 유명을 달리했다. 라이먼 애벗은 비처의 사망으로 인해 비어 있는 설교대에서 그다음 일요일에 설교를 해달라는 부탁을 받았다. 최선을 다하기 위해 그는 플로베르처럼 꼼꼼한 주의를 기울여 쓰고 또 고쳐 쓰며 자신의 설교문을 다듬었다. 그러고 나서 설교문을 아내에게 읽어주었다. 대개 종이에 쓴 설교문이 그렇듯이 그의 설교문 역시 형편없었다.

만일 판단력이 떨어지는 아내였다면 이렇게 말했을지도 모르겠다.

"여보, 아주 형편없어요. 이대로는 절대 안 돼요. 사람들을 다 졸게 할 참이에요? 무슨 백과사전을 읽는 것 같아요. 그렇게 오랫동안 설교했는데 이 정도밖에 못 하나요? 세상에, 왜 이 사람이 말하는 것처럼 말하지 않는 거예요? 좀 더 자연스러울 수 없어요? 이걸 읽었다간 톡톡히 망신만 당할 거예요."

만일 그의 아내가 이렇게 말했다면 무슨 일이 벌어졌을지 여러분도 알 것이다. 그의 아내 역시 잘 알고 있었다. 그래서 그녀는 그 글을 〈노스 아메리칸 리뷰〉에 신는다면 정말 좋은 기사가 될 것 같다고 얘기해 줬다. 달리 말하면 그의 글을 칭찬하면서 동시에 연설로는 그리 좋지 않다는 것을 은근슬쩍 암시했던 것이다. 라이먼 애벗은 말뜻을 알아차리고 정성스레 준비한 원고를 찢어버린 채 메모 하나 없이 설교를 했다.

그러므로 반발이나 반감 없이 상대를 변화시키고자 한다면, 다음 방법과 같이 해보라!

**반감이나 반발 없이 상대를 변화시키는 방법 2**

상대의 실수를 간접적으로 지적하라.

*Call attention to people's mistakes indirectly.*

# 3

# 자신의 실수를
# 먼저 이야기하라

몇 년 전, 조카 조세핀 카네기가
내 비서로 일하겠다고 캔자스시티에 있는 자신의 집을 떠나 뉴욕으로
왔다. 조세핀은 당시 열아홉 살이었고 고등학교를 졸업한 지 3년이 되
었지만 사회생활 경험은 거의 없었다. 조세핀이 지금은 수에즈 서부 지
역에서 가장 유능한 비서 중 한 사람이 되었지만 그 당시 그녀는 부족
한 부분이 많았다.

하루는 조세핀을 야단치려는데 이런 생각이 들었다. '잠깐만, 데일
카네기. 자네는 조세핀보다 나이가 두 배는 많고 사회 경험은 1만 배 많
지. 어떻게 걔가 자네의 관점, 판단력, 창의력을 가지고 있으리라고 기
대할 수 있단 말인가. 자네의 그런 능력들도 결국 별것 아닐 텐데? 잠깐
기다려봐 데일. 너는 열아홉 살 때 뭘 하고 있었지? 네가 저질렀던 바보

같은 잘못이나 엄청난 실수를 기억해? 네가 했던 이런저런 일들을 기억해?'

솔직하고 공정하게 이런 생각을 하고 나자, 내가 열아홉 살 때보다 조세핀의 타율이 적어도 나보다는 높고, 이런 말하기 부끄럽지만 조세핀이 마땅히 받아야 할 칭찬도 내가 제대로 해주지 못하고 있다는 결론을 내리게 되었다.

그래서 그 이후로 나는 조세핀의 실수를 지적하고 싶을 때 이렇게 말을 꺼냈다.

"조세핀, 여기 실수한 게 있구나. 하지만 내가 그보다 더 큰 실수를 더 많이 했다는 건 하나님도 아신단다. 판단력은 태어날 때부터 갖고 나오는 게 아니라 경험을 통해 얻어지는 것이야. 그리고 너는 내가 너만 할 때보다 훨씬 낫다. 나는 멍청하고 바보 같은 짓을 너무 많이 저질렀기 때문에 너든 누구든 비판하고픈 생각이 조금도 없다. 하지만 네가 이러저러한 식으로 했다면 훨씬 더 현명한 일이었을 것이라고 생각하지 않니?"

비판하는 사람이 먼저 겸손하게 자신 또한 완벽한 사람이 아니라는 것을 인정하면서 시작한다면, 잘못을 되풀이해 지적하는 경우라도 조금은 받아들이기가 수월할 것이다.

세련되고 우아한 프린스 폰 뷜로는 1909년에 이미 이런 행동에 대한 분명한 필요성을 알고 있었다. 폰 뷜로는 독일 제국 수상이었고 당시 빌헬름 2세가 왕위에 있었다. 당시 독일 황제 빌헬름 2세는 어떤 나라든 쓸어버릴 수 있을 만큼 강력한 육군과 해군을 보유하고 있다고 자랑했기에 '오만한 빌헬름', '도도한 빌헬름', '최후의 독일 황제 빌헬름' 등으로 불리고 있었다.

그 당시 깜짝 놀랄 만한 일이 벌어졌다. 황제가 어떤 얘기를 했는데, 그 믿기 힘든 얘기로 인해 유럽 대륙이 요동치고 세계 각처에서 폭발음이 일어나기 시작했다. 황제는 어리석고 이기적이며 터무니없는 그 발언을 영국 방문길에 공개적으로 했으며, 또한 그 발언을 〈데일리 텔레그래프〉에 실어도 좋다고 허락해 상황은 걷잡을 수 없이 악화됐다. 황제가 한 말은 다음과 같았다. 황제 자신은 영국에 우호적인 유일한 독일 사람이다. 일본의 침략에 대비하기 위해 해군을 육성하고 있다. 황제 자신이, 그리고 자신만이 영국이 러시아와 프랑스에 짓밟혀 나뒹구는 것을 막아주었다. 남아프리카에서 영국의 로버츠 경이 보어인을 물리칠 수 있었던 것은 자신이 세운 전투 작전 때문이었다….

그 이전 1백년 동안 평화로운 시기의 유럽 대륙 왕들의 입에서 이런 충격적인 말이 나온 적은 없었다. 전 유럽 대륙이 벌집을 쑤신 것처럼 떠들썩했다. 영국은 격분했다. 독일 정치인들은 경악했다. 그리고 이 모든 난리 속에서 황제는 전전긍긍하다가 수상인 폰 뷜로에게 이 일을 책임져달라고 말했다. 황제는 폰 뷜로가 "모든 책임은 황제에게 잘못 조언한 나에게 있다."라고 발표하기를 원했던 것이다.

그러자 폰 뷜로는 이렇게 말했다.

"황제 폐하, 독일인이나 영국인 중 제가 폐하에게 그런 말을 하도록 조언했다고 믿을 사람은 하나도 없을 것으로 보입니다."

폰 뷜로는 자신의 입에서 이 말이 나간 순간 엄청난 실수를 저질렀다는 것을 깨달았다. 황제는 대노하여 "자네는 내가 어리석기 때문에 자네라면 절대 저지르지 않을 실수를 했다고 생각하는가 보군!"

폰 뷜로는 비판을 하기 전에 칭찬을 해야만 했음을 알고 있었다. 하지만 이미 늦어버렸으므로 그는 차선책을 택했다. 비판을 한 후 칭찬을 한 것이다. 그리고 종종 칭찬이 그러는 것처럼 그 결과는 놀라웠다.

그는 겸손하게 이렇게 대답했다.

"저는 절대 그런 뜻으로 말씀드린 게 아닙니다. 황제 폐하께서는 다 방면에서 저보다 뛰어나십니다. 해군이나 육군에 대한 지식은 물론 여러 분야 중에서도 특히 자연과학에서는 저보다 훨씬 뛰어나시지요. 폐하께서 기압계나 무선 전신, 또는 뢴트겐 광선에 대해 설명하실 때는 종종 경탄하며 듣고 있습니다. 저는 자연과학에 대해서는 부끄러울 정도로 아는 것이 없고 화학이나 물리학에 대해서도 아는 바가 없습니다. 그리고 저는 아주 단순한 자연 현상조차 제대로 설명할 수 없습니다. 하지만 그에 대한 보상인지 모르지만 역사에 대해서는 약간의 지식이 있고 정치, 특히 외교에 유용한 어떤 자질도 갖고 있지 않나 생각하고 있습니다."

황제의 얼굴이 밝아졌다. 폰 뷜로가 황제를 칭찬했다. 황제를 높이 세우고 스스로 몸을 낮춘 것이다. 그 뒤 황제는 모든 것을 용서할 수 있었다. 열의에 찬 황제가 감탄하듯 말했다.

"우리는 놀라울 정도로 서로 보완적인 관계라고 내가 말하지 않았소? 우리는 함께 가야지. 그렇게 해야지."

그는 폰 뷜로의 손을 잡고 흔들었다. 그것도 한 번이 아니라 여러 번. 그날 오후 황제는 너무 열의에 차서 두 주먹을 꽉 쥐고 이렇게 말했다.

"내게 프린스 폰 뷜로에 대한 안 좋은 이야기를 하는 자가 있다면 한 방 먹여주겠다."

폰 뷜로는 위기를 모면했지만 빈틈없는 외교관임에도 불구하고 한 가지 실수를 했다. 그는 황제가 조금 부족한 사람이라 보호자가 필요하다는 암시가 아니라, 자신의 실수를 먼저 말하고 빌헬름의 우수함을 칭찬하며 시작했어야만 했다.

자신을 낮추고 상대를 칭찬하는 말 몇 마디로도 모욕당했다고 느끼는 오만한 황제를 절친한 친구로 만들 수 있다면, 겸손함과 칭찬이 우리 일상 속에서 여러분과 내게 어떤 일을 해낼지 상상해보라. 제대로 사용한다면 겸손과 칭찬은 인간관계에서 진정한 기적을 만들어낼 것이다.

그러므로 반발이나 반감 없이 상대를 변화시키고자 한다면, 다음 방법과 같이 해보라!

### 반감이나 반발 없이 상대를 변화시키는 방법 3
상대방을 비판하기 전에 자신의 실수에 대해 먼저 이야기하라.
*Talk about your own mistakes before criticizing the other.*

*How to Win Friends & Influence People*

# 명령받는 것을
# 좋아하는 사람은 없다

최근 나는 미국 전기작가협회의
원로인 아이다 타벨 여사와 식사를 함께할 기회가 있었다. 나는 이 책
을 집필 중이라고 말했다. 우리는 '사람과 잘 지내는 법'이라는 매우 중
요한 주제에 대해 활발하게 의견을 교환했다. 그녀는 오웬 D. 영의 전
기를 쓸 당시의 이야기를 들려주면서 영 씨와 함께 3년간 같은 사무실
에서 일했던 사람과의 인터뷰에 대해서도 이야기를 해주었다.

그 사람은 3년 동안 일을 하면서 단 한 번도 오웬 D. 영이 누군가에
게 직접적인 명령을 하는 것을 들어본 적이 없다고 단언했다. 오웬 D.
영은 항상 제안을 했을 뿐 명령을 하지는 않았다. 예를 들어, 그는 "이
렇게 하세요, 아니면 저렇게 하세요."라거나 "이렇게 하지 마세요, 아
니면 저렇게 하지 마세요."라고 말한 적이 없었다. 그는 "이런 것도 생

각해보면 좋겠네요."라거나 "이렇게 하면 될 것 같습니까?"라고 말했다. 그는 편지를 구술한 뒤 종종 "이 부분은 어떻게 생각하세요?"라고 말했다. 그의 비서 중 한 사람이 작성한 편지를 검토한 뒤에는 "우리가 이 분분을 이렇게 고치면 더 좋아질 것 같아요."라고 말하기도 했다. 그는 언제나 사람들에게 본인이 직접 일을 처리할 수 있도록 기회를 주었다. 절대로 자신의 직원들에게 일을 하라고 명령하지 않았다. 그는 직원들이 일을 하게 두고, 자신이 저지른 실수를 통해 배우게 했다.

이러한 기술은 사람들 각자가 쉽게 자신의 실수를 바로잡을 수 있게 만든다. 또한 상대의 자존심을 세워주면서 상대에게 인정받고 있다는 생각이 들게 한다. 상대방으로 하여금 반감 대신 협조하고 싶은 마음을 일으킨다.

그러므로 반발이나 반감 없이 상대를 변화시키고자 한다면, 다음과 같이 해보라!

## 반감이나 반발 없이 상대를 변화시키는 방법 4
직접적인 명령 대신 질문을 하라.
*Ask questions instead of giving direct orders.*

# 5

*How to Win Friends & Influence People*

# 상대방의 체면을
# 세워주어라

오래전 제너럴 일렉트릭 컴퍼니는
찰스 스타인메츠를 부서장 자리에서 물러나게 해야 하는 까다로운 문
제를 처리해야 했다. 스타인메츠는 전기에 대해서는 손꼽히는 천재였
지만 회계부서장감으로는 부적격이었다. 그러나 회사 입장에서는 그
의 감정을 상하게 하고 싶지 않았다. 그는 회사에 없어서는 안 되는 꼭
필요한 인물이었고, 굉장히 예민한 사람이었다. 그래서 회사에서는
'GE 컨설팅 엔지니어'라는 새로운 직위를 만들어 그에게 부여했다. 그
가 예전에 하던 일과 같은 일이었다. 그리고 그가 맡았던 회계부서장에
는 다른 인물을 임명했다.

스타인메츠는 만족했다. 회사 간부들도 역시 기뻐했다. 그들은 회사
에서 가장 까다로운 인물의 체면을 세워줌으로써 깔끔하게 아무 잡음

없이 일을 처리했기 때문이다.

상대방의 체면을 살려주는 것! 이것이야말로 중요하고도 중요한 일이다. 그럼에도 불구하고 잠시라도 시간을 내어 그런 생각을 하는 사람은 몇이나 되는가! 우리는 상대의 감정 따윈 거들떠보지도 않고 우리 고집대로 한다. 잘못을 꼬집어내고, 위협하고, 다른 사람들 앞에서 아이나 종업원을 나무란다. 상대방의 자존심이 다치는 것은 안중에도 없이 말이다. 하지만 이와 반대로, 잠시 생각을 가다듬거나 사려 깊은 말 한두 마디, 상대방의 입장에 대한 진심어린 이해를 보여준다면 상대방이 받을 상처를 훨씬 줄이게 될 것이다.

다음부터 우리가 아랫사람이나 종업원들을 해고해야 하는 편치 않은 일을 처리해야 할 때는 이 점을 기억하도록 하자.

해고당하는 일은 말할 것도 없겠지만, 직원을 해고하는 일도 그렇게 즐거운 일이 아닙니다. (나는 지금 공인회계사인 마셜 A. 그레인저가 내게 보낸 편지를 인용하고 있다.) 우리 일은 대개 한철 장사라 3월에 많은 인원을 감축해야 합니다. 우리 직종에 있는 사람들 사이에서 해고하는 것을 좋아하는 사람이 없다는 건 너무나 당연합니다. 그렇기 때문에 가능하면 간단히 처리하는 관례가 자리 잡았는데, 대개는 다음과 같습니다.

"앉으십시오, 스미스 씨. 이번에 시즌이 끝나서 더 이상 드릴 일거리가 없습니다. 물론 스미스 씨께서 시즌 동안만 일한다는 조건으로 채용되었다는 점은 이미 알고 계셨으리라 생각합니다. 그리고 등등…."

이런 말을 들은 사람들은 실망감과 '모멸감'을 느낍니다. 평생 회계업계에 종사했는데도 자신들을 그렇게 쉽게 해고하는 회사에 대해 그들은 손톱만큼의 애착도 가지지 않습니다.

최근에 나는 임시 직원들을 좀 더 능숙하고 사려 깊은 태도로 내보내야겠다고 결심했습니다. 그래서 면담을 하기 전에 반드시 그가 겨울 동안 한 업무를 살펴보았습니다. 그러고 나서 이렇게 말했습니다.

"스미스 씨 정말 수고하셨습니다.(실제로 일을 잘한 경우의 얘기입니다.) 저희가 스미스 씨를 뉴어크에 파견했을 당시 정말 어려운 일을 맡으셨습니다. 어려운 상황이었으나 잘 처리해주셔서 저희로서는 정말 자랑스럽습니다. 스미스 씨께서는 능력이 뛰어나신 분이라 어디서든 계속해서 일을 잘 해나가실 겁니다. 우리가 스미스 씨를 믿고 있으며 언제나 응원을 보내고 있다는 점을 잊지 마시기 바랍니다!"

그 결과 사람들은 해고당하는 것에 대해 전보다 훨씬 더 좋은 감정을 갖고 떠났습니다. 모멸감도 느끼지 않았습니다. 그들은 만약 우리에게 일거리가 있었다면 그들과 계속해서 일했으리라는 것을 알았습니다. 그리고 다시 그들이 필요할 때 그들은 우리 회사에 상당한 호감을 갖고 일하러 옵니다.

고인이 된 드와이트 머로는 상대방에게 달려들어 싸우고 싶어 하는 공격적인 사람들을 화해시키는 비상한 능력을 갖고 있었다. 어떤 방법을 썼을까? 그는 양측에서 옳은 점, 정당한 점을 세심하게 찾아내 그 점을 칭찬하고 강조하며 조심스럽게 그 점이 드러나게 했다. 그리고 어떻게 해결이 되더라도 절대 어느 쪽도 잘못한 편이 되지 않게 만들었다.

바로 이 점, 즉 상대의 체면을 세워줘야 한다는 것은 진정한 중재자라면 누구나 알고 있는 것이다. 진짜 위대한 사람, 즉 평범한 세계를 넘어선 사람은 자신의 개인적 승리를 흐뭇하게 감상하는 데 시간을 낭비하지 않는다. 다음 예를 보자.

1922년, 터키 사람들은 수백 년 동안 심각한 적대 관계를 유지하던 끝에 그리스인들을 자국 영토에서 영원히 몰아내기로 결정했다. 당시 무스타파 케말은 병사들에게 나폴레옹처럼 원대한 포부를 담은 연설을 했다.

"제군들의 목표는 지중해다."

이 연설과 함께 현대사에서 가장 격렬한 전쟁 중 하나가 일어났다. 터키군이 승리했다. 그리고 2명의 그리스 장군, 트리코피스와 디오니스가 항복하기 위해 케말이 있는 곳으로 가는 동안 터키 사람들은 항복하려는 적들에 대해 엄청난 저주를 퍼부어댔다. 그러나 케말의 태도는 전혀 승자의 모습이 아니었다.

"여러분, 앉으십시오."

그는 그들의 손을 잡고 이렇게 말했다.

"모두 피곤하실 겁니다."

그리고 전쟁에 대해 자세한 의견을 교환하고 나서, 적들이 받은 패전의 충격을 덜어주었다. 그는 군인 대 군인으로서 이렇게 말했다.

"전쟁은 때로 게임과 같아서 뛰어난 사람이 지는 경우도 가끔 있습니다."

승리에 대한 엄청난 기쁨 속에서도 케말은 이 중요한 규칙을 기억하고 있었다.

그러므로 반발이나 반감 없이 상대를 변화시키고자 한다면, 다음과 같이 해보라!

상대방의 체면을 세워주어라.

*Let the other person save face.*

## 6

*How to Win Friends & Influence People*

# 사람들을 성공으로
# 이끄는 방법

**나는 피트 발로와**
잘 알고 지내는 사이였다. 피트는 동물 쇼를 하면서 평생을 서커스단, 곡예단을 따라 떠돌아다녔다. 나는 피트가 자신의 무대를 위해 새로 데려온 개를 조련하는 모습을 구경하는 걸 좋아했다. 나는 개가 조금만 잘해도 그가 개를 쓰다듬고 칭찬하며 고기를 주고 난리를 떠는 모습을 보았다.

이 방법은 새로운 것이 아니다. 동물 조련사들은 그와 같은 방법을 수백 년 전부터 사용해왔다. 그런데 왜 우리는 개를 훈련할 때 사용하는 상식을 사람을 변화시키고자 할 때는 쓰지 않는 걸까? 왜 우리는 채찍 대신 고기를 쓰지 않는 걸까? 왜 우리는 비난 대신 칭찬을 쓰지 않는 걸까? 조그마한 진전이라도 보이면 칭찬하도록 하자. 칭찬은 상대방이 계속 나아지게 한다.

루이스 E. 러스 소장은 범죄 행위에 대해 무감각해진 싱싱 교도소의 수감자들조차 조그마한 발전에 칭찬을 해주면 변화가 생긴다는 것을 알았다.

내가 이 부분을 쓰고 있을 때 루이스 소장의 편지를 받았다. 내용은 다음과 같다.

"저는 발견했습니다. 재소자들의 노력에 대해 적절하게 칭찬하는 것이 잘못을 심하게 비판하거나 비난하는 것보다 그들의 협력을 얻어내고, 더 나아가서 마지막에는 그들의 사회 복귀에 더 좋은 결실을 맺게 해준다는 것을 말입니다."

나는 싱싱 교도소에 수감된 적이 없다. 적어도 지금까지는 그렇다. 그러나 나의 과거를 돌아보면 몇 마디 칭찬의 말이 내 삶 전체를 뒤바꿔놓았음을 알 수 있다. 여러분의 인생에서도 이런 경험을 해볼 수 있지 않은가? 역사는 칭찬의 마법 그 자체가 만들어낸 놀라운 사례들로 넘쳐난다.

50년 전 열 살짜리 소년이 나폴리의 한 공장에서 일을 하고 있었다. 그는 가수가 되고 싶었지만 그의 첫 번째 선생님이 그의 의욕을 꺾어버렸다. 그 선생님은 소년에게 이렇게 말했다.

"너는 노래할 수 없어. 너의 목소리에는 울림이 전혀 없어. 꼭 덧문에서 새는 바람소리처럼 들린다."

하지만 가난한 농부였던 소년의 어머니는 자신의 팔로 소년을 끌어안고 칭찬해주었다. 소년이 노래를 잘할 수 있다는 것을 알고 있고 벌써 나아지고 있다고 말했다. 그리고 소년의 음악 교습비를 지불하기 위해 돈을 아끼려고 맨발로 다니기도 했다. 농부였던 어머니의 칭찬과 격려가 소년의 삶을 바꿔놓았다. 여러분은 그 소년의 이름을 들어보았을 것이다. 그의 이름은 이탈리아의 유명한 테너 가수 엔리코 카루소다.

오래전, 런던의 한 소년이 작가가 되기를 꿈꿨다. 그러나 그에게 우호적인 조건은 하나도 없었다. 그가 학교를 다닌 기간은 4년에 불과했다. 그의 아버지는 빚을 갚지 못해 감옥에 들어갔고 소년은 종종 굶주림을 견뎌야 했다. 마침내 그는 쥐가 들끓는 창고에서 구두약 통에 상표를 붙이는 일을 하게 됐다. 그리고 밤이 되면 런던 빈민가를 떠도는 부랑아 소년 둘과 음침한 다락방에서 잠을 청했다.

그는 자신의 글재주에 너무나 자신이 없었기 때문에 아무도 그를 비웃을 일이 없도록, 한밤중에 몰래 나가 자신의 원고를 출판사로 보내곤 했다. 소설은 계속해서 거절당했다. 그러다 마침내 기념비적인 날이 왔다. 원고가 받아들여진 것이다. 사실 그는 원고료는 한 푼도 받지 못했지만 한 편집장이 그를 칭찬해주었다. 한 사람이 그를 인정해준 것이다. 그는 너무 기쁜 나머지 두 뺨에 눈물을 흘리며 정처 없이 거리를 돌아다녔다.

작품 한 편이 인쇄되어 나옴으로써 그 소년이 받은 칭찬과 인정은 그의 삶을 뒤바꿔놓았다. 만약 그런 격려가 없었다면 그는 한평생 쥐가 득실거리는 공장에서 상표나 붙였을지도 모를 일이다. 여러분은 이 소년의 이름을 들어봤을 것이다. 그의 이름은 찰스 디킨스다.

반세기 전에 런던의 또 다른 소년은 포목점에서 점원으로 일을 하고 있었다. 그는 새벽 5시에 일어나 가게를 청소한 후 하루 14시간씩 노예처럼 일해야 했다. 그것은 매우 고된 노역이었고, 소년은 그것이 너무나 싫었다. 2년 뒤, 소년은 더 이상 그 일을 견딜 수 없었다. 그래서 어느 날 아침 일어나자마자 해가 뜨기를 기다리지도 않고 15마일을 걸어 가정부로 일하고 있던 어머니를 찾아갔다. 그는 미쳐서 날뛰었다. 그리고 어머니께 간청하고 눈물도 흘렸다. 가게에 남아 더 일하느니 차라리 죽어버리겠다고 어머니에게 호소했다. 그러고 나서 소년은 자신의 옛 교장선생님께 자신은 가슴이 너무 아파서 더 이상 살고 싶지 않다는 장문의 편지를 썼다. 교장선생님께서는 먼저 그를 칭찬한 뒤, 그가 정말 영리할 뿐 아니라 지금보다 나은 일을 할 만한 사람이라고 확신을 심어주며 교사직을 권했다.

이 칭찬은 그 소년의 장래를 바꿔놓고 소년이 영국 문학사에 영원한 족적을 남기게 했다. 그는 77권의 책을 저술하고, 펜으로만 1백만 달러 이상의 부를 쌓았다. 아마 그 소년의 이름도 들어보았을 것이다. 그는 유명한 영국 소설가 H. G. 웰스다.

1922년 캘리포니아주 외곽에 아내와 함께 힘든 시절을 보내는 한 남자가 있었다. 그 남자는 일요일에는 교회 성가대에서 노래를 부르고, 가끔씩 결혼식장에서 '오, 내게 약속해주오'를 불러 5달러를 벌기도 했다. 그는 너무 가난한 나머지 시내에서는 살 수 없었고, 포도 농장 가운데 지은 곧 쓰러질 것 같은 집에 세를 얻어 살았다. 월세가 12달러 50센트밖에 안 되는 집이었다. 그는 이 싼값의 월세조차도 제때 낼 수 없어 이미 집세가 열 달치나 밀려 있었다. 그는 포도 농장에서 포도 따는 일을 거들면서 밀린 집세를 조금씩 갚아나갔다. 그는 포도 외에는 먹을 것이 없던 시절이 있었노라고 내게 말했다.

너무 의기소침해진 그는 가수의 꿈을 접고 생계를 꾸리기 위해 트럭 파는 일에 나서려고 했다. 그런데 때마침 루퍼트 휴즈가 그를 칭찬했다.

　"당신은 정말 훌륭한 가수가 될 자질을 가지고 있어요. 그러니 꼭 뉴욕에 가서 공부하십시오."

　그 젊은 친구는 최근 내게 그 자그마한 칭찬이, 그 약간의 격려가 인생의 전환점이 되었다고 털어놓았다. 왜냐하면 그는 2천5백 달러를 빌려 휴즈의 말대로 공부를 하러 동부로 갔기 때문이다. 여러분은 이 사람 이름 역시 들어봤을 것이다. 그의 이름은 바리톤 가수로 명성을 떨친 로렌스 티벳이다.


　사람을 변화시키는 것에 대해 이야기해보자. 만약 여러분과 내가 다른 사람에게 영감을 주어 그가 숨겨진 보물을 갖고 있다는 사실을 깨닫게 만들 수 있다면, 우리는 사람을 변화시키는 것 이상의 일을 할 수 있다. 말 그대로 완전히 다른 사람이 되게 할 수도 있다.

　과장 같다고? 그렇다면 하버드 대학 교수이며 미국이 낳은 가장 훌륭한 심리학자이자 철학자인 윌리엄 제임스의 말을 들어보자.

　"우리가 가진 잠재성에 비추어볼 때 우리는 단지 반만 깨어 있을 뿐이다. 우리는 자신이 가진 육체적, 정신적 자원의 극히 일부만 사용하고 있을 뿐이다. 이를 일반화해 이야기하면 각자의 인간은 그렇게 살아감으로써 자신의 한계보다 훨씬 못 미치는 삶을 살고 있는 것이다. 인간은 습관상 활용하지 못하고 있는 다양한 종류의 능력을 보유하고 있다."

　그렇다. 지금 이 책을 읽고 있는 여러분 역시 습관적으로 사용하지 못하는 다양한 능력을 가지고 있다. 그리고 당신이 제대로 쓰고 있지 않은 그 능력 중에는 상대방을 칭찬하고 영감을 불어넣어 상대로 하여금 그들의 잠재 능력을 깨닫게 만드는 마법 같은 능력도 있다.

그러므로 반발이나 반감 없이 상대를 변화시키고자 한다면, 다음과 같이 해보라!

**반감이나 반발 없이 상대를 변화시키는 방법 6**

아주 조금의 진전이라도 칭찬하라. 모든 진전에 대해 칭찬하라.
진심으로 인정하고 아낌없이 칭찬하라.

*Praise the slightest improvement and praise every improvement.*
*Be "hearty in your approbation and lavish in your praise."*

*How to Win Friends & Influence People*

# 개에게도 좋은 이름을
# 지어주어라

뉴욕 스카스데일에
사는 내 친구 어니스트 젠트 여사는 어느 날 하녀를 고용하고는 다음
월요일부터 나오라고 말했다. 그동안 젠트 여사는 이전에 그 하녀 아이
를 고용했던 집에 전화를 걸어 그녀에 대해 물어보았다. 그런데 문제가
많았다. 그러나 그녀는 하녀가 일을 하러 오자 이렇게 말했다.

"넬리, 네가 전에 일하던 집주인에게 전화를 해보았단다. 그 여주인
은 네가 정직하고 믿음직한 아이라고 말하더구나. 요리도 잘하고 아이
들도 잘 돌본다고 말이야. 그런데 네가 좀 지저분하고 집을 전혀 치우
지 않는다는 말도 하더구나. 하지만 나는 그 사람이 거짓말을 한 것 같
아. 너는 옷을 깔끔하게 입고 있잖니. 그건 누가 봐도 알 수 있지. 그래
서 나는 네가 딱 네 모습처럼 집 안을 깨끗하고 치울 거라는 것을 의심

치 않아. 너랑 나랑은 좋은 관계가 될 것 같구나."

그리고 그들은 정말 잘 지냈다. 넬리에 대한 좋은 평가는 그녀가 지켜야 할 기준이 되었다. 그녀는 집 안을 윤이 나도록 유지했다. 겐트 부인의 기대를 저버리지 않기 위해 일과 후에라도 집 안을 닦고 털며 1시간 더 일하곤 했다.

볼드윈 로코모티브 웍스사의 사장 사무엘 보클레인은 이렇게 말했다.

"대개의 사람들은 존경하고 있는 사람이 자신의 어떤 능력을 높이 평가하고 있음을 보여주면 그 사람을 쉽게 따른다."

다시 말해서 상대의 어떤 부분을 개선하고자 한다면, 그 특정 부분이 그 사람의 뛰어난 장점 중 하나인 것처럼 행동해야 한다.

셰익스피어는 "내가 가지지 못한 장점이 있다면 가진 것처럼 행동하라."고 말했다. 그러니 다른 사람들 앞에서 상대방이 발전했으면 하는 방향에 대한 장점이 이미 있다고 가정하고, 공개적으로 밝히는 것이 좋다. 상대방에게 부응할 만한 좋은 평판을 주어라. 그러면 그는 여러분이 실망하는 모습을 보지 않기 위해서라도 열심히 노력하는 편을 택할 것이다.

조르제트 르블랑은 저서 《추억, 마테를링크와 함께한 내 인생》에서 벨기에판 신데렐라의 놀라운 변신에 대해 소개했다. 책에서 그녀는 이렇게 묘사하고 있다.

이웃 호텔에서 하녀가 내게 식사를 날라다 주었다. 그녀는 '접시닦이 마리'라고 불렸다. 호텔에 들어와 처음 한 일이 식기 닦는 일이었기 때문이다. 눈은 사팔뜨기이고 다리는 안짱다리여서 보기에

흉했다.

하루는 그녀가 빨개진 손으로 마카로니가 든 내 식사를 들 다. 나는 그녀에게 단도직입적으로 말했다.

"마리, 너는 네 안에 어떤 보물이 있는지 전혀 모르고 있구ㄴ

감정을 숨기는 데 익숙했던 마리는 크게 야단맞을까 봐 두 며 조금도 움직이지 못하고 마냥 서 있었다. 그렇게 몇 분이 을까. 이윽고 마리는 탁자 위에 접시를 내려놓고 한숨을 내 진심어린 목소리로 이렇게 말했다.

"마님, 마님께서 말씀해주시지 않았더라면 저는 알고 그렇 하지 못했을 거예요."

그녀는 의심을 품지도 않고 의문을 제기하지도 않았다. 그 곧장 부엌으로 가서 바구니 하나를 들고 하게 그 말을 믿고 있었기 때문에 누가 날 이후 그녀 성 득의할 만 자신 안에 보었고, 그 칭찬은 그녀의 모든 것을 바꿔놓았다.

헨리 클레이 리스너도 프랑스에 주둔 중인 미 보병부대 병사들의 품행을 개선하고자 했을 때 이와 똑같은 방법을 썼다. 아주 유명한 미국 장군 중 한 사람인 제임스 G. 하보드는 리스너에게 자신이 생각하기에 프랑스에 있는 보병 2백만은 자신이 전에 만나본 병사들 중 가장 깔끔하고 이상적인 병사들이라고 말했다.

너무 과장된 칭찬일까? 그럴지도 모른다. 그러나 리스너가 이 말을 듣고 어떻게 했는지 살펴보자. 그는 이렇게 쓰고 있다.

"나는 장군의 말을 늘 병사들에게 전했습니다. 한 번도 이 말이 사실인지 아닌지 의심을 품지 않았습니다. 설혹 사실이 아니라 하더라도 하보드 장군이 그렇게 생각한다는 것을 병사들이 아는 것만으로도 병사들이 그러한 모범적인 행동을 하려고 노력할 것임을 알고 있었기 때문입니다."

이런 옛 격언이 있다.

"미친개라고 낙인을 찍는 것은 그 개의 목을 매다는 것이나 마찬가지다."

하지만 좋은 이름을 지어주면 어떤 일이 일어나겠는가? 부자건 가난뱅이건, 거지건 도둑이건, 대다수 사람은 자신에게 진실한 사람이라는 명성이 주어지면 그에 맞게 살아간다.

싱싱 교도소 소장 워든 러스는 이렇게 말했다.

"악당을 다뤄야만 하는 상황에서 그를 이길 수 있는 방법은 하나밖에 없다. 그 사람을 존경할 만한 사람처럼 대해주는 것이다. 그가 그 지위에 맞는 대우를 받을 만하다고 생각하라. 그렇게 대해주면 누군가 자신을 믿어준다는 뿌듯함에 그도 기분이 좋아져 그런 대우에 걸맞게 행

**8**  *How to Win Friends & Influence People*

# 고치기 쉬운 잘못이라고
# 인식하게 하라

얼마 전 마흔쯤 된

친구 하나가 약혼을 했다. 그의 약혼자가 그에게 춤 교습을 받으라고
설득했다. 그가 내게 그때의 일을 들려주었다.

🖋  하느님도 내가 춤 교습이 필요하다는 것은 알고 계실 거야. 20
년 전 춤을 처음 배울 때랑 지금 수준이 똑같으니 말이야. 내 첫 번째
춤 선생은 내게 사실을 말해준 것 같아. 그녀는 내 춤이 정말 엉망이
라 처음부터 모든 것을 다시 배워야 한다고 했지. 그 말을 듣자 배우
고 싶은 마음이 싹 가시고 말았다네. 춤을 계속 배우고 싶은 의욕이
생기지 않더군. 그래서 그만두고 말았지.

그다음에 만난 선생은 내게 거짓말을 했을 수도 있지만 그 덕분에

다. 한 예를 들어보겠다.

나는 토머스 부부와 함께 주말을 보낸 적이 있다. 그 토요일 밤에 나는 타오르는 난롯가에 앉아 편하게 브리지 게임을 하자는 제안을 받았다. 브리지 게임이라니? 나는 절대로 브리지 게임을 즐기지 않는다. 이 게임에 대해서 하나도 모를뿐더러 그 게임은 내게 영원한 수수께끼 그 자체다. 안 돼. 브리지 게임은 불가능한 일이야!

"이봐, 데일, 이 게임은 어렵지 않아."

로웰이 말했다.

"기억하고 결정하는 것 말고는 아무것도 필요 없어. 자네는 기억에 대한 글도 쓰지 않았나. 브리지는 자네한테 딱 맞는 게임이라네."

그리고 내가 무엇을 하는지 깨닫기도 전에 나는 생전처음으로 브리지 게임을 하고 있었다. 그것은 순전히 내가 타고난 재능이 있다는 말을 듣기도 했거니와 게임이 쉬워 보였기 때문이다.

브리지 게임 얘기를 하다 보니 엘리 컬버트슨이 생각난다. 컬버트슨이라는 이름은 브리지 게임을 하는 곳이라면 어디든 잘 알려진 이름이다. 그가 지은 브리지 게임에 대한 책은 수십 개의 언어로 번역되었으며 수백만 부가 팔렸다. 하지만 그가 내게 털어놓은 바에 따르면, 한 젊은 여성이 그에게 브리지 게임에 소질이 있다고 확신을 주지 않았다면 자신은 결코 브리지 게임에 정통해지지 않았을 것이라고 했다.

1922년 그가 미국에 왔을 때, 그는 철학과 사회학을 가르치는 일자리를 얻으려고 했지만 구할 수가 없었다. 그래서 석탄 판매를 시작했으나 실패했다. 커피 판매업에 도전했지만 역시 실패했다.

당시 그는 브리지 게임을 가르치는 일이 생길 것이라고는 생각하지 못했다. 그는 카드 게임에는 소질이 없었을 뿐만 아니라 고집까지 셌

9

*How to Win Friends & Influence People*

# 내가 원하는 것을
# 기꺼이 하도록 만드는 방법

915년 무렵,

미국은 경악했다. 인류가 흘린 피의 역사를 통틀어도 전에는 꿈도 꾸지 못할 엄청난 규모의 대량 살상을 유럽 국가들이 1년 이상 진행하고 있었다. 과연 평화가 올 수 있을까? 아무도 알 수 없었다. 그러나 우드로 윌슨은 평화를 위해 힘쓰기로 결심했다. 그는 자신을 대리하는 평화사절단을 유럽에 파견해 전쟁 중인 각국 지도자들과 협의하고자 했다.

평화의 대변자였던 미국 국무장관 윌리엄 제닝스 브라이언은 그 사절단에 합류하길 원했다. 그는 그 시기 인류 평화에 기여하는 업적을 남김으로써 자신의 이름을 길이 남길 수 있는 기회라고 생각했다. 하지만 윌슨은 자신의 친한 친구인 하우스 대령을 임명했다. 하우스에게는 브라이언이 기분 나빠하지 않게 이 반갑잖은 소식을 전해야 하는 난처

항상 그런 방법을 사용했다면 역사가 달라졌을지도 모른다. 예를 들어, 윌슨은 미국이 UN의 전신인 국제연맹에 가입하려 했을 때 상원의원과 공화당이 기쁘게 받아들이도록 만들지 못했다. 윌슨은 국제연맹을 구성하기 위해 평화 회담을 하러 가면서 엘리후 루트나 휴스, 혹은 헨리 캐보트 로지 같은 쟁쟁한 공화당 의원들 중 한 사람을 데리고 가는 대신 자기 당의 잘 알려지지 않은 의원들을 선발해 데리고 갔다. 그는 공화당 사람들을 냉대했다. 국제연맹에 대해 대통령 자신뿐만 아니라 공화당도 함께 구상했다는 생각은 갖지도 못하게 하고, 그들이 그 설립에 관여하는 것을 가로막았다. 이렇게 허술하게 인간관계를 처리한 결과 윌슨은 결국 실각했고, 건강이 나빠지면서 수명까지 단축됐다. 또 미국이 국제연맹에 가입하지 않음으로써 세계의 역사가 달라졌다.

유명한 출판사 더블데이 페이지는 항상 '상대방이 당신이 제안한 일을 기쁜 마음으로 하게 하라.'라는 규칙을 준수했다. 이 출판사가 이 점을 어찌나 잘 사용했던지 오 헨리는 다른 출판사가 그의 원고를 출판하겠다고 할 때보다 더블데이 페이지사가 거절할 때 더 기분이 좋았다고 말했다. 그것은 더블데이 페이지사가 작품을 거절할 때도 그 원고의 가치를 잘 인정하면서 아주 정중하게 거절했기 때문이다.

나는 친구의 부탁이나 신세 진 사람들로부터 받은 많은 연설 초청을 시간이 없어서 거절해야만 했던 사람을 알고 있다. 그러나 그는 거절하면서도 상대방이 만족할 수 있게 만드는 재주가 있었다. 그는 어떻게 했을까? 너무 바쁘다거나 이런저런 사정이 있어서라고 말만 하는 방식은 아니었다. 먼저 초대에 대한 감사 인사를 전한 다음 초청을 수락할 수 없는 것에 대해 유감을 표하고, 자신을 대신할 연사를 추천해주트는 고민거리가 하나 있었다. 그것은 기계공 한 사람의 태도를 바로잡아주는 것이었는데, 그러면서도 그가 반발하지 않도록 만드는 것이 문제였다. 그 기계공의 업무는 타자기를 비롯해 밤낮으로 작동하는 여러 대의 기계를 관리하는 일이었다. 그는 근무시간이 너무 길다거나 일의 양이 너무 많다거나 보조가 필요하다며 항상 불평을 늘어놓았다.

윈트는 그에게 보조를 구해주지도 않고, 그렇다고 근무시간이나 업무를 줄이지 않으면서도 그 기계공이 만족하도록 만들었다. 어떻게 했을까? 이 기계공은 개인 사무실을 제공받았다. 사무실 문에는 그의 이름과 함께 '정비부 관리자'라는 직함이 걸려 있었다.

그는 더 이상 누구나 함부로 부릴 수 있는 수리공이 아니었다. 그는 이제 한 부서의 관리자였다. 권위도 생겼고 인정도 받으니 자신이 중요한 인물이라는 느낌도 받게 되었다. 그는 기쁜 마음으로 일했고 불평 따위는 하지 않았다.

유치하다고? 아마 그럴지도 모르겠다. 나폴레옹이 레지옹 도뇌르 훈장을 만들어 1천5백 명의 군인에게 수여하고 18명의 장군에게 '프랑스 대원수'라는 직위를 하사하며 자신의 군대는 '대육군'이라고 불렀을 때도 사람들은 유치하다고 말했다. 역전의 용사들에게 어떻게 유치한 '장난감'이나 줄 수 있느냐고 비판하자 나폴레옹은 이렇게 대답했다.

"장난감으로 지배당하는 게 사람이다."

이처럼 직위와 권위를 부여하는 방식은 병사들이 나폴레옹을 위해 참전하게 만들었다. 그리고 이 기술은 당신에게도 효과가 있을 것이다. 예를 들어, 내가 앞에서 언급했던 뉴욕 스카스데일에 사는 친구 겐트 여사는 자신의 잔디밭을 뛰어다니면서 망가뜨리는 남자아이들 때문에 골치를 앓고 있었다. 그녀는 아이들을 꾸짖기도 달래보기도 했지만 소용이 없었다.

그래서 그 아이들 중 대장 노릇을 하는 꼬마에게 직함을 주고 권위를 느끼게 했다. 그녀는 꼬마에게 '탐정'이라는 칭호를 주고 아이들이 잔디밭에 들어가지 못하도록 하는 일을 맡겼다. 그러자 문제는 깨끗이 해결되었다. 그녀의 '탐정' 아이는 뒤뜰에 모닥불을 피워 쇠막대기를 빨갛게 달구고는 어떤 녀석이든 잔디밭에 들어가면 뜨거운 맛을 보여주겠다고 겁을 주었던 것이다.

이것이 바로 인간의 본성이다.

그러므로 반발이나 반감 없이 상대를 변화시키고자 한다면, 다음 방법과 같이 해보라!

## 반감이나 반발 없이 상대를 변화시키는 방법 9

상대방이 내가 원하는 바를 기쁜 마음으로 하게 하라

*Make the other person happy about doing the thing you suggest.*

---

### 반발이나 반감 없이 상대를 변화시키는 9가지 방법

**1** 칭찬과 솔직한 감사의 말로 시작하라.

**2** 상대의 실수를 간접적으로 지적하라.

**3** 상대방을 비판하기 전에 자신의 실수에 대해 먼저 이야기하라.

**4** 직접적인 명령 대신 질문을 하라.

**5** 상대방의 체면을 세워주어라.

**6** 아주 조금의 진전이라도 칭찬하라. 모든 진전에 대해 칭찬하라.
진심으로 인정하고 아낌없이 칭찬하라.

**7** 상대에게 지키고 싶은 좋은 평판을 주어라.

**8** 격려하라. 고쳐주고 싶은 잘못이 있으면 그것이 고치기 쉬운 것으로
보이게 하라. 상대방이 했으면 하는 행동이 쉬운 것처럼 보이게 하라.

**9** 상대방이 내가 원하는 바를 기쁜 마음으로 하게 하라.

---

기적을
만든
**편지들**

# 1

*How to Win Friends & Influence People*

# 기적을 만든
# 편지들

## 나는 지금 여러분이

무슨 생각을 하는지 분명히 안다. 여러분은 아마 속으로 이렇게 생각하고 있을 것이다. '기적을 만든 편지들이라, 웃기는군. 무슨 만병통치약 선전 같군.'

내가 만약 15년 전에 이런 책을 읽었다면 나도 그렇게 생각했을 것이다. 사람을 못 믿는 것 같은가? 나는 의심 많은 사람들을 좋아한다. 나는 스무 살까지 미주리(별명이 'Show Me State, 증거를 보여줘')에서 살았다. 그래서 나도 꼭 보여줘야만 믿는 사람들을 좋아한다. 인류의 사상이 조금이라도 진보했다면, 그것은 예수의 부활을 보고도 만져보지 않고는 믿으려 하지 않았던 사도 도마와 같은, 의심하고 도전하고 증거를 보여달라는 사람들에 의해 이루어졌다.

솔직해지자. '기적을 만든 편지들'이라는 제목이 정확한 것인가? 아니다. 솔직히 말해 이 제목은 정확하지 않다. 이 제목은 사실을 의도적으로 완곡하게 표현한 것이다. 이 편지들 중 몇 개는 기적의 두 배라고 평가해야 할 정도로 엄청난 결과를 만들었다. 이런 평가를 내린 사람은 미국에서 가장 유명한 세일 프로모션Sales promotion 전문가인 켄 R. 다이크다. 그는 예전에 존스 멘빌사의 판촉 담당 임원이었고 지금은 콜게이트 팜올리브 피트 컴퍼니의 홍보 매니저이면서 전미 광고주협회 이사장직을 맡고 있다.

다이크 씨는 판매업자에 대한 정보 조사차 편지를 보내면 회신율이 5~8퍼센트 내외였다고 말했다. 그는 15퍼센트에 달하는 응답을 받는다면 어마어마한 일이고 20퍼센트에 달하면 그건 기적이나 다름없다고 말했다.

하지만 이 책에 실린 다이크 씨의 편지에는 42.5퍼센트가 회신을 보내왔다. 다시 말해 이 편지는 기적의 두 배에 달하는 엄청난 것이다. 이건 예사로운 결과가 아니다. 그리고 이 편지는 특별한 경우이거나 우연히 생긴 일이 아니다. 다른 수십 통의 편지 역시 이와 같은 결과를 만들었기 때문이다. 그는 어떻게 이런 결과를 만들었을까? 직접 다이크 씨가 설명한 내용이 있다.

"편지의 효율이 놀랍도록 증가한 것은 내가 '효과적인 화술과 인간관계'라는 카네기 강좌에 참가한 직후에 일어난 일입니다. 강좌에 참가한 이후 나는 그전의 내 방식이 틀렸다는 것을 알았습니다. 그래서 이 책에서 가르치고 있는 원칙들을 적용해보려고 노력했습니다. 그리고 나자 정보를 요청하는 내 편지의 효율성이 다섯 배에서 여덟 배까지 증가한 것입니다."

여기 그 편지가 있다. 편지는 상대방에게 약간의 부탁을 하면서 상대를 기쁘게 만들고 있다. 이 부탁이라는 것이 받는 이로 하여금 자신이 인정받고 있다는 자부심을 갖게 하기 때문이다.

이 편지에 대한 나의 견해는 괄호 안에 적어보았다.

 친애하는 블랭크 씨께

이렇게 편지를 드린 것은 당신의 도움 없이는 제가 이 어려움을 해결할 수 없을 것 같아 도움을 청하기 위해서입니다.

(이 장면을 떠올려보자. 애리조나주에 있는 목재상이 존스 맨빌사의 임원으로부터 이런 편지를 받은 장면을 상상해보자. 그런데 편지 서두에 뉴욕의 잘나가는 임원이 상대에게 어려운 문제에 대한 도움을 청하고 있다. 내 생각에 이 목재상은 이렇게 생각했을 것이다. '음, 뉴욕에 있는 이 양반이 문제에 처했다면 사람을 제대로 찾았구만. 나는 언제나 너그럽게 사람들을 도와주려고 했으니까 말이야. 어디 무슨 문제가 있나 볼까!')


작년에 저는 판매상들이 지붕 재처리재 판매 증가를 위해 가장 필요로 하는 것은 회사에서 연중 내내 광고 인쇄물을 보내주는 것이고, 그에 대한 비용은 전적으로 본사에서 지불하는 것이라고 저희 회사를 설득하는 데 성공했습니다.

(애리조나주의 목재상은 아마 이렇게 생각할 것이다. '당연히 그 비용은 회사가 지불해야지. 결국 그 회사가 광고로 가장 많은 수익을 얻으니까. 내는 임대료 내기도 버거운데 당신네는 수백만 달러를 벌잖아. 근데 이 친구는 뭐가 문제라는 거야.')

최근 저는 계획에 참여한 1천6백 명의 판매상에게 설문지를 보낸 뒤 수백 통의 답변을 받았습니다. 보내주신 답변은 굉장한 도움이 될 것이며 이렇게 협조해주신 여러분에게 감사의 말씀을 드립니다. 이에 힘입어 저희 회사는 딜러 여러분에게 훨씬 커다란 도움이 될 새로운 광고 인쇄물 계획을 준비했습니다. 하지만 오늘 아침 전년도 계획 시행 결과를 보고하는 회의에서 저희 대표이사께서 이 일이 실제 매출과 얼마나 연결되고 있는지를 물어보셨습니다. 대표이사라면 당연히 물을 수 있는 질문이라고 생각합니다. 이 질문에 답하기 위해서 딜러 여러분의 도움을 청할 수밖에 없는 상황입니다.

(이 구절은 정말 좋다. "이 질문에 답하기 위해서 딜러 여러분의 도움을 청할 수밖에 없는 상황입니다." 뉴욕의 중요 인사가 사실대로 말하고 있다. 이 말은 그가 솔직하고 진지하게 애리조나주에 있는 거래 상대방을 인정하고 있다는 것이다. 여기서 다이크 씨가 자신의 회사가 얼마나 큰 회사인지 자랑하는 데 시간을 낭비하지 않고 있다는 점에 주목하라. 대신 그는 자신이 그 목재상에게 얼마나 의지하는지를 직접적으로 보여주고 있다. 다이크 씨는 그가 상대방의 도움 없이는 대표이사 앞에서 제대로 된 보고를 할 수 없다고 스스로 인정하고 있다. 이 편지를 받은 목재상도 인간이기 때문에 이런 식으로 말하는 것을 좋아한다.)


제가 당신께 바라는 것은 다음 사항을 동봉된 엽서에 기재해주셨으면 하는 것입니다. 첫째, 지난해 발송된 광고 인쇄물이 얼마나 많은 지붕 작업이나 지붕 재처리 작업에 도움이 되었는지. 둘째, 그 작업을 하는 데 든 총비용을 기준으로 매출액은 얼마나 되는지, 가능하면 센트까지 정확하게 계산하셔서 알려주시기 바랍니다. 보내주신 정보는 유용하게 사용할 것이며, 친절하게 도움을 주신 점에 미리 감사드리는 바입니다.

판매촉진 담당 매니저 켄 다이크 올림

(이 마지막 문단에서 그가 '나'는 낮추면서 '상대'는 높이고 있다는 점을 주목하기 바란다. 그가 칭찬하는 말에서 '유용하게', '친절하게', '감사' 등의 말을 얼마나 잘 썼는지도 주목하기 바란다.)

분명 단순한 편지에 불과하다. 하지만 이 편지가 '기적'을 만들었다. 상대방에게 약간의 부탁을 하고, 그 부탁을 들어주는 상대방이 인정받고 있다는 느낌을 갖게 함으로써 '기적'을 만들어냈다. 이런 심리 활용은 여러분이 석면으로 된 지붕 재료를 팔고 있건, 멋진 외제차를 타고 유럽여행을 하고 있건 어느 경우에나 적용될 것이다.

예를 들어보겠다. 내 고향 출신 작가 호머 크로이와 함께 프랑스 내륙 지방을 자동차로 여행하다 길을 잃은 적이 있다. 우리가 타고 있던 구식 T형 포드차를 길가에 세우고 농부들에게 근처 읍내로 가는 길을 물었다.

깜짝 놀랄 만한 반응이 왔다. 나막신을 신고 있던 농부들은 모든 미국인이 부자라고 생각했던 것 같다. 그리고 그 지역에서는 자동차를 보는 것도 드문 일이었다. 프랑스를 자동차로 여행하는 미국인, 농부들은 분명 우리를 백만장자로 알았을 것이다. 어쩌면 헨리 포드의 사촌으로 여겼을지도 모른다.

그런데 그런 우리가 모르는 것을 그들은 알고 있었다. 우리가 그들보다 돈이 많을지는 몰라도 가까운 읍내로 가는 길을 찾기 위해서는 그들에게 물어봐야 했던 것이다. 우리는 모자를 벗고 예의를 갖춰 그들에게 다가갔다. 그리고 그 행동은 그들이 자신을 중요한 사람이라고 느끼게 했다. 그들은 다 같이 한꺼번에 말했다. 이런 드문 기회를 놓칠 새라 한 사람이 나서서 다른 사람들의 입을 다물게 했다. 그는 우리에게 길을 가르쳐주는 뿌듯함을 독차지하고자 했다.

여러분도 한번 해보기 바란다. 다음번에 낯선 도시에 가게 되면 경제적인 면이나 사회적 지위 면에서 여러분보다 낮을 것 같은 사람에게 가서 이렇게 물어보라.

"조금 곤란한 상황인데 도와주실 수 있나요? 여기를 어떻게 가야 하는지 알려주실 수 있을까요?"

이 기술을 사용해 자신을 신랄하게 비판하는 적을 평생 친구로 바꿔놓은 사람이 벤저민 프랭클린이다. 그는 젊은 시절에 모아둔 돈을 작은 인쇄소에 투자했다. 때마침 그는 필라델피아주 의회에 선출직 직원으로 일하게 되었다. 그 직책은 그에게 공문서 인쇄를 맡겼다. 수입이 좋은 자리라서 그는 그 일을 계속하고 싶었다. 그러나 점차 위협이 가까워지고 있었다. 주 의회의 돈 많은 거물급 의원 한 사람이 그를 무척 싫어했다. 거기다 공공연하게 비난까지 하고 있었다. 위험해도 아주 위험한 상황이었다. 프랭클린은 그 의원이 자신을 좋아하게 만들기로 마음먹었다. 하지만 어떻게 할 것인가? 그것이 문제였다. 적에게 호의를 보여 좋아하게 만든단 말인가? 아니다. 그것은 상대의 의심을 살 것이다. 아마 경멸할지도 모른다.

프랭클린은 훨씬 현명하고 노련해서 그런 함정에 빠지지 않았다. 그는 반대로 행동했다. 적에게 호의를 베풀어달라고 요청했던 것이다. 그렇다고 그가 10달러를 빌려달라고 부탁한 것은 아니다. 그는 상대를 기쁘게 하는 부탁, 상대를 인정하는 부탁, 상대의 지식과 업적을 존경하고 있음을 은연중에 드러내는 그런 부탁을 했다. 나머지 이야기는 프랭클린이 직접 말한 내용을 들어보자.

"그의 장서 중에 굉장히 희귀하고 신기한 책들이 있다는 얘기를 듣고 나는 그에게 짧은 글을 써서 보냈다. 그 책을 너무 보고 싶으니 며칠간만 빌려줄 수 없느냐고 부탁했다. 그는 즉시 책을 보내왔다. 나는 그 책을 일주일 동안 가지고 있다가 그의 호의에 감사한다는 편지와 함께 그 책을 돌려주었다. 의회에서 그를 다시 만났을 때 그는 대단히 정중하게 말을 건넸다.(지금까지 그가 내게 말을 건 적은 없었다.) 굉장히 공손한 태도로 나를 대했다. 그 뒤로 그는 내가 하는 모든 부탁을 기꺼이 들어주었다. 그렇게 해서 우리는 좋은 친구가 되었고, 우리의 우정은 그가 죽을 때까지 변함없었다."

프랭클린이 사망한 지 1백50년이 지났지만, 상대에게 호의를 요청함으로써 상대의 마음을 사로잡던 그의 방법은 아직도 계속 유용하게 사용되고 있다. 예를 들어, 내 수강생 중 한 명인 앨버트 B. 암젤 씨 역시 이 심리를 이용해 엄청난 성과를 거두었다. 배관 난방장치 판매 사원인 암젤 씨는 브루클린에 사는 한 배관업자와 계약을 하려고 몇 년 동안이나 애쓰고 있었다. 이 배관업자의 회사는 규모가 컸고, 그의 신용도 역시 대단히 좋았다. 하지만 암젤 씨의 시도는 처음부터 난관에 봉착했다. 그 배관업자는 스스로 거칠고 사나운 점에 우쭐해하는 상대하기 힘든 사람이었다. 암젤 씨가 그의 사무실에 들어갈 때마다 그는 입 한쪽에 시가를 물고 책상 뒤에 앉은 채로 그에게 소리쳤다.

"오늘은 아무것도 필요 없어. 피차 시간 낭비하지 말자고. 자, 자, 어서 나가!"

그러던 어느 날 암젤 씨는 새로운 방법을 시도했다. 그 결과 거래를 시작하게 되었고, 친구가 되면서 새로운 주문도 많이 받게 되었다.

암젤 씨가 다니던 회사는 롱아일랜드 퀸즈 빌리지에 새로 열 지점의 토지 매매에 관한 협상을 진행하고 있었다. 그곳은 그 배관업자가 잘 아는 데다 사업도 크게 벌리고 있는 곳이었다. 암젤 씨는 그의 사무실을 다시 방문했을 때 이렇게 말했다.

"사장님, 오늘은 무엇을 팔려고 온 것이 아닙니다. 가능하시다면 사장님의 도움을 좀 구할 수 있을까 해서 찾아왔습니다. 조금만 시간을 내주실 수 있겠습니까?"

배관업자는 물고 있던 담배 위치를 바꿔가며 이렇게 말했다.

"좋소, 무슨 일이오? 빨리 본론을 말해보시오."

그래서 암젤 씨는 이렇게 말했다.

"우리 회사가 요즘 퀸즈 빌리지에 새 지점을 오픈할 구상을 하고 있습니다. 누구보다도 그 지역 사정은 사장님이 잘 알고 계시지 않습니까. 그래서 어떻게 생각하시는지 조언을 구하고자 왔습니다. 지점을 이쪽에 내는 게 좋을까요, 나쁠까요?"

배관업자에게 이런 일은 새로운 상황이었다. 오랫동안 그 배관업자는 세일즈맨을 쫓아내고 어서 나가라고 고함치는 일을 통해 자신의 존재감을 느껴왔다. 그런데 이번에는 세일즈맨이 도움을 요청하고 있었다. 다름 아닌 회사의 큰 사안을 두고 어떻게 하는 게 좋은지 조언을 구하고 있었다.

"자, 앉으시죠."

그가 의자를 앞으로 빼주며 말했다. 그리고 1시간 동안 퀸즈 빌리지의 배관 시장에 관한 세세한 장단점에 대해 알려주었다. 그는 퀸즈 빌리지에 대리점을 여는 문제에 동의할 뿐만 아니라 물건 구매, 재고 정리하는 방법, 그리고 사업을 시작할 때의 주의점 등 모든 과정에 관한 행동 지침에 대해 자신이 아는 바를 총동원해 조언했다. 그는 배관 자재를 도매로 공급하는 회사를 상대로 어떻게 사업을 해야 하는지를 알려줌으로써 자신의 존재감을 확인한 것이다. 그러면서 그는 개인적 영역까지 화제를 넓혔다. 그는 점점 친구처럼 친하게 행동하더니 암젤 씨에게 자신의 가정 문제, 부부 사이의 어려움과 다툼 같은 사사로운 이야기까지 털어놓았다.

"그날 저녁 저는 장비 첫 주문서를 주머니에 넣어왔을 뿐 아니라 예전에는 저에게 으르렁대기만 했던 사람과 골프를 치러 다닐 정도로 든든한 우정도 쌓았습니다. 그 친구의 이러한 변화는 제가 그에게 자신이 중요하다고 느낄 만한 호의를 베풀어달라고 요청했기 때문에 생겨난 결과입니다."

켄 다이크의 편지를 한 통 더 읽으면서, 그가 "부탁 좀 들어주세요."의 심리를 어떻게 이용하고 있는지 다시 한번 주의 깊게 살펴보자.

몇 년 전, 다이크 씨는 사업가, 계약자, 건축업자들에게 편지를 보내 정보를 달라고 요청해도 회답을 잘 받을 수 없어 고민하고 있었다. 그 당시 건축가, 엔지니어에게 쓴 편지의 회신율은 거의 1퍼센트도 되지 않았다. 2퍼센트면 우수한 경우였고, 3퍼센트면 아주 뛰어난 결과였다. 그럼 10퍼센트라면? 10퍼센트는 기적에 가까운 상황이었다. 하지만 이 편지는 거의 50퍼센트에 가까운 답장을 끌어냈다. 이것은 기적의 수치를 다섯 배나 넘는 결과이다. 대단한 답장들이었다. 그것도 2~3쪽에 걸친 편지들이면서 내용에는 친절한 조언과 함께 협조하려는 마음이 가득했다.

여기에 그 편지가 있다. 여러분은 그 안의 심리 활용이나 몇 군데 구절이 앞에 나왔던 편지와 거의 일치하고 있음을 발견하게 될 것이다. 이 편지가 어떻게 기적의 다섯 배에 달하는 결과를 낳았는지 알아보기 바란다.

친애하는 선생님께

이렇게 편지를 드리는 것은 선생님 회사에서 우리가 처한 어려운 문제에 대한 도움을 주실 수 있을 것이라 생각했기 때문입니다.

1년 전 저는 건축회사들이 가장 필요로 하는 것은 건물을 수리하거나 리모델링하는 데 사용하는 저희 회사의 모든 상품과 부품을 볼 수 있는 카탈로그라고 저희 회사 측을 설득했습니다. 여기 첨부한 카탈로그가 그 결과물입니다. 이런 종류로는 처음인 것으로 알고 있습니다.

하지만 이제 재고가 거의 바닥을 드러내 이 사실을 저희 회사 대표님께 보고를 드렸더니, 대표님들이라면 당연히 하실 만한 말씀을 하셨습니다. 그것은 카탈로그가 원래 기획 의도대로 성과를 거두었다는 증거를 제시하면 새로 제작에 들어가도 괜찮다는 거였지요.

당연히 저는 건축가 여러분에게 도움을 청할 수밖에 없는 상황이라 실례를 무릅쓰고 전국 49개 업체 여러분에게 심사위원이 되어달라고 부탁드립니다. 그리고 부탁드리는 일에 대한 수고를 좀 덜어드리고자 이 편지 뒤에 간단한 질문을 첨부했습니다. 답을 표시해주시고, 혹시 하시고자 하는 말씀이 있으면 덧붙여 적으신 다음 동봉하는 회신용 봉투에 넣어 보내주시면 여러분의 호의에 진심으로 감사히 생각할 것입니다.

물론 이 설문은 필수가 아니며, 다만 카탈로그 제작이 중단돼야 하는지 아니면 건축가 여러분의 경험과 조언을 기초로 좀 더 개선된 카탈로그를 제작해야 할지 여러분의 의견을 듣고 결정하려 합니다. 어떤 경우이든 여러분의 협조에 제가 심심한 감사의 마음을 갖고 있음을 기억해주시기 바랍니다. 다시 한번 감사드리며, 이만 줄이겠습니다.

판매촉진 담당자 켄 R. 다이크 올림

한 가지 당부의 말을 해야겠다. 내 경험상 이 편지를 읽고 여기에 사용된 심리 활용법을 기계적으로 베끼려는 사람들이 있을 것이다. 이런 사람들은 진심이 담긴 존중을 통해서가 아니라 아첨과 사탕발림으로 상대방의 자존심에 바람을 넣으려고 한다. 하지만 그런 방법은 통하지 않는다.

사람들은 칭찬과 인정을 바란다. 그리고 그것을 얻기 위해 어떤 일이든 하려고 한다는 점을 명심해야 한다. 하지만 어느 누구도 위선은 바라지 않는다. 아첨도 원하지 않는다. 다시 한번 말하지만 이 책에서 가르치는 원칙들은 진심에서 우러나왔을 때만 제대로 효과가 있다. 나는 잔재주를 제시하고 있는 것이 아니다. 나는 새로운 방식의 삶에 대해 말하고 있는 것이다.

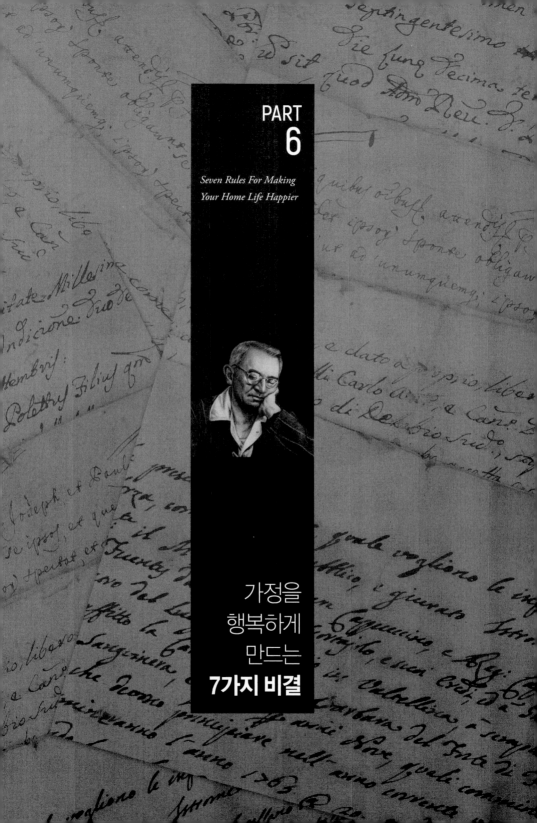

가정을
행복하게
만드는
**7가지 비결**

# 1

*How to Win Friends & Influence People*

# 가정을 무덤으로 만드는
# 가장 빠른 방법

### 75년 전 프랑스의

나폴레옹 보나파르트의 조카인 나폴레옹 3세는 테바의 백작이자 세상에서 가장 아름다운 여성인 마리 외제니를 사랑하게 되었고 결국 그녀와 결혼했다. 주변 사람들은 그녀가 시시한 스페인 백작 집안의 딸일 뿐이라고 지적했다. 그때 나폴레옹은 이렇게 대답했다.

"그래서 어떻단 말인가?"

그녀의 품위, 젊음, 매력, 아름다움이 황제에게 더할 수 없는 천상의 행복을 선사했다. 황제의 자리에서 강한 어조의 연설을 통해 그는 모든 사람의 반대를 물리치고 이렇게 선언했다.

"나는 내가 모르는 여성이 아닌 내가 사랑하고 존경하는 여성을 선택했노라."

나폴레옹 3세 부부는 건강과 부귀, 권력과 명예, 미모와 사랑 그리고 존경까지 완벽한 사랑을 위한 모든 요소를 갖추고 있었다. 결혼이라는 불꽃이 만들어내는 신성한 불빛이 이보다 밝게 타오른 적은 없었다.

　　그러나 이 신성한 불빛은 흔들렸고, 타오르던 불꽃도 차가워지더니 결국 재가 되어버렸다. 나폴레옹 3세는 외제니를 황후로 만들 수 있었다. 그러나 프랑스 황제가 가진 어떤 능력으로도, 황제의 사랑으로도, 황제의 권능으로도 그녀의 잔소리를 막을 수 없었다. 그녀는 질투에 눈이 멀고 의심에 사로 잡혀 황제의 명령도 우습게 여겼고, 황제가 혼자 있고 싶다고 해도 무시하기 일쑤였다. 그녀는 황제가 국정을 위한 공적 업무를 보는 동안에도 불쑥 드나들었다. 황제의 가장 중요한 회의를 방해하기도 했다. 그녀는 황제가 다른 여자와 어울릴까 두려워한 나머지 황제가 혼자 있겠다고 해도 절대로 혼자 두는 법이 없었다.

　　종종 자신의 언니에게 달려가 남편에 대한 불평을 늘어놓고 험담을 하는가 하면 울고불고 난리를 피우기도 했다. 황제의 서재에 쳐들어가 온갖 잔소리와 욕설을 퍼부었다. 호화로운 궁전을 여러 채 가지고 있는 황제였지만 마음 놓고 쉴 수 있는 곳은 하나도 없었다.

　　그럼 이 모든 행동을 통해 위제니는 무엇을 얻었을까? 여기에 답이 있다. E. A. 라인하르트의 명저 《나폴레옹과 위제니 : 제국의 희비극》에서 인용해보겠다.

　　"그래서 결국 나폴레옹은 밤마다 작은 모자를 눈까지 푹 눌러쓰고 작은 옆문을 통해 몰래 빠져나왔다. 때때로 자신의 친한 친구 한 사람과 함께 자신을 기다리고 있는 미모의 여인을 찾아가기도 했다. 때로는 아주 오래된 도시를 걷기도 하고 동화 속에서나 있을 것 같은 거리를 지나기도 하며, 잔소리를 하지 않는 위제니와 즐겁게 지내는 상상을 하며 밤공기를 마셨다."

이것이 위제니의 잔소리가 만들어낸 성과다. 그녀가 프랑스의 권좌에 앉았던 것은 사실이다. 그녀가 세상에서 가장 아름다운 여인이었던 것도 사실이다. 그러나 잔소리라는 치명적인 결함 앞에서 왕위도 아름다움도 계속 사랑을 이어가게 할 수는 없었다. 위제니는 오래전 성경의 욥이 했던 것처럼 소리 높여 울부짖을 수도 있었다.

"내가 심히 두려워하던 것이 내게 닥쳤노라."

그녀에게 닥쳐왔다는 말이 맞는 것일까? 그 가련한 여인은 질투와 잔소리를 통해 그 일을 자초했다.

사랑을 파괴하기 위해 지옥의 악마들이 개발한 가장 치명적이고 확실한 방법이 잔소리다. 그것은 실패하는 경우가 없다. 마치 킹코브라에게 물린 것처럼 항상 파괴적이고 파멸을 불러온다.

톨스토이의 아내는 너무 늦게야 이 사실을 깨달았다. 죽기 전에 그녀는 자신의 딸들에게 이렇게 고백했다.

"너희 아버지를 죽게 한 가장 큰 원인은 나였다."

딸들은 아무런 말도 하지 않았다. 모녀는 함께 울기만 했다. 딸들은 어머니가 사실을 말하고 있다는 것을 알았다. 어머니가 끊임없이 불평을 하고, 비난을 하고, 잔소리하는 바람에 아버지가 집을 떠나 돌아가셨다는 것을 그들은 알고 있었다. 하지만 톨스토이 백작과 그의 부인은 확실히 행복한 사람들임에 틀림없다. 그는 인류 역사상 최고의 소설가라 할 만했다. 그의 걸작 《전쟁과 평화》, 《안나 카레니나》는 인류가 가진 문학의 자산 속에서 영원히 빛날 것이다.

톨스토이는 너무나 유명했기에 추종자들이 밤낮으로 따라다니면서 그가 하는 말들을 속기로 받아 적을 정도였다. 심지어 "이제 자러 가야 할 것 같군."이라는 말도 받아 적었다. 그리고 현재 러시아 정부는 톨스토이가 쓴 모든 문장을 인쇄하고 있는데, 그의 글을 엮은 책만 해도 1백 권에 달한다. 이런 명성과 더불어 톨스토이와 그의 아내는 부와 사회적 지위, 많은 자녀를 갖고 있었다. 이렇게 축복받은 부부도 흔하지 않다. 처음에는 그들의 행복이 너무 완벽하고 너무 강렬해서 오래가지 않을 것 같은 두려움이 있었다. 그래서 부부는 무릎을 꿇고 자신들의 지고한 행복이 깨지지 않게 해달라고 하느님께 기도를 올릴 정도였다.

그러다 놀라운 일이 일어났다. 톨스토이가 조금씩 변한 것이다. 그는 전혀 다른 사람이 되었다. 자신이 쓴 소설들에 대해서 부끄러워했고, 그 후로는 평화를 염원하는 책을 쓰고 전쟁과 굶주림을 물리치는 일에 온 생애를 바쳤다. 언젠가 자신이 젊었을 때, 생각할 수 있는 모든 종류의 죄, 심지어 살인까지도 저질렀노라고 고백했던 이 작가가 말 그대로 예수의 가르침을 따르려고 노력했다. 그는 자신의 모든 땅을 나눠 주고 가난한 삶을 살았다. 그는 들판에 나가 나무를 베고 건초 더미를 쌓는 일을 했다. 자신이 손수 신발을 만들었고, 방을 직접 치웠고, 나무 그릇을 식기로 사용했으며, 자신의 적들까지 사랑하려고 노력했다.

톨스토이의 삶은 비극이었고 그 비극의 원인은 결혼이었다. 그의 아내는 사치를 좋아했지만, 그는 사치를 경멸했다. 그녀는 명성과 세상의 박수갈채를 꿈꿨지만, 그는 이런 것에 아무 의미도 두지 않았다. 그녀는 돈과 재산을 간절히 원했지만, 그는 부와 사유 재산은 죄라고 생각했다. 남편이 인세를 받지 않고 자신의 책을 자유롭게 출판할 수 있도록 저작권을 포기하겠다고 고집하자, 그녀는 몇 년 동안 화를 내고 잔소리하고 소리를 질러댔다. 톨스토이가 그녀의 의견에 반대하면 그녀는 입에 아편 병을 물고 자살해버리겠다고 위협하고, 우물에 뛰어들겠다고 협박하면서 히스테리 증상을 보였다.

그들 부부의 삶에는 다음과 같은 장면도 있었는데, 나는 역사상 가장 슬픈 광경 중 하나라고 생각한다. 이미 말했듯이 결혼 초반에 그들은 너무나 행복했다. 하지만 결혼 생활이 48년이 지난 시점에서 그는 아내의 모습조차 보기 싫어했다. 저녁 시간이 되면 때때로 비탄에 잠긴 늙은 아내가 그의 남편에게 다가가 무릎을 꿇고, 50년 전 그의 일기에 썼던 자신들의 사랑에 대한 멋진 표현을 읽어달라고 부탁했다. 그러면 톨스토이는 이제는 영원히 사라져버린 그 아름답고 행복했던 시절에 대해 읽어나갔다. 그러다가 부부는 모두 울음을 터뜨렸다. 오래전 그들이 꿈꾼 아름다운 사랑과 지금의 현실적 삶은 너무나 달랐던 것이다.

마침내 여든두 살의 톨스토이는 자기 가정의 불행을 더 이상 견딜 수 없어 1910년 10월 어느 눈 내리는 밤 아내의 곁을 떠났다. 자신이 어디로 향하는지도 정하지 않은 채 춥고 어두운 곳으로 떠났다. 그리고 11일 후, 그는 기차역에서 폐렴으로 생을 마감했다. 그리고 그의 마지막 유언은 자신이 있는 곳에 아내가 오는 것을 허락하지 않는다는 것이었다. 톨스토이 부인이 잔소리를 하고 불평을 해대고 히스테리를 부린 결과는 이런 것이었다.

독자들은 그녀가 잔소리를 할 만하니까 했을 것이라고 생각할지도 모른다. 그렇다고 치자. 하지만 지금 요점은 그게 아니다. 여기서 문제는 '잔소리가 그녀에게 도움이 되었는가 아니면 문제를 극단적으로 악화시켰는가?' 하는 것이다.

"내가 미쳤었던 것 같다."

이것이 톨스토이 부인이 내린 판단이었다. 하지만 너무 늦었다.

에이브러햄 링컨의 생애를 대단한 비극으로 만든 것 역시 결혼이었다. 여러분은 링컨 대통령 일생에서 가장 큰 비극이 암살이 아니라 결혼이었다는 사실을 주목하기 바란다. 부스가 총을 쐈을 때 링컨은 자신이 총에 맞았다는 사실도 깨닫지 못했다. 하지만 그는 23년 동안 거의 매일같이 그의 동료 변호사인 헌든의 표현대로 "가정불화의 고역"을 참아야 했다. "가정불화의 고역?" 이것도 부드러운 표현이다. 링컨 부인은 거의 25년 동안을 끊임없이 잔소리를 하며 남편을 괴롭혔다. 항상 불만을 터뜨리고 남편을 비난했다. 그녀가 볼 때 링컨은 마음에 드는 구석이 한 군데도 없었다. 걸음걸이만 해도 남편은 등을 앞으로 구부린 채 인디언처럼 발을 똑바로 들었다 내렸다 하면서 보기 흉하게 걸었다. 그녀는 그의 걸음걸이에 탄력이 없고, 그의 동작에는 품위가 없다고 불평했다. 그녀는 그의 발걸음을 흉내 내면서 자신이 마담 렌텔 기숙학교에서 배운 것처럼 발 앞쪽 끝을 먼저 디디며 걸으라고 잔소리했다. 그녀는 그의 머리에서부터 쭉 튀어나온 그의 큰 귀도 좋아하지 않았다. 심지어는 코가 비뚤어졌고, 아랫입술이 튀어나왔고, 폐병 환자 같아 보이고, 손과 발이 너무 크고, 머리가 너무 작다고 불평했다.

에이브러햄 링컨과 부인 메리 토드 링컨은 모든 면에서 서로 달랐다. 교육, 자라온 환경, 성격, 취향, 사고방식 등 모두가 달랐다. 그들은 늘 서로의 행동을 언짢아했다. 당대 링컨 연구의 권위자 앨버트 J. 베버리지 상원의원은 이렇게 쓰고 있다.

"링컨 부인의 쇳소리처럼 큰 목소리는 길 건너편에서도 들릴 정도였다. 근처에 사는 사람들은 누구나 끝없이 쏟아져 나오는 그녀의 화난 목소리를 들을 수 있었다. 종종 그녀의 화가 말로만 끝나지 않는 경우도 있었다. 그녀가 폭력을 행사한 적이 많다는 것은 의심할 여지가 없는 사실이다."

예를 하나 들어보겠다. 링컨 부부는 결혼 직후 제이콥 얼리 여사의 집에 살았다. 여사는 의사인 남편이 죽은 후 하숙을 할 수밖에 없었다. 그런 어느 날 아침 식사 때였다. 링컨이 부인의 화를 돋우는 어떤 행동을 했다. 그 일이 무엇이었는지, 이제 그 일을 기억하는 사람은 아무도 없다. 화가 난 링컨 부인은 뜨거운 커피를 남편의 얼굴에 끼얹었다. 그 자리에는 다른 하숙생들도 있었다. 정적이 흐르는 가운데 모욕당한 링컨은 침묵한 채 앉아 있었다. 그때 얼리 여사가 젖은 수건을 들고 와 그의 얼굴과 옷을 닦아주었다.

링컨 부인이 보여준 질투가 어찌나 어처구니없고 지나친 데다가 이해하기 힘든 수준이었는지, 75년이 지난 지금 그녀가 공공연히 벌였던 이 안타깝고 수치스러운 장면들에 대해 읽는 것만으로도 사람들은 깜짝 놀랄 것이다. 끝내 그녀는 정신 이상이 되고 말았다. 아마 누군가 관대한 마음으로 그녀에 대해 말한다면, 그녀는 정신 이상 초기 증상의 영향을 항상 받고 있었을지 모른다는 것이다.

이러한 모든 잔소리와 비난, 흥분이 링컨을 조금이라도 변화시켰을까? 한 가지 면에서는 그럴지도 모르겠다. 그녀에 대한 링컨의 태도가 달라지게 했다. 링컨이 자신의 결혼을 후회하고 가능한 한 부인과 얼굴을 마주치지 않게 만들었다.

스프링필드에는 11명의 변호사가 있었는데 그들은 그곳에서 생계를 제대로 유지할 수가 없었다. 그래서 그들은 말안장에 짐을 싣고 데이비드 데이비스 판사가 재판을 하는 곳이면 어디든 따라다니며 법정에 서곤 했다. 그런 식으로 그 변호사들은 제8회 순회 법정이 열리는 동안 어느 시골 마을에서든 일거리를 얻었다. 그리고 이들은 매주 토요일이면 항상 스프링필드로 돌아가 가족들과 함께 주말을 보냈지만 링컨만은 그러지 않았다. 그는 집으로 가는 걸 싫어했다. 그래서 봄철 3개월, 가을철 3개월 동안 그는 순회 법정을 따라 각지로 돌아다녔고, 스프링필드 근처로는 절대 가지 않았다. 몇 년씩이나 이런 상태가 지속되었다. 지방 호텔의 생활환경은 열악했지만 미쳐 날뛰는 아내를 보는 것보다는 차라리 열악한 환경이 링컨에게는 마음 편했다.

링컨 영부인, 외제니 황후, 톨스토이 백작 부인이 잔소리를 해서 얻은 결과는 이러했다. 그들은 단지 자신의 인생을 비극으로 만들었을 뿐이다. 그들은 자신이 소중히 여기는 것들을 파괴했을 뿐이다.

뉴욕시 가정법원에서 11년간 일하면서 수천 건의 처자 유기 문제를 검토한 베시 햄버거 씨는 남편들이 가출하는 가장 큰 이유는 아내의 잔소리 때문이라고 말했다. 〈보스턴 포스트〉지는 이 사안을 이렇게 표현했다

"많은 아내가 잔소리라는 삽으로 부부 사이의 무덤을 조금씩 파고 있다."

그러므로 가정을 행복하게 만들고 싶다면, 다음 방법과 같이 해보라!

## 가정을 행복하게 만드는 비결 1
절대로 잔소리하지 마라.
*Don't, don't nag!!!*

**2** *How to Win Friends & Influence People*

# 사랑하라 그리고
# 있는 그대로 살게 하라

"살아가면서 바보 같은 짓을
많이 저지를지도 모르지만, 사랑 때문에 결혼하는 미련한 짓은 결코 하
지 않을 겁니다."

영국의 재상 디즈레일리는 이렇게 말했고, 실제로 그렇게 했다. 그
는 서른다섯이 될 때까지 독신으로 지내다 자신보다 열다섯 살이나 더
많고 부유한 미망인 메리 앤에게 청혼했다. 그녀의 머리는 이미 희끗희
끗해지고 있었다. 사랑 때문이었을까? 아니다. 그녀도 그가 자신을 사
랑하지 않는다는 사실을 알고 있었다. 그가 돈 때문에 결혼하려 한다는
사실도 알고 있었다. 그래서 그녀는 딱 한 가지 조건을 내걸었다. 그가
어떤 사람인지 성격을 파악할 1년의 시간을 달라고 부탁했다. 그리고
약속한 시간이 지났을 때 그녀는 그와 결혼했다.

너무 무미건조하고 계산적이다. 그렇지 않은가? 하지만 대단히 역설적이게도 많은 상처와 오명으로 얼룩진 결혼의 역사에서 디즈레일리의 결혼은 가장 성공적인 사례로 알려져 있다.

디즈레일리가 선택한 부유한 미망인은 젊지도, 아름답지도, 그렇다고 똑똑하지도 않았다. 오히려 그 반대였다. 그녀는 문학과 역사에 대해 무식함을 드러내는 말을 해서 비웃음을 사기 일쑤였다. 그녀는 그리스 시대가 먼저인지 로마 시대가 먼저인지 알지 못했다. 그녀의 옷 취향은 천박했고, 집 안 가구를 고르는 취향도 독특했다. 하지만 그녀는 결혼 생활에서 가장 중요한 부분에서는 천재였다. 그녀는 남편을 다루는 기술은 잘 알고 있었다.

그녀는 지적인 면에서 디즈레일리와 자신을 비교하려 하지 않았다. 그가 재치 있는 공작 부인들과 오후 내내 지겹도록 재치 있는 대화를 주고받다가 지쳐 집에 들어오면, 그녀는 가벼운 대화로 그가 편히 쉴 수 있게 만들었다. 집은 그가 정신적으로 긴장을 풀고 메리 앤의 사랑이 담긴 따뜻함에 몸을 녹이고 편안해질 수 있는 곳이었다. 그곳에서 그의 기쁨은 시간이 더해갈수록 커져갔다. 나이 들어가는 아내와 함께 집에서 보낸 시간이 그의 삶에서 가장 행복한 순간이었다.

그녀는 그의 동료이자 비밀을 털어놓을 수 있는 친구였고 그의 조언자였다. 매일 저녁 그는 그날 있었던 일을 그녀에게 이야기하기 위해 집으로 달려갔다. 그리고 이 점이 중요한 부분인데, 그가 맡은 것이 무엇이든 간에 메리 앤은 절대 그가 실패할 거라고 생각하지 않았다.

30년 동안 메리 앤은 오로지 그만을 위해 살았다. 그녀는 자신의 재산조차 남편의 삶을 편안하게 해주기 때문에 가치가 있다고 생각했다. 그런 대가로 그는 그녀를 우상으로 섬겼다. 그는 그녀가 죽은 후 백작이 되었다. 하지만 그는 작위를 받기도 전에 아내 메리 앤도 자신과 같은 작위를 받게 해달라고 빅토리아 여왕에게 간청했다. 그리하여 그가 백작이 되던 해인 1868년에 그녀 역시 비콘스필드 백작 부인으로 봉해졌다.

그는 아무리 그녀가 사람들 앞에서 바보처럼 굴거나 정신없이 행동해도 절대 나무라지 않았다. 그녀를 질책하는 말은 한마디도 꺼내지 않았다. 누구든지 그녀를 놀리려고 하면, 그는 아내에 대한 넘치는 애정으로 그녀를 옹호하고 나섰다.

메리 앤은 완벽하지 않았지만 30년 동안이나 끊임없이 자신의 남편을 자랑하고, 칭찬하며, 존경했다. 그 결과가 무엇이었을까? 디즈레일리는 이렇게 말했다.

"우리는 결혼해서 30년을 살았지만 나는 한 번도 권태기라는 것을 느껴본 적이 없습니다."

디즈레일리는 아내 메리 앤이 자신의 삶에서 가장 중요한 사람이라는 것을 결코 숨기려 하지 않았다. 그 결과는 어떠했을까? 메리 앤은 친구들에게 이렇게 말하곤 했다.

"남편이 잘해줘서 내 인생은 그저 행복의 연속이야."

그들 사이에는 서로 주고받는 농담이 있었다. "당신도 알지. 내가 당신 돈을 보고 결혼한 거?" 그러면 메리 앤은 웃으면서 이렇게 대답했다. "물론 알지요. 그런데 나랑 다시 결혼하면 그때는 사랑 때문에 결혼할 거잖아요. 아닌가요?"

그는 그녀의 말에 동의했다. 메리 앤은 완벽한 여자가 아니었다. 그러나 디즈레일리는 그녀를 있는 그대로 인정하는 현명함이 있었다.

헨리 제임스는 이렇게 말했다.

"다른 사람과 관계를 맺을 때 무엇보다 먼저 알아야 할 것은, 상대방이 우리가 행복을 얻는 방식을 방해하려 하지 않는다면 우리도 상대방이 행복을 얻는 특별한 방식을 그대로 인정해주어야 한다는 것이다."

이 말은 너무 중요하기 때문에 다시 한번 적어보겠다.

"다른 사람과 관계를 맺을 때 무엇보다 먼저 알아야 할 것은, 상대방이 우리가 행복을 얻는 방식을 방해하려 하지 않는다면 우리도 상대방이 행복을 얻는 특별한 방식을 그대로 인정해주어야 한다는 것이다."

릴랜드 포스터 우드는 그의 저서 《가족으로 함께 성장하기》에서 이렇게 쓰고 있다.

"성공적인 결혼은 자신에게 꼭 어울리는 사람을 고른다고 되는 게 아니다. 자신도 상대방에게 꼭 어울리는 사람이 돼야 한다는 것을 의미한다."

그러므로 가정을 행복하게 만들고 싶다면, 다음 방법과 같이 해보라!

## 가정을 행복하게 만드는 비결 2
배우자를 바꾸려고 시도하지 마라.

*Don't try to make your partner over.*

## 3

*How to Win Friends & Influence People*

# 이혼 법정으로
# 가는 지름길

디즈레일리의 가장 강력한
경쟁 상대는 글래드스턴이었다. 두 사람은 대영 제국에서 논의되는 모
든 사안에서 서로 충돌했으나 한 가지 공통점은 있었다. 그것은 두 사
람 다 가정생활이 무척 행복했다는 점이다.

윌리엄 글래드스턴과 그의 아내 캐서린은 59년이라는 긴 세월 동안
서로 변함없는 애정을 공유하며 살았다. 나는 가끔 영국의 가장 근엄한
총리였던 글래드스턴이 아내 손을 잡고 난로 주변을 빙빙 돌며 아래와
같은 노래를 부르는 모습을 상상한다.

누더기 남편에 말괄량이 아내
삶이 흥하건 쇠하건 잘 헤쳐나가리

글래드스턴은 정적에게는 무서운 사람이었지만 집에서는 절대 비난을 입에 담지 않았다. 그가 아침 식사를 하기 위해 식탁에 앉았는데 다른 식구들이 아직 자고 있으면, 그는 자신만의 부드러운 방법으로 가족들을 나무랐다. 온 집 안에 울려 퍼지도록 알 수 없는 노래를 목청껏 불러대는 방법이었다. 영국에서 가장 바쁜 남자가 혼자 식탁에 앉아 식구들을 기다리고 있음을 알리는 것이다.

러시아의 예카테리나 여제도 그렇게 했다. 그녀는 세계에서 가장 큰 제국 중 하나를 다스렸다. 그녀가 생사여탈권을 쥐고 있던 국민의 수만 해도 수백만 명이었다. 정치적으로 종종 잔인한 폭군의 모습을 드러냈던 여제는 쓸데없는 전쟁을 일으키거나 수많은 정적을 총살시키기도 했다. 그러나 요리사가 고기를 태웠을 때는 아무런 말도 하지 않고 웃으면서 먹었다. 이런 참을성은 미국의 대다수 남편이 배울 만한 점이다.

가정의 불행에 대한 원인 연구에서 미국 내 최고 권위자인 도로시 딕스는 전체 결혼 중 50퍼센트 이상이 실패라고 단언한다. 그녀는 결혼의 달콤한 꿈이 이혼이라는 바위에 부딪쳐 산산조각 나는 이유 중 하나가 바로 비난, 아무런 쓸모없이 상대의 가슴에 상처만 내는 비난 때문이라고 말했다.

자녀를 꾸짖고 싶을 때면, 이 말에 여러분은 아마 꾸짖지 말라는 말을 예상했겠지만 틀렸다. 그 말을 하려는 것이 아니다. 그저 여러분이 아이들을 꾸짖기 전에 미국 잡지에 실린 글 중 최고의 명작이라고 할 수 있는 '아버지는 잊어버린다'라는 글을 읽어보라는 것이다. 이 글은 원래 〈피플즈 홈 저널〉 사설란에 게재되었다. 작가의 동의를 얻어 〈리

더스 다이제스트〉에 실렸던 요약 내용을 옮겨본다.

'아버지는 잊어버린다'는 진실한 감정을 느낀 순간에 써내려간 짧은 글이지만, 많은 독자의 심금을 울리면서 수많은 사람이 항상 가까이 두고 읽는 수작으로 인정받고 있다.

✍️ 아버지는 잊어버린다
W. 리빙스턴 라니드

아들아, 들어보거라. 네가 잠들어 있는 동안 이 이야기를 하고 있단다. 작고 여린 주먹이 너의 뺨을 받치고 있고 금빛 곱슬머리는 땀에 젖은 이마에 몇 가닥 달라붙어 있구나. 아빠는 네가 자는 방에 혼자 살그머니 들어왔단다. 조금 전 서재에서 서류를 보고 있을 때 갑자기 후회의 물결이 아빠에게 밀려왔단다. 그래서 미안한 마음에 지금 네 옆에 와 있단다. 아들아, 네게 화냈던 게 내내 마음에 걸렸단다. 학교 가려고 준비하는 너에게 고양이 세수만 한다고 야단쳤지. 신발이 지저분하다고 꾸짖고 네 물건을 바닥에 던져놓았을 때도 화를 냈지. 아침 식사 시간에도 너에게 잔소리를 했구나. 음식을 흘리지 마라, 꼭꼭 씹어 먹어라, 팔 괴고 먹지 마라, 빵에 버터를 너무 많이 바르지 마라. 그리고 내가 집을 나설 때 너는 밖에서 놀려고 나가다가 돌아서서 이렇게 말했지.

"아빠, 잘 다녀오세요."

그런데 나는 인상을 쓰며 이렇게 말했구나.

"어깨 펴고 다녀야지."

저녁에도 아빠는 똑같은 행동을 반복한 것 같구나. 집에 올 때 네가 무릎을 꿇고 구슬치기를 하는 모습을 봤단다. 네 양말에는 구멍이 나 있었지. 나는 너를 앞세워 집으로 데려가는 행동을 함으로써 네 친구들 앞에서 창피를 주고 말았구나.

"양말이 얼마나 비싼데, 네가 번 돈으로 양말을 산다면 그렇게 막 신지는 못할 거다."

이런 얘기를 너에게 하다니. 아들아, 아빠는 너무 부끄럽구나.

기억나니? 저녁에 서재에서 일하고 있는데 네가 조금은 상처받은 눈빛으로 살며시 들어왔던 거? 누가 방해하나 하고 짜증이 나서 내가 서류 너머로 쳐다보았을 때 너는 문 앞에서 망설였지. 아빠는 너에게 "원하는 게 뭐야?" 하고 톡 쏘아댔지. 너는 아무 말도 않다가 갑자기 달려와서 내 목을 감싸 안고 뽀뽀를 했지. 조그만 팔로 나를 꼭 안아주었지. 네 가슴에 하느님이 주신 사랑이, 아무리 돌보지 않아도 결코 시들지 않는 사랑이 가득 차 있는 게 느껴지더구나. 그러고서 너는 조그만 발소리를 남기고 위층으로 올라갔지.

그래 아들아, 네가 간 직후에 나는 손에 쥐고 있던 서류를 놓아버렸고, 가슴이 저릴 정도로 무시무시한 두려움을 느꼈단다. 나는 지금껏 무슨 짓을 하고 있었던 것일까? 습관적으로 꾸짖고 야단치고, 우리 아들이 돼준 고마운 너에게 아빠가 주는 보상이 이런 것들이었다니! 아빠가 너를 사랑하지 않기 때문에 한 짓은 아니란다. 이 아빠는 어린 너에게 너무 많은 것을 기대했던 거란다. 아빠는 어른의 잣대로 너를 재고 있었구나.

아들아, 너는 정말 착하고 좋은 아이란다. 너의 조그만 가슴속에 언덕 너머로 밝아오는 새벽만큼이나 넓은 마음이 있다는 것을 느꼈단다. 네가 먼저 아빠에게 달려와 잘 자라고 뽀뽀해줄 때 그것을 분명하게 느꼈단다.

아들아, 오늘 밤 내게 이보다 더 중요한 일은 없단다. 이 어둠 속에서 네 옆에 무릎을 꿇고 앉아 있단다. 부끄러운 마음으로 이렇게 있단다. 이건 아주 작은 속죄에 불과하겠지. 네가 깨어 있을 때 이런 말을 한다면 네가 잘 이해하지 못할 것을 아빠도 안다. 하지만 내일 이 아빠는 진짜 아빠가 될 거란다. 너랑 함께 즐거워하고 함께 아파할게. 혀를 깨무는 한이 있더라도 잔소리는 하지 않으마. 그리고 주문처럼 이 말을 되새길 것이다.

"아직은 아이일 뿐이다. 어린아이일 뿐이다."

아빠는 너를 다 큰 남자로 보고 있었던 것 같구나. 그런데 지금 이렇게 작은 침대에서 피곤한 듯 웅크린 채 자고 있는 네 모습을 보노라니, 네가 아이라는 걸 다시 느끼게 되는구나. 네가 엄마 어깨에 머리를 얹고 엄마의 품에 안겨 있던 게 바로 엊그제 일인데, 아빠가 너무 많은 것을 바랐구나. 너무 많은 것을.

그러므로 가정을 행복하게 만들고 싶다면, 다음 방법과 같이 해보라!

## 가정을 행복하게 만드는 비결 3

비난하지 마라.

*Don't criticize.*

# 4

# 모두를 행복하게 만드는
# 가장 빠른 방법

로스앤젤레스의
가정 관계 연구소 소장 폴 포피노는 이렇게 말한다.

"대부분의 남성들은 아내를 찾을 때 회사 임원이 아니라, 자신들이 최고라고 느끼게 해주고 자신을 우월하게 느끼도록 만들어줄 의지와 매력을 갖춘 사람을 찾는다. 그러므로 여성 임원의 경우 한 번 정도는 점심 식사 초대를 받을지도 모른다. 그러나 그녀는 대학 시절 들었던 '현대 철학의 흐름' 같은 진부한 내용을 음식 나눠주듯 전해주고, 자기 밥값은 자기가 내겠다고 고집까지 피울 것이다. 결과적으로 그녀는 그 날 이후 점심을 혼자 먹게 된다. 반대로 대학을 나오지 않은 타이피스트는 점심 식사에 초대받으면, 자신을 에스코트하는 사람을 열렬히 바라보며 굉장히 듣고 싶은 듯 이렇게 말할 것이다. '당신에 대해 얘기해주세요.' 그 결과 그는 다른 사람들에게 그녀에 대해 이렇게 말한다. '그녀가 대단한 미인은 아니지만, 그처럼 즐거운 대화 상대는 처음 만나.'

남자들은 예쁘게 옷을 차려입고 나온 여성의 노력을 꼭 칭찬해야 한다. 남자들은 여자들이 의상에 얼마나 관심이 큰지 잘 모른다. 안다 해도 금세 잊어버린다. 예를 들면, 남자와 여자가 다른 남자와 여자를 만났을 경우, 대개 여자들은 상대 여자가 얼마나 잘 입었는지를 살핀다.

몇 년 전에 할머니께서 아흔여덟의 나이로 돌아가셨다. 돌아가시기 얼마 전 우리는 30년 전에 찍은 할머니 사진을 보여드린 적이 있다. 시력이 안 좋으신 할머니는 사진을 잘 보실 수가 없었다. 대신 이 한 가지만 물으셨다.

"거기서 내가 무슨 옷을 입고 있니?"

생각해보라. 1백 년 가까운 세월을 살아온 흔적을 고스란히 몸에 지닌 채 이제는 누워 지낸 시간만으로도 몹시 지친 여인이, 이제 임종을 얼마 남기지 않은 할머니가, 정신이 가물거려 딸들조차 알아볼 수 없는 상태에서도 30여 년 전에 자신이 입고 있었던 옷에 관심을 가지다니!

할머니가 그 질문을 하실 때 나도 옆에 있었다. 그때 내가 받은 인상은 절대 잊히지 않을 것이다. 이 글을 읽는 남자들은 5년 전에 자신이 입었던 양복이나 셔츠를 기억하지 못할 것이다. 또 기억하고 싶은 마음도 없을 것이다. 그러나 여성은 그렇지 않다. 남성들은 그 점을 깨달아야 한다. 프랑스의 상류층 남자들은 어릴 때부터 자신이 만나는 여성들의 옷과 모자를 칭찬하도록 교육받는다. 그것도 한 번이 아니라 여러 번 칭찬하도록 교육받는다. 5천 만이나 되는 프랑스 남성들이 그렇게 한다면, 생활의 지혜라고 보아도 되는 것 아닌가!

내가 모아놓은 이야기들 중 실제로 일어난 일은 아니지만 진리를 담고 있는 우스갯소리가 있어 소개하고자 한다.

어떤 농부의 아내가 고된 하루 일과를 마치고 온 남편에게 저녁 식사로 건초 더미 하나를 차려 내놓았다. 남편은 당연히 화를 내며 미치지 않았냐고 물었다. 그녀는 이렇게 대답했다.

"이런, 당신이 알아차릴 줄은 미처 몰랐네요. 지난 20년간 당신을 위해 요리를 해왔는데, 그동안 당신이 건초를 먹고 있는지 맛있는 요리를 먹고 있는지 전혀 표현을 안 해서 모르는 줄 알았어요."

모스크바와 상트페테르부르크의 상류층 귀족들은 이런 점에서는 괜찮은 관습을 갖고 있었다. 제정 러시아 시대의 상류층에서는 훌륭한 요리를 즐기고 나면 꼭 요리사를 식탁으로 불러 요리에 대한 칭찬을 하는 것이 관례였다.

여러분의 아내에게 이 정도의 배려는 하는 것이 어떨까? 다음에 닭고기 요리가 맛있게 나온다면 아내에게 맛있다는 칭찬을 하라. 아내로 하여금 당신이 건초 더미를 먹고 있지 않다는 사실에 감사하고 있음을 표현하라. 그리고 칭찬할 때는 아내가 정말로 소중한 존재라는 것을 주저하지 말고 표현해야 한다. 우리가 앞에서 보았듯이 영국이 낳은 가장 위대한 정치가인 디즈레일리는 세상 사람들에게 자신이 얼마나 '아내에게 감사'하는지에 대해 알리는 것을 부끄러워하지 않았다.

며칠 전 잡지에서 에디 캔터와의 인터뷰 내용 중에 나온 글을 읽었다.

"나는 이 세상 누구보다도 아내에게 감사하고 있습니다. 아내는 제 어린 시절에 가장 소중한 친구였습니다. 제가 바른 길로 갈 수 있도록 그녀가 도와주었습니다. 결혼하고 나서는 동전까지 아끼며 모은 돈을 굴리고 굴려서 상당한 재산을 만들어주었습니다. 사랑스런 아이도 다섯이나 있습니다. 아내는 항상 가정을 행복한 곳으로 꾸며주었습니다. 내가 만일 조금이라도 이룬 것이 있다면 그것은 전부 아내 덕입니다."

할리우드는 런던의 로이드 보험사마저 고개를 가로저을 만큼 결혼 생활이 위험한 곳이다. 하지만 그런 곳에서도 눈에 띄게 행복한 생활을 하는 부부가 몇 쌍 있는데, 워너 백스터 부부도 그중 하나다. 백스터 부인은 예전에 위니프레드 브라이슨이라는 이름으로 영화계에서 활약했는데 결혼을 하면서 화려한 무대 생활을 접었다. 하지만 그녀의 희생이 그들의 행복을 망가뜨리지는 않았다. 워너 백스터는 이렇게 말한다.

"아내는 화려한 무대에서 관객의 갈채를 받는 것을 그리워했습니다. 하지만 나는 내가 아내에게 갈채를 보내고 있음을 아내가 알 수 있도록 노력했죠. 아내가 남편을 통해 행복을 찾는다면 그건 남편이 자신에게 헌신하고 있고, 자신을 칭찬하고 있다고 느낄 때가 아니겠습니까? 그런 헌신과 칭찬이 진심이라면 남편의 행복은 이미 그 안에 들어 있는 것입니다."

그러므로 가정을 행복하게 만들고 싶다면, 다음 방법과 같이 해보라!

## 가정을 행복하게 만드는 비결 4

진심으로 칭찬하라.

*Give honest appreciation.*

**5**

# 여성들이 큰 의미를
# 가지는 것들

먼 옛날부터 꽃은 사랑의 언어라고
여겨왔다. 특히 철 따라 피는 꽃은 그 값이 비싸지도 않다. 가끔 길거리
에서 할인 판매를 하기도 한다. 그런데도 보통의 남편들은 수선화 한
다발 사들고 집에 가는 일이 드물다. 그 꽃이 난초만큼 대단히 비싸거
나 구름이 덮고 있는 알프스산 절벽에 피어난 에델바이스처럼 구하기
힘든 것으로 보일 정도다.

왜 아내가 병원에 입원해야만 꽃을 사다주려고 하는가? 왜 오늘 밤
당장 아내에게 장미 몇 송이를 사다주지 않는가? 여러분은 실험정신이
있는 사람들이다. 한번 시도해보라. 무슨 일이 생기는지 지켜보라.

조지 M. 코언은 브로드웨이에서 가장 잘나가는 제작자였지만 어머
니가 돌아가시기 전까지 매일 하루에 두 번씩 전화를 드렸다. 그가 집

화를 할 때마다 뭔가 깜짝 놀랄 소식을 전했을 것 같은가? 그렇지 않았다. 작은 관심이란 의미는 바로 이런 것이다. 그것은 여러분이 그녀를 생각하고 있고, 그녀를 기쁘게 만들어주고 싶고, 그녀의 행복과 안녕이 여러분에게 매우 소중하며, 항상 마음속 깊이 간직하고 있다는 것을 여러분이 사랑하는 그녀에게 보여주는 것이다.

여자들은 생일이나 기념일을 중요하게 생각한다. 정말 왜 그런지는 영원히 여성들만의 신비로 남을 것이다. 보통의 남자들은 중요한 날을 기억하지 않더라도 그럭저럭 살아갈 수 있다. 하지만 잊어서는 안 될 날도 있다. 신대륙 발견 연도인 1492년, 미국이 독립을 선언한 1776년, 그리고 아내의 생일과 결혼기념일이다. 필요하다면 앞의 두 날은 잊어도 되나, 뒤의 두 날은 절대 잊어서는 안 된다.

시카고에서 4만 건의 이혼 소송을 진행하며 2천 쌍의 조정에 성공한 조셉 사바스 판사는 이렇게 말한다.

"사소한 일이 가정불화의 가장 큰 요인이다. 남편의 아침 출근길에 아내가 잘 다녀오라고 손을 흔들어 인사해주는 간단한 일만으로도 이혼을 피할 수 있는 경우가 많다."

로버트 브라우닝은 아내 엘리자베스 브라우닝과 가장 목가적인 결혼 생활을 영위했다. 그는 아무리 바쁘더라도 작은 칭찬과 관심으로 부부 사이의 사랑을 유지했다. 그가 병든 아내를 배려하는 게 얼마나 극진했던지 아내는 자기 언니에게 보내는 편지에 이렇게 썼다.

"요즘 남편이 진짜 천사가 아닌가 싶은 생각이 들기 시작했어."

너무 많은 남성이 이런 작은 관심의 가치를 과소평가하고 있다. 게이너 매독스는 〈픽토리얼 리뷰〉지에 이런 글을 실었다.

"미국 가정은 정말 몇 가지 새로운 □□□ □□□□ □□□□. □□□ 들면, 침대에서 아침상을 받는 것은 수많은 □□□□ □□□□ □□□ 즐거운 기분 전환 방법 중 하나이다. 여자들에게 침대에서의 아□□□ 는 남자들이 멋진 술집에 가는 것과 비슷한 역할을 한다."

　결국 결혼이란 사소한 사건들의 연속이다. 이런 사실을 무시□□ 부는 행복해지기 어렵다. 에드나 세인트 빈센트 밀레이는 이런 □□□ □□ 함축적이고 짧은 시로 표현했다.

　내 삶이 아픈 것은 사랑이 떠나가고 있어서가 아니라
　사랑이 사소한 일로 가버렸기 때문이다.

　이 시구는 기억해두는 게 좋다. 네바다주에 있는 리노시에서는 토 요일까지 이혼 소송이 진행된다. 여기서 이혼하는 부부 중 얼마나 많 은 부부가 엄청난 비극이라는 암초에 부딪혀 이혼하는 것이라□□ 생각 하는가? 내가 장담하건대 그런 경우는 거의 없다. 만약 여러분□□ 아침 저녁으로 계속 그 법정에 앉아 그 불행한 남편과 아내의 증언을 들어보 면, 여러분은 사랑이 "사소한 일로 가버렸다."는 사실을 알 수 □□□ □ 이다.

　지금 바로 이 구절을 오려 여러분의 모자 안쪽이나 매일 아침 □□□ 때 보는 거울에 붙여놓고 읽어보라.

　"나는 이 길을 단 한 번만 지나갈 수 있다. 그러므로 내가 다□□ □□ 에게 베풀 수 있는 선행이나 친절이 있다면 지금 하도록 하자. □□□□ 나 소홀히 하면 안 된다. 이 길을 다시는 지나갈 수 없기 때문이□□

그러므로 가정을 행복하게 만들고 싶다면, 다음 방법과 같이 해보라!

**가정을 행복하게 만드는 비결 5**

작은 관심을 기울여라

*Pay little attentions.*

# 6

# 행복을 원한다면
# 이 점을 잊지 마라

월터 담로슈는 미국 최고의 웅변가이자
한때 대통령 후보였던 제임스 G. 블레인의 딸과 결혼했다. 오래전 스
코틀랜드에 있는 앤드류 카네기의 집에서 만난 이후 부부가 된 지금까
지 두 사람은 정말 행복한 삶을 누려왔다. 그 비결은 무엇이었을까?

담로슈 부인은 이렇게 말한다.

"배우자를 신중하게 선택하는 것이 중요하지만, 그다음으로 중요
한 것이 결혼 후에도 예절을 지키는 것입니다. 만약 젊은 아내들이 다
른 사람에게 하는 것처럼 남편에게도 예의를 갖추고 행동한다면 어떨
까요? 어떤 남자라도 잔소리가 심한 사람한테서는 도망가려 할 것입니
다."

무례함은 사랑을 먹어치우는 암이다. 모든 사람이 이 사실을 안다.

그럼에도 불구하고 대부분의 사람들이 가까운 사람보다 낯선 사람에게 더 예의를 차린다는 것은 잘 알려진 사실이다. 우리는 결코 모르는 사람의 말을 가로막고 "맙소사, 그런 구닥다리 얘기를 또 하시게요?"라고 말하지 않는다. 허락 없이 친구의 편지를 뜯어본다거나 사적인 비밀을 깨내는 일을 하지 않는다. 이런 사소한 잘못을 저질러 기분 나쁘게 하는 건 언제나 가장 가깝고 사랑하는 가족의 경우일 뿐이다.

도로시 딕스의 말을 다시 인용한다.

"실제로 우리에게 비열하고 모욕적이며 상처를 주는 말을 하는 사람들은 가족밖에 없다는 것은 놀랍지만 분명한 사실이다."

헨리 클레이 리스너는 이렇게 말한다.

"예의란 부서진 문보다는 그 문 너머 마당에 있는 꽃을 보려는 마음이다."

결혼에서 예의란 여러분 자동차의 엔진 오일만큼 중요하다. 《아침 식탁의 독재자》의 저자인 올리버 웬들 홈스는 결코 자기 가정의 독재자가 아니었다. 사실 그는 배려심이 많아 자신은 우울하고 괴로울 때도 다른 식구들에게는 그런 사실을 숨기려고 노력했다. 그는 다른 식구들에게 자신의 감정을 전염시키지 않고 혼자서 견뎌내는 것이 정말 힘들었다고 말했다.

올리버 웬들 홈스는 바로 그런 일을 했다. 하지만 대다수의 사람들은 그렇지 않다. 회사에서 뭔가 안 좋은 일이 있다거나, 판매가 부진하거나, 상사에게 야단맞는 일이 생겼다거나, 머리는 두통 때문에 깨질 것 같고 집에 가는 5시 15분 통근버스마저 놓쳤다면, 그는 집에 들어가자마자 집 안 식구들에게 화를 내기 시작할 것이다.

네덜란드에서는 집에 들어가기 전에 현관 계단에 신발을 벗어놓는다. 우리는 네덜란드 사람들로부터 이 교훈을 배워야 한다. 밖에서 일어난 고민들은 집에 들어가기 전에 벗어놓아야 한다.

예전에 윌리엄 제임스는 '인간의 무지에 대하여'라는 수필을 쓴 적이 있다. 가까운 도서관에서 찾아 읽어볼 만한 글이다. 거기에서 그는 이렇게 말한다.

"이 글이 다루고자 하는 인간의 무지는 우리와 다른 존재나 사람들의 감정에 관해 '우리 모두를 고통받게 하는, 우리 모두가 갖고 있는 무지'이다."

"우리 모두가 갖고 있는 무지." 고객이나 심지어는 직장 동료에게조차 신랄하게 말하는 것은 꿈도 못 꾸는 많은 남자가 아내에게는 아무렇지도 않게 큰 소리를 낸다. 하지만 그들의 개인적 행복을 위해서는 사업보다는 결혼 생활이 훨씬 더 중요하고 필수적이다.

행복한 결혼 생활을 하는 평범한 남자가 독신의 천재보다 훨씬 더 행복하다. 러시아의 위대한 소설가 투르게네프는 모든 문명사회에서 칭송을 받았다. 그럼에도 불구하고 그는 이렇게 말했다.

"저녁 식사를 준비하고 나를 기다려주는 여인이 어딘가에 있다면, 나는 내 모든 재능과 책을 포기해도 아깝지 않을 것이다."

어쨌든 행복한 결혼 생활의 가능성은 얼마나 되는 것일까? 이미 본 대로 도로시 딕스는 절반 이상은 실패라고 말한다. 하지만 폴 포피노 박사의 생각은 다르다.

"결혼에 성공할 가능성은 다른 어떤 사업에서 성공할 가능성보다 높다. 식료품 사업을 하는 사람들 중 70퍼센트가 실패한다. 결혼에서는 70퍼센트의 남녀가 성공한다."

도로시 딕스는 이 모든 내용의 결론을 다음과 같이 정리한다.

결혼과 비교해보았을 때, 탄생은 한낱 사건에 불과하고 죽음은 사소한 사고일 뿐이다. 여자는 남자가 왜 직업에서 성공하기 위해 기울이는 노력만큼 가정을 꾸리기 위해 노력하지 않는지 이해하지 못한다.

아내를 만족시키고 평안과 행복이 가득 찬 가정을 갖는 것이 1백만 달러를 버는 것보다 남편에게 더 중요한 일이지만, 1백 명의 남편 중 한 사람도 결혼 생활을 성공으로 만들기 위해 진심으로 고민하거나 진지하게 노력하지 않는다.

그는 자신의 인생에서 가장 중요한 것을 그저 운에 맡기고 운이 자신에게 올지 안 올지에 따라 승리하거나 패배한다. 여자들은 남자들이 강압적인 방법 말고 부드러운 방법만 써도 모든 일이 잘 풀릴 텐데 왜 친절한 태도로 자신들을 다루지 않는지 결코 이해할 수가 없다.

모든 남자는 자신의 아내를 조금만 부추기면 아내가 뭐든 할 것이라는 것을 알고 있다. 그리고 아내에게 살림을 정말 잘한다, 내조를 잘한다는 등의 사소한 칭찬 몇 마디로도 아내가 있는 돈 없는 돈 다 모아다 줄 것을 안다. 또한 아내에게 작년에 산 옷을 입으면 너무 멋지고 예뻐 보인다는 말만 해도, 아내가 파리에서 수입해온 신상품과도 그 옷을 바꾸지 않을 것을 안다. 그뿐 아니라 아내의 눈에 입을 맞추면 남편의 잘못을 눈감아주고, 입술에 가볍게 입을 맞추기만 하면 굴처럼 입을 다물고 아무런 군소리도 하지 않을 것을 안다.

모든 아내는 자신의 남편이 이런 것들을 알고 있음을 알고 있다. 왜냐하면 그녀는 자신에게 어떻게 해야 통하는지에 대한 완벽한 그림을 제공했기 때문이다. 그래서 남편이 아내의 기분을 맞춰주고 아내가 대접받고 싶은 바를 해주기보다, 아내와 다투고 나서 그 대가로 차가운 식사를 하고, 돈을 낭비해가며 아내에게 옷, 자동차, 진주를 사줄 때 아내는 화를 내야 할지 아니면 정나미 떨어진다고 해야할지 도무지 알지 못한다.

그러므로 가정을 행복하게 만들고 싶다면, 다음 방법과 같이 해보라!

## 가정을 행복하게 만드는 비결 6
예의를 갖춰라.

*Be courteous.*

**7** *How to Win Friends & Influence People*

# 섹스의 중요성을 이해하라

　　　　　　　　　　사회위생연구소의 총책임자인
캐서린 베먼트 데이비스 박사는 언젠가 1천 명의 기혼여성에게 지극히
개인적인 질문에 대한 솔직한 답변을 얻은 적이 있다. 그 결과는 충격
적이었다. 평균적인 미국 성인들의 성적 불만족에 대한 믿기 힘든 답변
들이 나왔다. 이 답변들을 다 검토하고 난 데이비스 박사는 미국 내 이
혼의 주요 원인 중 하나는 성생활의 부조화라고 발표했다.

　　G. V. 해밀턴 박사의 연구도 이 발견이 진실임을 입증하고 있다. 해
밀턴 박사는 4년에 걸쳐 남성 1백 명과 여성 1백 명의 결혼 생활에 대
해 연구를 진행했다. 조사 대상 남녀 개개인에게 약 4백 개의 질문을 하
고, 그들의 문제에 대해 자세하게 검토했다. 총 연구 기간만 4년이 걸
린 상세한 연구였다.

이 연구는 사회학적으로 중요하다고 인정받아 주요 자선가들에게 후원을 받았다. G. V. 해밀턴 박사와 케네스 맥거완의 공동 저서인 《결혼 생활의 문제》가 그 연구의 결과물이었다. 그럼 결혼 생활의 문제는 무엇인가? 해밀턴 박사는 이렇게 말한다.

"성적 불균형이 결혼 생활에서 생기는 마찰의 가장 큰 원인은 아니라고 말하는 사람은 굉장히 편파적이거나 대단히 무모한 정신과 의사일 것이다. 어쨌든 성생활 자체가 만족스럽다면 다른 이유로 발생한 불화는 상당히 많은 경우 크게 문제가 되지 않는다."

로스앤젤레스 가족관계연구소 소장인 폴 포피노 박사는 수천 건의 결혼을 검토했고, 결혼 생활에 관해서는 미국 내 최고의 권위자로 인정받고 있다. 포피노 박사의 말에 따르면, 결혼 생활의 실패에는 보통 4가지 원인이 작용한다.


1. 성적 부조화
2. 여가 시간에 대한 의견 불일치
3. 경제적 곤란
4. 심신의 이상


성 문제가 제일 먼저 나오고, 이상하게도 경제적 어려움은 세 번째에 있다는 점을 주목하기 바란다.

이혼 문제 전문가라면 누구나 성적인 문제가 절대적으로 필요하다는 데 동의한다. 예를 들면, 몇 년 전에 수천 건의 이혼 소송을 처리한 경험이 있는 신시내티 가정법원의 호프먼 판사는 이렇게 단언했다.

"이혼의 90퍼센트는 성적 불만족에서 발생한다."

저명한 심리학자 존 B. 왓슨은 이렇게 말했다.

"성이 인생에서 가장 중요한 주제라는 것은 누구나 인정한다. 성은 분명히 남성과 여성의 행복을 시험하는 가장 중요한 문제다."

그리고 내 강좌에서 발표한 개업의들이 실제로 이와 똑같은 말을 하는 것을 많이 보았다. 이렇게 많은 책과 교육이 넘치는 20세기에, 가장 근본적이면서 원초적인 본능에 대해 무지하기 때문에 결혼이 파괴되고 인생이 좌초한다는 게 너무 가엾은 일이 아닌가?

올리버 M. 버터필드 목사는 감리교 교단에서 18년간 봉사한 후 뉴욕시 가정 상담 서비스 사무소에서 일하기 위해 교단을 떠났다. 그는 아마 지금 생존한 사람 중 가장 주례를 많이 선 사람일 것이다. 그는 이렇게 말한다.

"목사로 일을 시작한 초기에, 결혼을 하러 오는 많은 커플이 사랑도 있고 선의도 있지만 결혼의 성적 측면에 대해서는 까막눈이라는 것을 발견했습니다."

결혼의 성적 측면에 대해 모르는 결혼맹!

버터필드 박사는 이렇게 말한다.

"행복한 결혼은 운으로 되는 법이 없다. 행복한 결혼은 정교하게, 그리고 신중하게 계획돼야 한다는 점에서 건축물과 같다."

버터필드 박사는 오랫동안 결혼하는 커플들은 그들의 장래 계획에 대해 자신과 솔직한 대화를 나누어야 한다고 주장해왔다. 그리고 이 대화의 결과로 그는 너무나 많은 결혼 당사자가 '성생활 문맹'이라는 결론에 도달했다. 버터필드 박사는 말한다.

"성은 결혼 생활에서 만족시켜야 하는 여러 가지 요소 중 하나일 뿐이지만, 이 관계가 제대로 이루어지지 않으면 다른 모든 게 제대로 작동하지 않는다.

그러나 어떻게 새로운 ... 이해서는 늘 ...

"감정적으로 ... 자녀의 평등에 ... 는 데는 지식과 고장한 감각을 가존 전 ...

성에 관해 ... 서 미국 사회위생협회의 ... 론을 하고자 교육계 전문가들을 초청했 ... 는 이렇게 말했다.

"이혼은 감소 추세에 있습니다. 그리고 ... **사람들이 성과 결혼에 대한 양서들을 더 많이 읽고 있다는** ... 것입 ...

그러므로 가정을 행복하게 만들고 싶다면, 다음 방법과 같이하 ... 라!

결혼에서 성적인 측면을 다룬 좋은 책들을 읽으라.

*Read a good book on the sexual side of marriage.*

## 반발이나 반감 없이 상대를 변화시키는 9가지 방법

**1** 절대로 잔소리하지 마라.

**2** 배우자를 바꾸려고 시도하지 마라.

**3** 비난하지 마라.

**4** 진심으로 칭찬하라.

**5** 작은 관심을 기울여라

**6** 예의를 갖춰라.

**7** 결혼에서 성적인 측면을 다룬 좋은 책들을 읽어라.

---